그림책
생각놀이

그림책 생각놀이

초판 1쇄 발행 2020년 7월 6일
초판 2쇄 발행 2021년 5월 14일

지은이 | 그림책사랑교사모임

발행인 | 최윤서
편집장 | 허병민
디자인 | 김수경
마케팅 | 최수정
펴낸 곳 | (주)교육과실천
도서문의 | 02-2264-7775
인쇄 | 031-945-6554 두성 P&L
일원화 구입처 | 031-407-6368 (주)태양서적
등록 | 2020년 2월 3일 제2020-000024호
주소 | 서울특별시 중구 창경궁로 18-1 동림비즈센터 505호
ISBN 979-11-969682-2-9 (13370)

값은 뒤표지에 있습니다.
저작권법에 따라 한국 내에서 보호를 받는 저작물이므로 무단 전재 및 복제를 금합니다.

생각하는 힘을 키워주는

그림책 생각놀이

그림책사랑교사모임 지음

교육과실천

서문 - 그림책으로 놀며 '생각'이라는 보물찾기   7

1장. 기억하며 놀아요

1 동작 이어가기 _ 엄마의 의자   14
2 시장에 가면 _ 일과 도구   21
3 딩고를 외쳐라 _ 12명의 하루   29
4 단어 지우고 주제 찾기 _ 행복한 가방   35
5 연상 단어 릴레이 _ 적   42
6 미술관 메모리 _ 미술관에 간 윌리   48

2장. 이해하며 놀아요

1 같음이 다름이 _ 고슴도치와 토끼   58
2 낱말 연결하기 _ 지각대장 존   64
3 OX 놀이 _ 루스 베이더 긴즈버그   70
4 글그림 숨바꼭질 _ 여기보다 어딘가   77
5 질문 릴레이 _ 고 녀석 맛있겠다   85
6 십자말풀이 _ 낱말 공장 나라   92
7 사물 스토리텔링 _ 눈을 감아 보렴!   100
8 독서 인터뷰 _ 100만 번 산 고양이   106

3장. 적용하며 놀아요

1 숫자로 말해요 _ 내가 커진다면   114

2 손가락을 접어라 _ 밴드 브레멘   121

3 계단 빙고 _ 행복을 파는 남자   126

4 엄지탑 놀이 _ 쿠키, 한 입의 인생 수업   133

5 사칙연산 놀이 _ 우리 집에는   139

6 훈민정음 놀이 _ 로봇 소스   146

7 문장 완성 놀이 _ 여자와 남자는 같아요   153

8 징검다리를 건너라 _ 줄무늬가 생겼어요 161

4장. 분석하며 놀아요

1 나를 맞춰봐 _ 위를 봐요!   170

2 스무고개 _ 고래가 보고 싶거든   177

3 버킷리스트 주인 찾기 _ 100 인생 그림책 183

4 버츄 컬렉터 _ 빨간 벽   189

5 수토리텔링 _ 신기한 열매   197

6 열린 질문 놀이 _ 축구 선수 윌리   206

7 숨은 생각 찾기 _ 거짓말 같은 이야기   213

5장. 평가하며 놀아요

1 주사위 폭탄 _ 밥 안 먹는 색시　　　　　　　　**224**

2 감정 탐정 놀이 _ 알사탕　　　　　　　　　　　**230**

3 그랬구나 놀이 _ 혼나지 않게 해 주세요　　　　 **237**

4 공감 인생 놀이 _ 나의 엄마　　　　　　　　　 **245**

5 질문 땅따먹기 _ 수영장에서 영웅이 되는 방법　 **253**

6 논리를 찾아라 _ 행복한 우리 가족　　　　　　 **261**

6장. 창의적으로 놀아요

1 소리를 찾아라 _ 돼지책　　　　　　　　　　　 **270**

2 나뭇잎 놀이 _ 이파리로 그릴까　　　　　　　　**277**

3 주먹가위보 _ 다섯 손가락　　　　　　　　　　 **283**

4 사물 100가지 활용법 _ 파란 의자　　　　　　　**289**

5 상상의 꼬물꼬물 _ 침대 밑 괴물　　　　　　　 **298**

6 결말 탐정단 _ 고슴도치 X　　　　　　　　　　**307**

7 이야기 꼬리 물기 _ 에드와르도 세상에서 가장 못된 아이　**314**

8 자음 이어 뒷이야기 만들기 _ 무엇이 모두를 위한 것일까?　**323**

이 책에 소개된 그림책들　　　　　　　　　　　　**331**

서문

그림책으로 놀며
'생각'이라는 보물찾기

왜 그림책인가?

그림책은 보물창고다. 그림책을 읽는 것은 그 보물창고에서 보물을 찾는 것과 같다. 그림책은 아무 목적의식 없이, 생각 없이 그저 눈길 가는 대로 읽기만 해도 좋다. 그런데 가끔은 마치 보물을 캐듯 그림책을 읽어도 좋다. 자세히 보고, 다시 보고, 오래 머물러 보고 있으면, 책에 숨겨진 자기만의 소중한 보물을 발견할 수 있다. 읽으면 읽을수록 이전에는 느끼지 못한 감성과 지식, 지혜를 얻을 수 있다. 같은 책이라도 독자의 성장 과정에 따라 얻을 수 있는 보물이 다르고, 또한 같은 연령이라 할지라도 경험이나 세계관이 다르다면 각기 다른 보물을 캘 수 있다.

그림책은 다양한 내용과 이미지를 담고 있는 융·복합적 예술 매체이다. 글로, 그림으로, 숨겨진 상호연결성으로 새로운 창조의 세계가 그려지는 매력적인 도구이다. 그림책은 책이면서 예술이다. 예술은 우리 삶에 의미를 부여한다. 그림책은 저자의 삶과 독자의 삶이 만나 의미를 낳는다. 글로 이야기를 만들고 감정을 느끼며 이미지로 생각이 그려진다.

그림책은 마음으로 읽는 책인 동시에 생각하며 놀 수 있는 책이다.

그림책은 한번 읽고 덮어버리는 책이 아니다. 유아기를 지나 나이가 들고 철이 들면서 '이제는 필요 없어~'라며 곁에서 떠나보내는 책이 아니다. 책을 통해 잊어버렸던 어린 시절 기억을 소환하기도 하고, 성큼 자라 변화된 자신, 정신적으로나 육체적으로 성장통을 겪는 자신을 돌아보게 한다. 또한, 미래 삶에 대한 문제들을 미리 경험하기도 한다.

왜 놀이인가?

놀이는 인간의 본능이다. 『호모 루덴스(Homo ludens)』에서 저자 요한 하위징어(J. Huizinga)는 현 인류를 생각하는 인간이기 이전에 유희의 인간, 즉 놀이하는 인간이라 했다. 그는 놀이가 미래의 모습을 바꿀 것이라고 예견했다. 굳이 하위징어의 말을 빌리지 않더라도 인간은 원래 삶의 희로애락을 놀이를 통해 승화시켜 왔으며, 그것이 오늘날 인류의 문화유산으로 계승되고 있다 해도 과언이 아니다.

우리는 언제부터인가 '놀이 부재의 사회'에서 살고 있다. 인간의 유희 본능이 제도권 교육에서는 서서히 사라졌다. 근대 이후 학교라는 제도가 우리 사회에 일반적으로 정착된 이후로 놀이 문화는 자취를 감추어 버린 것이다. 많은 시간을 학교에서 보내며 여러 교과를 배우고 익히느라 창조성의 원천인 놀이는 이제 아이들의 일상에서 쉽게 발견하기 어렵다. 노래하고 춤추고 놀며 자기 안의 예술성을 발견하게 된다. 놀이를 바탕으로 한 여러 활동도 학교에서 가르치는 교과목이 되는 순간 성적이 매겨지는 숙제와 과제가 되어 버렸다. 학교에서 창의성을 키우는 교육을 하기보다 정형화되고 고정된 사회규범이나 상식을 가르치면서 개인의 창의성도 함께 소멸되고 있다.

다행인 것은 최근 다시 유희인 인간, 호모 루덴스의 시대가 열리는 징후들이 나타나고 있다. 여가가 증대되면서 다양한 놀이 문화도 증가하고 있다. SNS상에서의 만남과 소통이 놀이로 발전하기도 하고, 이러한 만남이 오프라인상으로도 이어져 새로운 형태의 놀이도 나타나고 있다. 각자의 개성을 드러내고 소통할 수 있는 각양각색의 놀이가 개발되고 있으며, 다양한 취향에 따라 그들만의 필드에서 놀이를 즐기기도 한다. 청소년들의 삶의 터, 배움의 터인 교실에서도 놀이가 허용되어야 한다.

왜 생각놀이인가?

유아기부터 아동기까지의 교육의 형태는 놀이를 바탕으로 한다. 그러다 보니 놀이가 마치 유아나 아동만의 전유물인 것처럼 생각하는 경향이 있다. 청소년기에도 놀이는 필요하다. 다만 청소년기 놀이는 감각기관을 발달시키는 놀이에서 더 나아가야 한다.

모든 것에는 속성이 있듯이 생각에도 속성이 있다. 지혜를 얻으려면 참지식이 많아야 하고 참지식을 얻으려면 좋은 생각이 많아야 한다. 좋은 생각을 많이 하려면 좋은 생각을 담을 수 있는 그릇의 크기를 키워야 한다. 우리 뇌 속의 인지 그물을 넓고 깊고 촘촘하게 이어야 한다. 단어와 단어, 문장과 문장, 사회화된 언어와 지식, 개념을 해체하고 연결하고 다시 이어주고 새로운 발상을 자극하는 놀이가 필요하다. 고차원적 인지 체계로 나아가되 즐겁게 오래 지속할 수 있는 생각놀이가 필요하다.

언어와 이미지, 대상이 있는 생각놀이는 이해와 소통, 연상과 추론, 상상 등을 자극하는 촉발제가 될 수 있다. 생각놀이를 통해 배움의 즐거움, 양보와 친절, 배려와 공감이 있는 대화로 이어질 수 있다.

또한, 인간 본연의 감정을 놀이를 통해 자각할 수도 있고, 조각조각 존재하던 생각을 연결할 수도 있다. 이러한 생각들이 내면에서 이해되고 받아들여지면 부정적 정서와 감정이 긍정적 정서와 감정으로 변화되고 이것이 태도의 변화와 자발적 행동으로 이어지게 된다.

무언가 새로운 단서를 생각하게 하는 놀이, 보이지 않는 것을 상상하게 하는 놀이, 과거와 미래를 연결하게 하는 놀이, 인식하지 못하는 사이에 자연스럽게 배움이 일어나게 하는 놀이, 학교에 머물고 싶게 하는 놀이, 또 하고 싶은 놀이, 책을 더 보고 싶게 하는 놀이, 더 이야기하게 하는 놀이, 마음껏 소리 지르고 싶어지는 놀이, 웃음이 그치지 않는 놀이, 일으켜 세우는 놀이, 한 발짝 세상으로 나아가게 하는 놀이….

'생각놀이'를 통해 서로 생각이 다를 수 있음을 깨닫고, 그 다름의 이유를 찾고, 보편적이거나 특별한 서로의 생각을 공유하고, 그 과정에서 우연히 창조적인 생각을 발견할 수도 있다. 혼자만의 시간을 갖는 것도 중요하지만, '함께 하는 생각놀이'를 통해 더 나은 생각을 만들 수 있다.

왜 그림책 생각놀이인가?

그림책 생각놀이는 생각하는 힘을 길러준다. 그림책을 통해 아이들에게 여러 생각의 파편을 끄집어내고, 생각의 조각과 단면을 이어주고, 성기었던 것을 좀 더 촘촘하게 해주고 고차원적 생각으로 발전시킬 수 있는 사고의 디딤돌을 만들어주고자 한다.

　이 책에서는 블룸의 분류체계(Bloom's taxonomy)를 활용하여 사고의 수준을 나눈다. 교육 분야에서 가장 일반적으로 사용하는 분류이기도 하고, 저차적 사고에서부터 고차적 사고를 명확히 구분하고 있기 때문이

[블룸의 분류체계]*

사고수준	의미	행동 용어	주요 활동
창의	정보를 다른 정보와 조합하여 새로운 가치를 만들어내는 생각	편집한다, 수정한다, 조직한다, 재배열한다 등	예측, 창안, 상상, 가정, 결합, 설계, 추정, 발명, 구성
평가	정보의 쓰임새와 가치에 대해 판단을 내리는 생각	비교한다, 해석한다, 결론을 내린다, 대조한다 등	판단, 의견, 입증, 주장, 결정, 평가
분석	정보를 작은 것으로 해체하여 조사하고 살펴보는 생각	나눈다, 분리한다, 구별한다, 지적한다 등	확인, 조사, 지지, 순서, 결론, 연역, 범주, 이유, 비교
적용	정보를 새로운 상황에서 사용하는 생각	계산하다, 발견한다, 수정한다, 이용한다 등	적용, 분류, 예시, 증명, 해결, 변환, 제작, 도표, 차트
이해	정보의 의미를 알고 자신의 언어로 바꾸어 설명하는 생각	구별한다, 설명한다, 예를 든다, 번역한다 등	기술, 요약, 부연, 비교, 대조, 요지
기억	정보의 내용을 떠올리고 회상하는 생각	기술한다, 찾아낸다, 열거한다, 선택한다, 연결한다 등	정의, 암기, 설명, 열거, 재현, 검토

＊ 전병규(2016), 『질문이 살아나는 학습대화』, 교육과학사, p.166 및
　박희진 외(2019), 『학습자중심교육 진짜 공부를 하다』, 미디어숲, p.163 인용

다. 이 책에서는 단순히 정보의 내용을 떠올리는 기억 놀이(기억)에서부터 정보를 다른 정보와 조합해 새로운 가치를 만들어내는 창의 놀이까지 다양한 놀이를 소개한다. 물론 하나의 놀이가 하나의 사고만을 기르는 것은 아니다. 여러 사고 수준이 적용되는 놀이도 많다. 그럼에도 불구하고 기억, 이해, 적용, 분석, 평가, 창의로 분류하고 목차를 구성한 이유는 학생들의 연령이나 사고 수준에 맞게 놀이를 적용하기 쉽게 하기 위함이다. 저학년이면서 사고 수준이 낮을 경우 기억과 이해 중심 놀이를 위주로 진행하며 학년이 올라갈수록, 사고 수준이 높아질수록 평가와 창의 등 고차적 사고 수준 놀이를 진행하면 된다.

이 책에서 제시하는 놀이를 독서와 토론, 글쓰기의 전(前) 단계에 해도 좋지만, 놀이 그 자체만으로도 하나의 완결된 전(全) 활동이 될 수도 있다. 앞에서부터 보고, 뒤집어보고, 다시 펼쳐 보고, 글로 읽고, 그림으로 읽고, 글과 그림 사이 숨어 있는 의미를 찾고, 표지를 보고, 제목을 읽는다. 그림책과 함께 우리의 뇌를 자극하며 질문하며 상상하며 연상하며 즐겁게! 기발하게! 유연하게! 생각하며 놀 수 있다.

우리에게 내재된 창의성, 상상력, 생각하는 능력을 어떻게 개발할 것인가? 우리 가정에서, 학교에서 사라져버린 놀이를 그림책을 통해 다시 소생시키려 한다. 그림책 생각놀이를 통해 독자들이 저마다의 보물을 발견하게 될 것이다.

1장

기억하며 놀아요

기억 1

동작 이어가기

그림책에서 인상 깊은 장면을 골라 정지 동작으로 만들어서 짝끼리 릴레이 형태로 이어가는 놀이이다.

『엄마의 의자』를 소개합니다

만일 불이 나서 집이 다 타버린다면? 생각만으로도 두렵고 상실감이 예상된다. 그다음 사람들은 어떤 행동을 할까? 좌절감에 넘어지거나 아니면 강인한 의지를 갖추고 힘차게 그 힘듦을 넘어가기도 할 것이다. 『엄마의 의자』는 엄마, 나(여자아이), 할머니가 우연히 터진 불행한 사건을 소란스럽지 않고 담담하게 대처하는 모습을 보여준다.

주인공인 여자아이는 가끔 엄마의 블루타일 식당으로 찾아가, 식당 주인인 조세핀 아줌마의 일을 돕는다. 그 대가로 받은 돈의 절반은 유리병에 넣는다. 엄마가 식당에서 받은 팁, 할머니가 모은 소소한 돈도 모두 유리병에 모은다. 그 모은 돈으로 엄마가 일을 끝내고 난 후 쉴 의자를 사기 위해서이다. 작년에 살던 집에 큰불이 나서 살림살이가 죄다 타버렸다. 이웃 사람들이 살림살이를 갖다줘서 비었던 집을 채울 수 있었지만, 안락의자는 마련하지 못했다. 일 년이 지났고 유리병에 차곡차곡 모은 돈

베라 B. 윌리엄스 글·그림
시공주니어

으로 꽃무늬가 있는 푹신한 안락의자를 샀다. 그 꽃무늬 의자에서 낮에는 할머니가, 저녁에는 엄마와 여자아이가 앉아 쉬고, 잠이 든다.

　가족과 이웃사촌의 따뜻함을 머리로만 생각하는 것이 아니라 몸으로 표현해 그 감정이 오래 남았으면 하는 마음에 이 책을 선택했다.

　동작 이어가기는 놀이하는 아이들이 그림책에서 몸짓을 관찰하고 표정을 상상해서 동작을 만들어야 한다. 따라서 흉내 낼 수 있는 일상이 반영된 그림책을 추천한다. 한 걸음 더 나아가 아이들이 어른이 되어도 기억을 하면 좋겠다는 장면이 있는 그림책도 좋다. 살아가면서 무엇이 중요한지 생각하게 하는 『100만 번 산 고양이』, 깃털이 없는 기러기가 행복하게 살게 되기까지의 모험을 담고 있는 『깃털 없는 기러기 보르카』, 힘듦 속에서 오늘 무엇을 할지 생각하게 해보는 『리디아의 정원』 등을 추천한다.

놀이 방법

1. 두 명씩 짝을 이뤄 그림책에서 인상 깊은 세 장면을 선택한 후, 의논을 통해 최종적으로 세 장면을 선정한다.
2. 선정한 세 장면을 어떤 표정과 자세로 할지 정한다.
3. 정한 팀부터 교실 앞에 나와 세 동작을 설명하고, 짝과 한 동작씩 번갈아 가면서 말없이 표현한다. 필요하다면 소품을 이용해도 된다.
4. 두 명이 세 가지 동작을 순서에 맞게 릴레이 형태로 이어 나간다.
5. 자신이 할 차례에서 동작을 잘못 표현하거나, 표정이 틀린 사람이 진다.
6. 다른 팀이 나와서 자신들이 정한 세 동작을 설명하고 앞의 4~5번 과정을 반복한다.
7. 이긴 학생들만 모여서 최종 우승자를 가린다.

놀이 속으로

『엄마의 의자』를 읽고 각자 인상 깊은 세 장면을 선택하고 이유를 쓴다. 학생들은 다음과 같은 장면을 주로 선정한다.

학생 1

- 동전이 병에 몇 개 들어있지 않은 장면 ⇨ 집이 불탄 이후에 새로운 시작을 위해 돈을 모으기 시작하는 이 장면이 앞으로 채워나갈 수 있다는 희망과 현재에는 비어 있지만, 훗날에는 가득 찰 것임을 암시하기 때문이다.
- 동전이 병에 한가득 차 있는 장면 ⇨ 처음 시작할 때는 비어 있던 병이 어느새 가득 차 있는 모습을 보며 그동안 정말 열심히 하며 돈을 모은 것 같고, 그만큼 원하

는 것을 이루기 위해 노력한 것 같아서 인상적이었다.
- 의자를 구매하러 갔고, 여러 가지 모양의 의자들이 있는 장면 ⇨ 그토록 바라던 의자를 구매하러 갔을 때 원하던 것을 이루는 장면을 보며 '나라면 너무 즐거웠을 것 같다'라는 생각이 들며 나까지 뿌듯해지는 기분이 들어서 인상적이었다.

학생 2
- 엄마가 지쳐서 의자에서 흐트러져 있는 장면 ⇨ 하루 종일 힘들게 일하고 집에 와서 지쳐있는 모습에 우리 엄마가 떠올라서 눈에 밟혔다.
- 유리병에 동전이 꽉 차 있는 장면 ⇨ 사고 싶은 의자를 사기 위해 가족이 다 같이 돈을 모았고 결국 그 큰 유리병을 다 채운 것이 인상 깊었다.
- 할머니, 엄마, 주인공이 다 같이 의자에 앉아서 사진을 찍는 장면 ⇨ 그전에는 다 같이 앉을 수 있는 의자가 없었지만, 노력을 통해 의자를 마련하고 함께 웃고 있는 장면이 좋았다.

    그다음 서로 인상 깊은 장면을 이야기하면서 여섯 가지 장면 중에서 세 가지를 선정한다. 학생들은 대체로 공통으로 나온 장면을 먼저 선정하고 학생 1이 가장 마음에 드는 장면 하나와 학생 2가 가장 마음에 들어 하는 장면을 선정한다. 그다음 표정과 함께 손동작과 발동작의 포인트를 살려 장면마다 하나의 정지 동작을 만든다. 그렇게 정한 세 동작을 반 친구들에게 설명한다.
    첫 번째로 선정한 장면은 '동전이 병에 한가득 차 있는' 장면이다. 동작은 유리병이 무거워서 못 드는 느낌을 살리기 위해 눈을 감고 양팔로 들어 올리는 것이 포인트다. 두 번째는 '의자를 구매하러 갔고, 여러 가

학생 1 _ 첫 번째 동작　　학생 2 _ 두 번째 동작　　학생 1 _ 세 번째 동작

지 모양의 의자들이 있는' 장면이다. 동작의 포인트는 설렘 가득한 표정을 나타내기 위해서 눈웃음을 짓고 한 손으로 입을 가리고 다른 한 손으로 뭔가를 가리키는 것이다. 세 번째 장면은 '할머니, 엄마, 주인공이 다 같이 의자에 앉아서 사진을 찍는' 장면이다. 동작은 얼굴은 웃으면서 양손은 사진기 앞에서 잡는 포즈, 브이를 동시에 하는 것이 포인트다.

　그리고 학생 두 명이 순서를 정한 세 가지 동작을 하나씩 번갈아 가면서 실시한다. 학생 1이 동작 1을 하고 학생 2가 동작 2를 하고 학생 1이 동작 3을 하고 학생 2가 동작 1을 이어 나가면서 동작을 계속 반복한다. 동작을 계속 이어가면서, 점차 동작을 빨리한다. 첫 번째 눈을 감고 양팔을 들어 올리는 동작을 하는 차례가 되었는데, 눈을 감지 않았음을 상대 학생이 발견했다. 양팔을 들어 올리는 행동은 맞았으나 눈을 감지 않았기에 이 학생이 놀이에서 지게 된다.

도움말과 유의점

간단한 동작을 반복하면 승패가 쉽게 나뉘지는 않지만, 반복할수록 웃음이 많아진다. 그리고 하기 힘든 동작이 나오면서 더 큰 웃음을 유발한다. 고학년 대상으로 진행하거나 빠른 진행을 원한다면 표정, 손과 발 동작이 모두 포함된 동작을 만들게 한다. 다음과 같은 활동지를 제시해주어도 좋다.

엄마의 의자		
인상 깊은 장면	인상 깊은 장면	인상 깊은 장면
이유	이유	이유
동작 주 포인트	동작 주 포인트	동작 주 포인트
표정	표정	표정
손발	손발	손발

놀이를 하고 난 후 배우고 느낀 점:

한 걸음 더

놀이를 하고 난 후 어떤 동작과 표정이 마음에 들었는지, 왜 그런 동작과 표정을 만들었는지 이야기를 서로 나누면 좋다. 그러면 학생들이 그림책에서 가졌던 인상이나 생각이 깊어지거나 넓어질 수 있다. 이 다양한 생각을 정리하고 쓰는 활동을 하면 좋다. 글을 쓰면서 자신의 생각을 정리할 수 있고 친구들의 느낌을 공유할 수 있어 자신을 깊이 돌아보는 데 도움이 된다.

그렇지만 글을 쓰라고 하면 학생들이 어려워하는 경우가 있다. 그럴 때 그림 카드나 자신의 휴대전화에 있는 사진을 이용하면 좋다. 그림 카드를 보다 보면 이미지, 색깔, 모양 등에서 여러 가지의 느낌과 생각이 떠오른다. 이때 책과 연결하여 빗대어 설명하거나 연결할 수 있는 부분을 찾는다. 또는 휴대전화에 있는 사진들을 보면, 자신이 잊었던 사건이나 경험의 감각이 새록새록 돋아난다. 그리고 그다음 왜 그렇게 생각했는지, 무엇을 느꼈는지를 써본다.

시장에 가면

기억 2

많이 알려진 '시장에 가면'과 같은 놀이로 특정 공간에 있을 법한 것들을 말하는데, 이제까지 나온 것들을 먼저 순서대로 말한 뒤 자신이 추가할 것을 말하는 놀이이다.

『일과 도구』를 소개합니다

『일과 도구』는 한 소녀가 친구 고양이와 함께 마실을 가는 내용이다. 밭에 가서 풀도 뽑고, 병원에 가서 의사 선생님께 진료도 받고, 구두 공장 아저씨가 구두를 만드는 것도 보고, 의상실 언니가 재봉하는 것도 보고, 맛있는 중국 요리도 먹고, 목공소에 가서 좋아하는 나무 냄새도 맡고, 화실 선생님과 그림도 그린다. 가는 곳마다 신기한 도구가 많다. 제목처럼 여러 가지 일과 그에 맞는 도구를 아주 세밀하게 그려 놓았는데, 뒷장에 도구의 이름과 상세한 설명까지 있어 하나씩 익히기에도 좋다.

옛 그림의 미감을 그림책 속에 재현하려고 노력했다는 작가의 말을 빌지 않아도 비단에 먹으로 선을 뜨고 여러 번 색을 덧칠하여 그린 그림은 한 장 한 장 너무나 정성스럽고 아름답다.

작가는 어릴 적 보았던 수많은 도구와 그 도구를 사용하면서 몸에 밴 사람들의 아름다운 동작을 그리고 싶었다고 한다. 일하는 사람들이 존경

권윤덕 글·그림
길벗어린이

받고 행복해지도록, 일하는 사람들이 수십 년 일하며 살아온 자신의 삶을 송두리째 부정하는 세상이 되지 않기를 바라며 그림을 그렸다고 한다. '시장에 가면' 놀이에 『일과 도구』를 선택한 이유도 다르지 않다. 요즘 아이들이 쉽게 접할 수 없는 일터, 그리고 그 일터에서 일하는 사람들의 모습, 그들이 사용하는 도구를 외우게 함으로써 일의 가치를 자연스럽게 느끼게 하고 싶었다.

'시장에 가면' 놀이는 사람, 사물, 동물 등이 많이 등장한 그림책이면 어느 책이든 가능하다. 『우리 여기 있어요, 동물원』이나 『서로를 보다』로 '동물원에 가면' 놀이를 한 뒤 동물권에 관해 이야기할 수도 있고, 『나무의 아기들』로 '숲속에 가면' 놀이를 한 뒤 자연의 생명력에 관해 이야기할 수도 있다.

놀이 방법

준비물 : 활동지

1. '시장'에 가면 있을 법한 물건들을 돌아가면서 순서대로 하나씩 추가해서 말하며 연습한다.
2. 연습이 끝났으면 그림책 속 일터 중에서 하나를 고른다.
3. 모둠원들과 일터에 있는 도구들의 그림을 찾고 이름을 적어 외운다.
4. 모둠원들과 연습게임을 하고 대표 학생을 정한다.
5. 모둠별로 대표 한 명씩 나와서 '(일터)에 가면~' 놀이를 시작한다.
6. 앞사람이 말한 도구들을 순서대로 말한 뒤 자신의 도구를 말한다.
7. 순서를 틀리거나 도구의 이름을 다르게 말하면 탈락이며, 끝까지 남는 사람이 이긴다.

놀이 속으로

'시장에 가면' 놀이는 모르는 학생이 거의 없기 때문에 시작하기도 전에 여기저기서 책상을 두드리며 박자를 맞추기 시작한다. 4명 정도의 모둠으로 둘러앉아 연습게임을 한 번 한다. 교사의 설명이 굳이 필요하지 않을 만큼 학생들은 놀이 방법을 서로 잘 알려준다. 연습을 한 다음 활동지를 나눠준다.

교사	그냥 '시장에 가면' 놀이는 이제 너무 쉽죠. 조금 난이도를 높여 볼게요. 지금부터는 이 그림책의 특정 장소에 나와 있는 물건만 말할 수 있어요.

[시장에 가면 활동지]

그림책으로 하는 '시장에 가면~' 놀이

우리 주변에는 다양한 일터가 있어요. 그리고 그 일터에는 꼭 필요한 여러 가지 도구가 있지요. 오늘은 권윤덕 작가의 『일과 도구』를 보고 일터에서 사용하는 여러 가지 도구를 기억하고 '시장에 가면~' 놀이를 해봅시다.

<'시장에 가면~' 놀이>는

첫 번째: 시장에 가면 떡집도 있고,

두 번째: 시장에 가면 떡집도 있고, 분식집도 있고,

세 번째: 시장에 가면 떡집도 있고, 분식집도 있고, 정육점도 있고,

네 번째: 시장에 가면 떡집도 있고, 분식집도 있고, 정육점도 있고, 방앗간도 있고…

이런 식으로 계속 돌아가다가 틀린 사람은 탈락이며, 끝까지 남은 사람이 승리입니다.

(농장)에 가면 있는 도구

삽, 수레, 경운기, 물뿌리개, 호미, 빗자루, 농약, 장화, 장갑, 청소기, 우산

(중국집 주방)에 가면 있는 도구

프라이팬, 칼, 양념, 반찬, 그릇, 전화기, 솥, 저울, 도마, 체

학생 1	그럼 '시장에 가면'이 아니라 '어디에 가면'이라고 해야 해요?
교사	그렇죠. 사실 우리 주변에는 수많은 일터가 있는데요, 막상 그곳에 어떤 도구가 있는지, 어떤 물건이 있는지는 잘 몰라요. 오늘 놀이를 하면서 우리 일상에 꼭 필요한 도구들과 물건들을 알아봐요. 첫 번째 장소는 '농장'입니다. 농장이 그려진 쪽을 펼쳐 보세요. 먼저 농장에 있는 도구들의 이름을 활동지에 적으면서 기억해보세요.
학생	선생님, 이거 경운기 맞죠?
교사	네, 경운기 맞네요.
학생 3	선생님, 이건 뭐예요?
교사	음, 그건 전지가위인 것 같아요.
학생 4	선생님, 이건 뭐예요?
교사	쇠스랑이네요.
학생 5	선생님, 여기 고양이도 있는데 이것도 돼요?
교사	도구를 쓰기로 했으니까 고양이는 안 되겠죠?

3분 정도면 아이들은 열 가지 이상의 도구를 적는다. 실제로 이 놀이는 많이 아는 것보다 앞 사람이 한 말을 기억하는 암기력이 더 중요하기 때문에 이 정도만 적어도 충분하다.

교사	자, 이제 각 모둠에서 연습을 한번 해보세요. '농장에 가면'으로 시작합니다. (5분 후) 잘했어요. 그럼 이제 실전입니다. 모둠에서 한 명씩 나와서 대표들끼리 해볼게요. 대표는 모둠원이 돌아가면서

학생 6	해야 해요. 책을 보고 해도 돼요?
교사	그럼요, 책을 봐도 되고 활동지에 적은 것을 봐도 됩니다.

모둠별로 대표가 다 나오면 놀이를 시작한다. 이때 서로 먼저 나오려고 다툼이 생길 수도 있으니 모둠 안에서 대표로 나갈 순서를 미리 정하도록 안내한다.

교사	자리에 앉은 친구들은 함께 박자를 맞춰 주세요. 자, 이제 시작할게요. 시작!
다 같이	농장에 가면~
모둠대표 1	농장에 가면 연장도 있고
모둠대표 2	농장에 가면 연장도 있고, 호미도 있고, …
모둠대표 1	선생님, 제가 연장이라고 했는데 호미도 연장에 속하잖아요. 그럼 제가 이긴 거죠?
교사	아, 그건 곤란해요. 여기 나오는 건 모두 도구인데 연장이라고 말해버리면 놀이를 할 수가 없잖아요. 연장은 금지어입니다. 다시 시작할게요. 시작!
모둠대표 2	농장에 가면 소쿠리도 있고
모둠대표 3	농장에 가면 소쿠리도 있고, 호미도 있고
모둠대표 4	농장에 가면 소쿠리도 있고, 호미도 있고, 제초기도 있고
모둠대표 5	농장에 가면 소쿠리도 있고, 호미도 있고, 제… 제… 뭐였더라…. 히히(웃음)

교사	안타깝지만 탈락이네요. 다음 학생부터 다시 이어갑니다. 시작!
다 같이	농장에 가면~
모둠대표 6	농장에 가면 경운기도 있고
모둠대표 1	농장에 가면 경운기도 있고, 낫도 있고
모둠대표 2	농장에 가면 경운기도 있고, 낫도 있고, 꽃삽도 있고
모둠대표 3	농장에 가면 경운기도 있고, 낫도 있고, 꽃삽도 있고, 모종판도 있고
모둠대표 4	농장에 가면 경운기도 있고, 낫도 있고, 꽃삽도 있고, 모종… 뭐? 선생님, 발음이 이상해서 못 알아들었어요.
교사	그래요? 모종판이라고 했죠. 그럼 한 번 더 기회를 줄게요. 모둠대표 4부터 다시 갈게요. 시작!
다 같이	농장에 가면~
모둠대표 4	농장에 가면 경운기도 있고, 낫도 있고, 꽃삽도 있고, 모종판도 있고, …

이렇게 너그럽게 기회를 주어도 5명 정도가 지나면 탈락자가 발생한다. 마지막 한 명이 남을 때까지 소요되는 시간은 5분 정도면 충분하다. 농장에 가면 놀이가 끝나면 다음 일터로 넘어간다. 일터를 정하고 모든 모둠의 대표를 바꾸어 진행한다.

도움말과 유의점

'시장에 가면' 놀이에서는 새로운 도구를 찾아내는 순발력과 앞사람이 말한 것을 기억하는 암기력이 가장 중요하다. 『일과 도구』에는 학생들에게 익숙하지 않은 일터와 도구가 많이 나오기 때문에 사전에 도구를 정리하고 외우는 시간이 꼭 필요하다. 그리고 낯선 도구일수록 발음을 또박또박 크게 하도록 강조해야 한다. 그렇지 않으면 앞사람의 말을 못 알아들어 말하지 못했다며 항의하는 경우가 종종 발생한다.

이 놀이는 그림책의 스토리를 활용하지 않기 때문에 굳이 그림책을 처음부터 끝까지 다 읽을 필요는 없다. 하지만 학생들이 일의 가치를 생각해보게 하려면 놀이 시작 전에 그림책을 찬찬히 들여다보며 일터와 도구를 살펴보는 시간을 주는 것이 좋다.

한 걸음 더

놀이를 마친 후에 미래 자신의 일터나 현재 부모님의 일터, 자신이 자주 가는 누군가의 일터를 그려보는 활동을 이어갈 수 있다. 요즘 학생들에게 장래 희망을 말하라면 대부분 모른다, 없다고 말하는데, 이 놀이를 한 뒤에 미래의 일터를 그리라고 하면 별로 주저하지 않는다. 그림에 소질이 없는 학생도 섬세한 작가의 그림을 보고 도움을 얻어 자신의 일터를 어렵지 않게 그릴 수 있다.

휴대전화와 노트북만 있으면 무엇이든 할 수 있을 것 같고 4차 산업혁명과 AI가 더이상 낯설지 않은 세상이지만, 우리가 살아갈 세상에는 아직 많은 도구가 필요하고 그 일을 하는 사람들의 노력이 함께해야 한다는 메시지를 전달하며 마무리하면 좋다.

딩고를 외쳐라

기억 3

딩고 보드게임을 변형하여 만든 놀이로 같은 주제 단어나 그림, 또는 문장 카드를 먼저 모아서 '딩고'를 외치는 사람이 이기는 놀이이다.

『12명의 하루』를 소개합니다

그림책 『12명의 하루』는 거의 글이 없다. 다만, 한동네에 사는 12명의 주인공을 소개하고, 12명이 하루를 어떻게 사는지 위아래 그림을 구분하여 2시간 간격으로 그려놓았다. 위 12칸에는 각각 1명의 이야기가 펼쳐진다. 아래 그림에는 전체적인 길거리 그림과 마을 사람들의 전체 모습이 펼쳐진다.

레스토랑에서 식사하는 사람들 너머로 화재 현장이 보이고, 그곳을 취재하는 소방관이 TV에 나온다. 그 TV 화면을 파티하는 할머니의 가족들이 보고 있다. 이런 식으로 12명의 인물의 삶은 서로 연결되어 있다. 즉 1명의 하루 속에는 여러 다른 사람의 하루가 포함되어 있다 따라서 『12명의 하루』는 12명 중 한 명을 정해 그 한 명의 하루를 쫓아가면서 페이지를 넘기며 읽으면 좋다.

이 그림책은 보이는 만큼 재미가 더 커진다. 12명의 행동은 아래 동네

스기타 히로미 글·그림
밝은미래

그림에서도 발견할 수 있고, 다른 사람 하루에서도 볼 수 있다. 시간에 따라, 장소에 따라, 관계에 따라 점점 다양해진다. 마지막에 그려진 동네 지도에 맞춰 아래 그림을 이해해 봐도 재미있다.

 이 그림책은 자기 주변의 이웃들과 사회를 이해하는 데 큰 도움이 된다. 특히 자기 입장에서 타인을 이해하는 것이 아니라 타인을 있는 그대로 이해하고 느끼게 한다. 상대방을 잘 알지 못한 채 행동의 일부만을 보고 판단하곤 한다. 예를 들어 '왜 오후 2시에 저 사람은 자고 있을까?', '밤에 잠 안 자고 뭐 하는 걸까?'라고 생각하겠지만, 인물의 삶을 알게 되면 인물의 행동을 이해하게 된다. 또한, 이 그림책은 사람은 혼자 살 수 없고 서로가 이어져 함께 살아간다는 것도 느끼게 한다. 주인공의 일과를 한 문장으로 정리하는 활동과 카드놀이를 통해 이웃에게 관심을 가지고 각기 다른 인간이 서로 이어져 살아가고 있음을 보여주고자 이 책과 놀이를 선택했다. 『코끼리 아저씨의 신기한 기억법』, 박웅현의 『눈』을 읽고도 이 놀이를 할 수 있다.

놀이 방법

준비물 : 시간 카드, 벌칙 카드, 필기구

1. 시간이 적힌 카드를 4장 갖고 4장에 적힌 시간에 인물이 한 경험을 작성한다.
2. 자신이 적은 인물의 하루를 모둠 친구들에게 발표한다.
3. 완성된 모든 카드를 섞어 1인당 4장씩 나눠 갖는다.
4. 카드를 보고 자신이 빨리 모을 수 있는 인물을 선택한다.(예를 들어, 인물 A 2장, 인물 B 1장, 인물 C 1장이 들어왔다면 인물 A 카드를 모으는 것이 유리하다)
5. '하나, 둘, 셋'을 외치면서 필요 없는 카드를 오른쪽에 있는 사람에게 준다.
6. 같은 인물 카드 4장을 먼저 모은 사람이 카드를 내려놓으면서 책상 가운데 손을 내밀며 '딩고'를 외친다.
7. 나머지 사람들은 그 위에 손을 얹는다.
8. 마지막에 손을 얹은 사람은 벌칙 카드 3장 중 1장을 뽑아 벌칙을 받는다.(놀이 시작 전에 미리 벌칙을 정한다)
    - 벌칙 카드 ❶ 1등에게 벌칙을 받는다.
    - 벌칙 카드 ❷ 모든 참가자로부터 벌칙을 받는다.
    - 벌칙 카드 ❸ 벌칙을 받지 않고 지나간다.

놀이 속으로

　이 그림책을 처음 읽을 때는 주인공을 한 명 정해놓고, 그 주인공의 하루만 따라가며 그림을 읽는다. 그렇게 12명의 하루를 쫓아가며 읽고, 마지막에는 처음부터 모든 사람의 하루를 한꺼번에 본다. '아래 동네' 그림에서도 주인공을 찾을 수 있다. 충분히 책을 살펴본 후 놀이에 대해서 설명한다.

학생 1   난 프리다 할머니!
학생 2   난 사라라 간호사!
학생 3   난 카프카프 소설가!
학생 4   난 프와트 파티쉐!

각자 자신이 정한 인물의 시간대별 경험을 적는다.

학생 2   다 됐으면 자신이 적은 걸 문장으로 읽어보자.
학생 1   난 프리다 할머니의 하루를 적었어. '아침 8시에 꽃에 물을 준다. 낮 12시에 점심을 먹는다. 오후 2시에 동물원에 간다. 저녁 6시에 생일 축하 파티를 한다.'

이어서 다른 학생도 모두 발표하고 모든 카드를 섞어 4장씩 나눠 갖는다.

학생 3   난 두 장이 같은 카드니까, 이 사람으로 정했다! 하지만 비밀!
학생 4   다 정했으면 시작한다. 하나, 둘, 셋! 넘겨!

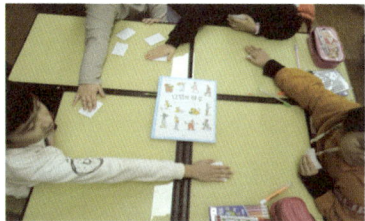

카드를 다 모으는 학생이 나올 때까지 계속 반복한다.

학생 2 (책상 가운데에 손을 내밀고) 딩고! 사라라 간호사!

학생 3 나도 1장만 모으면 되는데….

학생 2 손을 가장 늦게 얹은 학생 4가 벌칙 당첨!

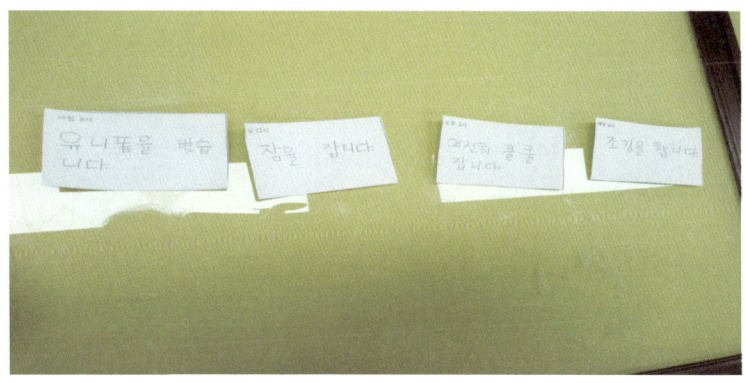

1장. 기억하며 놀아요

도움말과 유의점

한 문장으로 정리하기 어려울 때는 모둠 친구들이 서로 도움을 주도록 한다. 학생이 모을 카드를 인물로 하지 말고, 시간으로 해도 좋다. 예를 들면, '저녁 6시'라는 동시간대에 다른 삶을 살고 있는 사람들을 모아서 살펴볼 수 있다. 같은 그림을 보고도 아이들의 생각과 표현이 다를 수 있어서 자신이 적은 인물의 하루를 꼭 발표하고 모둠원들의 동의를 구하는 것이 좋다.

한 걸음 더

추가 활동으로는 아이들과 내용질문 놀이, 상상질문 놀이가 가능하다. 내용질문 놀이는 그림책 안에서 해결할 수 있는 질문놀이이고, 상상질문 놀이는 그램책 안에서 답을 찾지 못하거나, 여러 가지 답이 나올 수 있는 놀이이다.

아이들이 만든 내용질문으로는 '하늘로 날아간 분홍풍선은 무슨 동물인가?', '자전거 가게 이름은 무엇인가?', '파란 자동차를 박은 차는 무슨 색인가?' 등등 무수히 많으며, 그림을 꼼꼼히 살펴야 알 수 있다.

아이들이 만든 상상질문으로는 '지붕 위를 걸어 다니는 사람은 왜 그러는 걸까?', '길거리에 사과는 누가 떨어뜨렸을까?', '동물들이 길거리를 걸어 다니는데 사람들은 왜 안 놀랄까?' 등이 있다.

단어 지우고 주제 찾기

기억 4

그림책의 그림들을 자세히 관찰한 후 그림책의 주제를 찾는 놀이이다. 빙고 칸에서 그림책에 그려져 있는 그림의 단어들을 찾아서 지우고 남은 낱개의 글자들을 연결하여 주제 문장을 만드는 놀이이다.

『행복한 가방』을 소개합니다

하드커버로 된 표지에는 모눈종이 위에 펼쳐진 그림이 아주 심플하다. 자세히 보면 판화로 찍은 것 같은 느낌이다. 그래서인지 색도 검은색, 흰색, 노란색으로 심플하다. 앞표지에는 노란 운동복을 입은 꼬마가 함박웃음을 지으며 '행복한 가방'이라고 쓰여 있는 풍선을 잡고 있다. 그 옆에는 가방이 바닥에 놓여 있다. 고양이가 꼬마 가방에 달린 무언가를 잡고 뒹굴며 논다. 뒤표지에는 꼬마가 정반대의 표정을 하고 있다. 가방이 무거워서 들 수가 없다며 자신의 가방을 질질 끌고 가고 있다. 그런데 무거워서 낑낑대는 표정이 아니다. 가방이 마음에 안 드는 것 같다. 이 그림책에는 무슨 이야기가 담겨 있을까? 이 꼬마는 가방이 왜 마음에 들지 않는 걸까? 꼬마가 하고 싶은 이야기는 무엇일까?

이 그림책에는 글이 없다. 그림으로만 이야기를 읽어가야 한다. 그림을 잘 읽으려면, 그림을 자세히 관찰해야 한다. 그림을 잘 관찰하면 그림

김정민 글·그림
북극곰

책에서 말하는 중심 생각, 즉 주제가 보인다.

'단어 지우고 주제 찾기'는 그림을 자세히 관찰한 후 그림책의 주제를 찾는 놀이다. 『행복한 가방』은 선과 색이 단순해서 그림에 집중이 잘 되고, 그림에서 보여주고자 하는 메시지가 심플하게 잘 표현되어 있어서 주제 찾기 놀이에 적합하다.

단어 지우고 주제 찾기에는 글이 없는 그림책 중에 스토리의 3요소(인물, 갈등, 해결)가 있는 것이 좋다. 『눈사람 아저씨』, 『노란 우산』, 『빨강 책』 등은 특히 스토리의 요소들이 그림 속에 전개되기 때문에 전달하려는 주제를 함께 나누기에 좋다.

놀이 방법

준비물 : 모눈종이, 펜

1. 4명을 한 모둠으로 한다.

2. 9×9칸의 모눈종이를 준비한다.

3. 그림책을 읽은 후 그림책에서 보이는 그림 단어를 10개 이상 기록한다. 그림 단어란 그림책 안에 그려져 있는 그림의 명칭이다. 예를 들어, 가방 그림이 있으면 '가방'을 그림 단어로 기록한다.

4. 그림책의 주제가 무엇인지를 모둠원들과 상의해서 정한다. 주제 글자 수는 10~20자 사이로 한다.

5. 모둠원들이 정한 주제를 비어 있는 모눈종이 칸에 글자 하나하나를 떼어서 불규칙하게 채워 넣는다.

6. 모둠원 4명이 찾은 단어를 모두 모아 비어 있는 모눈종이 칸에 가로(―), 세로(丨), 대각선(╱) 방향으로 채운다.

8. 작성이 완료되면 상대 모둠과 완성한 모눈종이를 서로 바꾸고 상대 모둠이 만든 문제를 푼다.

9. 단어를 다 맞추고 남은 글자들을 조합하여 주제 문장을 먼저 찾은 모둠이 승리한다.

놀이 속으로

『행복한 가방』은 글이 없고 그림이 심플하며 전개가 빨라서 지루하지 않다. 그래서 학생들이 그림책을 빨리 읽는다. 그림책을 읽는데 5분이면 된다. 그림책을 읽은 후 그림책 속의 그림 단어를 찾아 기록한다. 4명이 한 모둠이 되어 놀이를 하였는데, 총 32명의 학생이라 8개의 모둠으로 진행했다. 그중 1모둠 학생들이 찾은 주제와 단어는 다음과 같았다.

□ 주제

좋아하는 것을 하면 행복하다.

□ 찾은 단어

학생 1: 책상, 친구, 풍선, 고양이, 우산, 안경, 아이스크림, 모자, 공책, 줄넘기, 침대, 축구공, 선물

학생 2: 행복, 가방, 책상, 친구, 계단, 풍선, 의자, 인사, 강아지, 목줄, 집, 전등, 침대, 축구공, 할아버지, 모자

학생 3: 가방, 고양이, 풍선, 우산, 상자, 강아지, 엄마, 친구, 할아버지, 모자, 축구공, 목줄, 의자, 행복, 침대

학생 4: 고양이, 가방, 풍선, 할아버지, 개, 쓰레기통, 마트, 엄마, 축구공, 친구, 새, 소파, 전등, 여자아이, 시험지

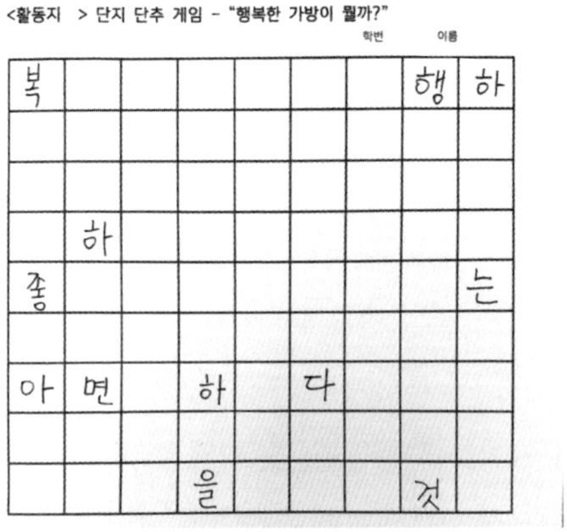

<활동지 > 단지 단추 게임 - "행복한 가방이 뭘까?"

학번 이름

복							행	하
	하							
좋								는
아	면		하		다			
			을				것	

그림 1

[그림 1]과 같이 4명의 학생이 협력하여 9×9 모눈종이에 주제를 먼저 채워 넣는다. 주제 문장의 한 글자 한 글자를 떼어서 불규칙하게 넣어 무슨 내용인지 모르게 한다.

그런 다음 [그림 2]와 같이 찾은 단어를 가로, 세로, 대각선 방향으로 글자를 나열하면서 모눈종이 빈칸을 모두 채워 넣는다.

<활동지> 단지 단추 게임 - "행복한 가방이 뭘까?"
학번   이름

복	친	산	천	뽐	기	계	행	하
구	책	등	상	풍	건	단	우	고
사	가	방	자	선	물	모	양	산
인	하	행	침	대	자	이	책	상
좋	목	줄	복	축	자	운	동	는
쓰	레	기	구	의	지	버	아	할
아	면	공	하	기	다	지	움	지
마	틀	붕	재	넘	꼬	험	도	아
엄	단	계	을	줄	마	시	것	강

그림 2

모눈종이를 완성하면 상대 모둠과 모눈종이를 교환한다.

[그림 3]과 같이 상대 모둠이 단어를 찾아 지워 가면 낱개의 글자들이 남게 된다. 남은 글자를 붉은 펜으로 체크하면 '복, 행, 하, 하, 좋, 는, 아, 면, 하, 다, 을, 것' 글자가 남는다. 이 글자들을 조합하여 주제 문장을 먼저 맞히는 모둠이 승리한다.

그림 3

도움말과 유의점

편의상 4인 모둠으로 구성한 것일 뿐 모둠의 인원은 조정할 수 있다. 놀이 규칙 중에 그림 단어를 찾을 때 한 글자(외자)는 모눈종이에 넣을 수 없다.(예를 들어 새, 집, 눈 등) 2자 이상 글자를 넣어야 문제를 풀 때 혼란스럽지 않다. 또한, 단어가 반복되어 들어가지 않도록 해야 한다.

이 놀이에서 학생들이 힘들어하는 것은 주제 찾기이다. 이때 교사는 학생들에게 주제를 이끌어내도록 도움을 주어야 한다. 이야기의 포인트를 묻고 답하게 하여 학생들이 주제를 찾도록 돕는다.

상대 모둠이 마지막에 남은 글자를 조합하여 주제 문장을 맞추는 것을 어려워할 수 있으므로 힌트를 주는 규칙을 넣으면 좋다.

이 놀이를 처음 할 때는 6×6칸 모눈종이 사용을 권한다. 처음에는 적은 칸으로 하는 것이 좋다.

한 걸음 더

단어 지우고 주제 찾기를 한 후 자신이 추구하는 행복에 대해 생각하는 활동을 하면 좋다. '나는 지금 무엇을 하고 있는가?' (What), '어떻게 하고 있는가?' (How), '왜 하고 있는가?' (Why)를 순서대로 작성한다. 대부분 학생은 학원에 다니거나 문제집 또는 인터넷 강의를 들으며 공부한다. 그런데 '왜' 하는지는 생각하지 않는다. '왜'를 작성할 때 자신이 추구하는 삶, 즉 행복한 삶에 대해 인식하게 된다. 무엇 때문에 공부해야 하는지, 무엇을 위해 공부를 해야 하는지 생각해볼 수 있다.

연상 단어 릴레이

기억 5

진행자가 그림책에서 찾은 단어를 하나 말하면
그 단어에서 연상되는 단어를 모둠원들이 릴레이로
모두 말하는 모둠이 점수를 얻는 놀이이다.

『적』을 소개합니다

『적』은 전쟁에 참여해 서로 적이라 생각한 두 병사와 평화에 대한 이야기로, 앞뒤 면지부터 찬찬히 살펴보면 좋다. 앞 면지에는 클로버를 물고 있는 병사가 있고, 뒤 면지에는 그 병사를 포함해 두 명의 병사가 사라지고 없는데, 작가는 이 두 병사를 통해 전쟁과 평화를 이야기한다.

전쟁이 시작되었다. 전쟁터에는 두 개의 참호가 있고 서로 적인 병사가 각각 숨어 있다. 한쪽 참호에 숨어 있는 병사는 그 안에 갇혀 전쟁이 끝났는지 계속되는지도 모른 채 날마다 다른 한쪽의 참호 속 적을 향해 의미 없는 총격을 하며 일상을 보내고 있었다. 전쟁을 끝내고 싶어도 적을 죽이기 전까지는 싸워야 한다. '전투 지침서'에 따르면 적은 잔인한 '야수'이다. 그래서 적이 우리를 죽이기 전에 우리가 먼저 적을 죽여야 한다. 그러던 어느 날 밤 더 이상 버티기가 힘들었던 병사는 적의 참호를 찾아가 그를 죽이고 전쟁을 끝내기로 결심한다. 하지만 적의 참호는 비

다비드 칼리 글
세르주 블로크 그림
문학동네

어 있었고 그곳에서 그는 자신이 가진 것과 똑같은 내용의 '지침서'와 적이라 생각했던 야수의 '가족사진'을 발견한다. 자신의 참호로 돌아온 그는 적이 야수가 아니라는 것을 알게 되었고 전쟁을 끝내기 위해 적의 참호로 '이 순간부터 전쟁을 끝낸다'라는 메시지를 담은 병을 힘껏 던진다. 그 순간 적도 이쪽 참호로 메시지가 담긴 병을 던지고 있다.

연상 단어 릴레이를 위해 특별한 책이 필요한 것은 아니다. 다만 『적』을 선택한 이유는 다소 철학적인 내용의 책을 놀이를 통해 좀 더 깊이 있게 이해시키기 위해서였다. 전쟁을 직접 경험하지 못한 학생들은 연관되는 단어들을 생각해 봄으로써 '전쟁'과 '적'의 의미를 조금이나마 이해할 수 있다.

연상 단어 릴레이에 어울리는 그림책으로는 초코곰과 젤리곰을 주인공으로 다름과 차별을 다룬 『초코곰과 젤리곰』, 엄마랑 아빠랑 두 형제가 동물원에 가서 보고 느낀 것들을 담고 있는 앤서니 브라운의 『동물원』, 겨울잠에서 깨어난 곰이 인간에 의해 곰이라는 정체성을 의심받으며 그냥 곰인 채로 살고 싶어 한다는 내용을 다룬 『난 곰인 채로 있고 싶은데』 등이 있는데, 이 외 무엇이든 좋다.

놀이 방법

1. 먼저 진행자를 정하고, 진행자가 그림책에서 의미 있다고 생각하는 단어를 몇 개 뽑는다.
2. 진행자가 무작위로 단어 하나를 말한다.
3. 그 단어에서 연상되는 단어를 모둠원들이 순서대로 빠르게 말한다.
4. 이때 말을 하다 끊어지거나 시간이 지체되면 기회는 다른 모둠으로 넘어간다.
5. 말한 단어 중 연관이 없다고 생각되면 다른 모둠에서 이의 제기를 할 수 있다.
6. 이의 제기에 적절히 대답하지 못하면 기회는 또 다른 모둠으로 넘어간다.
7. 진행자가 뽑은 단어가 끝나면 놀이가 끝난다. 단, 동점이 발생했을 때는 한 문제 정도를 더 낸다.

놀이 속으로

학생들은 『적』을 읽고 책의 내용을 미리 숙지한다. 진행자는 그림책에서 의미 있다고 생각하는 단어들을 추린다. 이번 활동에서는 '적', '전쟁', '지침서', '참호', '네잎클로버' 등을 선택했다. 모둠을 만든 후 진행자가 말하는 단어에서 연상되는 단어들을 모둠원들이 돌아가며 재빨리 말한다.

진행자	자, 이제 제가 단어를 부르겠습니다. 잘 듣고 연상되는 단어를 모둠원이 돌아가며 빨리 말하면 됩니다. 그럼 준비되셨나요? 말을 할 때는 모둠장 1명만 자신의 모둠 이름(번호)을 외쳐주세요.
학생들	네!
진행자	첫 번째 단어는 '적'입니다.
1모둠장	1모둠
진행자	네~ 1모둠 말해주세요.
1모둠 학생 1	다비드 칼리.
1모둠 학생 2	지침서.
1모둠 학생 3	음… 아…(시간을 지체함)
진행자	1모둠 탈락. 자, 다른 모둠에게 기회가 있습니다. '적'에서 연상되는 단어를 말해보세요.
2모둠장	2모둠.
2모둠 학생 1	다비드 칼리.
2모둠 학생 2	야수.
2모둠 학생 3	사자.
2모둠 학생 4	참호.
2모둠 학생 5	빨강.
2모둠 학생 6	독.
진행자	네. 2모둠 성공입니다.
3모둠 학생	이의 있습니다. 적과 '사사'는 무슨 연관이 있죠?
2모둠 학생 3	밤에 내가 이동할 때 보았던 사자는 결국 반대편 참호에 있던 적이었습니다. 그림의 사자를 잘 보면 내가 다른 참호로 기어가는

	모습과 같은 모습을 하고 있는 걸 알 수 있습니다.
4모둠 학생	저도 이의 있습니다. '독'은 적과 무슨 연관이 있죠?
2모둠 학생 6	지침서에 적힌 우리가 마시는 물에 독을 탈지 모른다고 적혀 있고, 나는 그것 때문에 늘 경계하고 조심했기 때문입니다.
진행자	자, 답변이 되었나요? 다른 모둠은 2모둠이 성공했다는 것에 동의하시나요?
다른 모둠들	네~
진행자	그럼 다음 단어 부르겠습니다. 다음 단어는 '참호'입니다.
4모둠장	4모둠!
3모둠장	3모둠!
진행자	네~ 4모둠이 좀 빨랐습니다. 4모둠 말해보세요.
4모둠 학생 1	적.
4모둠 학생 2	사다리.
4모둠 학생 3	물.
4모둠 학생 4	불.
4모둠 학생 5	생존.
4모둠 학생 6	배고픔.
진행자	네~ 혹 이의 있으신가요? 없으면 4모둠 성공입니다!

그 외에는 '전쟁'과 관련해서는 '적, 아군, 총, 야수, 지침서, 참호' 등이 나왔고, '지침서'와 관련해서는 '적, 전쟁, 사진, 글씨, 괴물, 인간' 등이 나왔다. 다른 모둠에서 '글씨'와의 연관성을 묻자 적의 참호에서 발견된 지침서에 병사에 대한 설명이 숫자와 글씨로 쓰여 있었다고 답했다. 또

'네잎클로버'와 관련해서는 '생존, 병사, 초록, 행운, 슬픔, 나폴레옹'이 나왔다. '슬픔'과의 연관성은 네잎클로버를 가진 병사를 포함한 둘은 전쟁을 끝내고 집으로 돌아갔지만, 여전히 남아 있는 많은 병사는 가족의 품으로 돌아가지 못해 슬프다고 답했다. 또 '나폴레옹'은 전쟁 중 네잎클로버 때문에 목숨을 구한 유명한 일화가 있다고 답했다.

도움말과 유의점

책 내용이 전쟁과 관련되다 보니 자칫 '전쟁'과 '적'이라는 단어만 반복해서 나올 수 있다. 한두 번 놀이를 한 후에는 반복되는 단어는 빼고 말하게 할 수도 있다. 모둠 인원은 6~8명 정도로 짜는 것이 좋다. 적은 인원으로 하면 너무 빨리 끝나 놀이의 묘미가 좀 떨어진다. 그리고 모둠 내에서 중간이나 끝에 앉은 학생은 앞에 사람이 연상하기 쉬운 단어를 모두 말해버려서 답변을 잘 못할 수도 있다. 이런 상황을 대비해 중간에 답변 순서를 한번 바꿔주는 것이 좋다.

한 걸음 더

놀이 후에 전쟁과 평화의 의미를 좀 더 새기기 위해 '평화', '平和', 'PEACE' 등의 글자로 타이포그래피를 만들어보는 활동을 권한다. 학생들은 타이포그래피 작업을 통해 진정한 평화는 물리적 폭력뿐만 아니라 환경이나 문화적인 폭력까지도 사라지는 것임을 배우고 이를 위해서 개인의 노력을 넘어서 지구촌 연대의 필요성도 느낄 수 있다.

미술관 메모리

기억 6

미술관에서 볼 수 있는 그림과 관련 있는 카드 48장을 바닥에 뒤집어 놓고, 그중 3개의 카드를 열어 같은 내용의 카드가 나오면 그 3장의 카드를 가져가는 놀이이다.

『미술관에 간 윌리』를 소개합니다

『미술관에 간 윌리』는 자신의 그림에 영감을 준 유명 화가들의 그림을 작가의 위트로 새롭게 패러디로 그린 그림으로 이루어진 그림책이다. 앤서니 브라운은 자신의 그림책에 자주 등장하는 윌리, 밀리, 악당 벌렁코를 가미하여 그려 놓았다. 윌리는 화가로 등장한다. 보티첼리의 '비너스의 탄생'을 고릴라의 탄생으로 만들어 놓았고, '그랑자트 섬의 일요일 오후'에는 고릴라들이 산책을 하는데 사람을 애완견으로 그렸고, '아담의 창조'는 고릴라의 탄생으로 그려 놓았다. 가장 재미있는 것은 레오나르도 다빈치의 '모나리자'의 신비한 미소를 틀니를 뺀 합죽이 모양의 미소로 고릴라를 표현해놓았다. 그림을 보면 재미있고, 웃기기 때문에 작가가 어떤 그림을 패러디한 것인지 궁금해진다.

미술관 메모리를 위해 『미술관에 간 윌리』를 선택한 이유는 16편의 유명한 명화와 패러디한 16편의 그림을 다양하게 볼 수 있기 때문이다. 재

앤서니 브라운 글·그림
웅진주니어

미있게 놀이를 하면서 화가의 그림과 제목을 외우도록 하고 싶었다.

미술관 메모리를 하기에 좋은 그림책은 재미있게 볼 수 있는 세계적 명화가 많이 그려져 있는 것이다. 유주연의 『뒤죽박죽 미술관』은 모나리자, 생각하는 사람 등 친근한 명화들이 다양하게 나온다. 런던의 테이트 미술관에 전시된 그림들이 나오는 앤서니 브라운의 『행복한 미술관』도 좋다. 클라스 베르플랑케의 『꿈의 화가, 르네 마그리트』는 서양 미술의 거장 르네 마그리트의 작품들이 나와서 미술관 메모리를 하기에 좋다.

놀이 방법

준비물 : 모둠별 4×5 카드 48장씩 준비(색상지 180g 사용), 색연필, 사인펜

1. 4명씩 모둠을 정해주고, 『미술관에 간 윌리』를 다시 읽으면서 그림책 속 윌리의 그림과 책 뒤쪽에 있는 원작을 비교해보게 한다.
2. 준비한 빈 카드를 모둠별로 48장씩 나누어준다.

1장. 기억하며 놀아요   49

3. 월리가 패러디한 그림에 해당하는 원작을 카드 한 장에 하나씩(모두 16장) 찾아서 간단하게 그린다.
4. 간단하게 그린 원작을 보고, 각각의 카드에 원작의 제목과 월리의 패러디 제목을 쓴다. 헷갈리지 않게 짝이 되는 3장의 카드에 같은 번호를 붙여준다.
5. 원작 16장, 원작 제목 16장, 월리의 패러디 제목 16장을 뒷면이 보이게 바닥에 놓는다.
6. 자기 차례가 되면 원작 16장에서 1장, 원작 제목 16장에서 1장, 월리의 패러디 제목 16장에서 1장씩을 뒤집어 3장이 같은 내용의 카드인지 확인한다.
7. 뒤집은 카드 3장이 같은 내용이라면, 그 카드 3장을 가져가고 다시 카드 세 장을 뒤집어 펼친다.
8. 뒤집은 카드 3장이 같은 내용의 카드가 아니면, 제자리에 뒷면이 보이게 다시 뒤집어 놓는다.
9. 바닥에 남은 카드가 없으면 놀이는 끝난다. 가장 많은 카드를 모은 사람이 승리한다.

놀이 속으로

먼저 모둠별로 월리가 패러디한 그림의 원작을 찾아서 간단하게 그린다. 구체적으로 특징을 잡아서 그리도록 한다. 너무 어렵게 그리면 학생들이 기억하기가 어렵다.

카드 짝을 찾는 놀이가 보통 2개의 짝을 찾는 것이라면, 미술관 메모리는 원작 카드, 화가의 원작 제목 카드, 월리의 패러디 제목 카드를 찾아야 한다. 3개의 카드를 기억해야 하므로 더 많이 생각하고 집중해야 한다.

[학생들이 그린 원작 그림의 예]

가위바위보로 첫 번째로 할 사람을 정한 다음 시계방향으로 진행한다.

학생 1   (첫 카드를 뒤집으면서) 이 결혼하는 그림의 제목이 뭐였지?

학생 3   진짜 그림 잘 그렸네. 무슨 그림을 그린 건지 바로 알 수 있잖아.

학생 2   다음 장은 원작 제목이 있는 곳에서 넘겨야지?

학생 1   (두 번째 카드를 뒤집으면서) 야호, '아르놀피니의 약혼'이다! 운이 좋은데. 윌리의 패러디 제목만 나오면 내가 카드를 가져갈 수 있는 거지?

학생 3 맞아. 카드를 뒤집어 볼래?

학생 1 (세 번째 카드를 뒤집으면서) 에고, 이건 '내가 만든 최고의 모래성'이야 이건 아니잖아. '아르놀피니의 약혼'의 윌리의 패러디 제목은 뭐였지?

 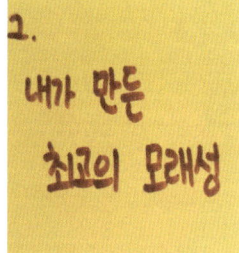

학생 4 얘기해주면 안 되지, 3개가 맞지 않았으니 다시 뒤집어 놓을래. 1개만 찾으면 3개가 맞겠네. 잘 기억해두자.

학생 1 네 차례야.

학생 2　　(첫 번째 카드를 뒤집으면서) 이 그림의 패러디 제목이 '내가 만든 최고의 모래성'이지? 그게 어디에 있더라? 방금 학생 1이 뽑았던 거잖아. 원작 제목만 찾으면 되겠네. (두 번째 카드를 뒤집으면서) 이건 '그랑자트 섬의 일요일 오후'네. 진짜 제목은 '바벨탑'인데. 아쉽다.

학생 4　　틀렸지만, 마지막 카드 뒤집어 볼래. 잘 기억하고 있는지?
학생 2　　(세 번째 카드를 뒤집으면서) 잘 기억하지, 근데 헷갈리긴 하네.

학생 1	내가 아까 뒤집었잖아. 다음번 사람에게 기회가 가겠네. 빨리 다시 뒤집어 놓아줘. 그리고 자리를 잘 기억해두자.
학생 3	기다려라. 내가 맞춰 줄 테니까.
학생 4	빨리 뽑아라.
학생 3	내 차례지? 난 기억을 하고 있지. 여기 첫 번째 카드는 남자와 여자가 손잡고 있는 그림이고, 두 번째 카드는 원작 제목이 '아르놀피니의 약혼'이지.
학생 1	이제 패러디 제목만 나오면 되겠네. 빨리 세 번째 카드 뒤집어봐.

이런 식으로 해서 아래와 같이 3개의 카드가 나오면 카드를 가져간다.

 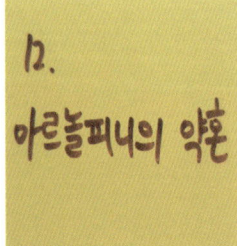 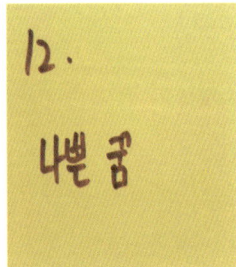

학생 1	원작, 원작의 제목, 윌리의 패러디 제목 3장이 다 맞았으니 가져가렴. 그리고 한 번 더해야 해.

이런 식으로 바닥에 남은 카드가 없으면 놀이가 끝나고 가장 많은 카드를 모은 사람이 승리한다.

도움말과 유의점

빈 카드는 A4 크기의 두꺼운 종이를 4×5로 잘라서 48장씩 준비한다. 그림은 볼펜, 사인펜, 색연필을 활용하여 간단하면서 선명하게 그리게 한다. 모둠별로 특징 있는 메모리 카드가 만들어지는데, 모둠별로 카드를 바꾸어서 해도 재미있다. 난이도를 높이고 싶다면 화가의 이름을 추가하여 카드 4장을 맞추는 것으로 할 수 있다. 또한, 카드를 종류별로 따로 모아두지 않고 48장의 카드를 다 섞어서 해도 난이도가 올라간다.

한 걸음 더

학생들이 알고 있는 유명한 한국 화가를 최대 16명을 선택하고 그들의 그림 중에서 각 1점씩 고르게 한다. 선택한 그림들을 학생들에게 윌리처럼 패러디하여 그려보게 한다. 패러디로 그리는 것을 어려워하면 원본 그림을 간단하게 그려도 된다. 그림이 완성되면 어떤 의미로 그렸는지를 모둠원끼리 이야기를 나눈다. 그 후에 한국 화가의 이름과 그림, 패러디한 그림을 짝으로 해서 한국 미술관 메모리를 할 수 있다.

2장

이해하며 놀아요

이해 1

같음이 다름이[*]

서로 다른 두 대상의 공통점(같음이)과 차이점(다름이)을 찾는 놀이이다.

『고슴도치와 토끼』를 소개합니다

그림 형제의 원작을 바탕으로 한 『고슴도치와 토끼』는 올바른 경쟁과 정당한 결과를 생각하게 하는 그림책이다.

길을 가던 토끼가 고슴도치를 만난다. 토끼는 고슴도치의 다리가 짧아서 느리다고 약을 올린다. 화가 난 고슴도치는 자신이 토끼보다 더 빨리 달릴 수 있다고 말한다. 자존심이 상한 둘은 누가 더 빠른지 경주를 하기로 한다. 누가 봐도 고슴도치가 질 수밖에 없을 것 같은 달리기 경주, 고슴도치는 속임수를 생각해낸다. 토끼가 자신과 자신의 아내를 구분하지 못한다는 점을 이용한다. 그 결과 정말로 열심히 달린 토끼보다 고슴도치는 항상 먼저 결승점에 도달한다.

'같음이 다름이'는 등장인물 간의 공통점과 차이점을 찾는 놀이이다.

---

[*] 김혜숙 외(2017), 『지혜로운 생각을 키우는 철학수업 레시피』, 교육과학사 p.138 참고

류일윤 글
임정호 그림
글뿌리

 따라서 등장인물들의 캐릭터가 잘 드러나고 공통점과 차이점이 분명한 그림책으로 하는 것이 좋다.『고슴도치와 토끼』는 고슴도치와 토끼가 경주에서 승리하고 싶어 하면서도 경쟁에 임하는 자세가 조금 다르다는 점이 잘 드러나 같음이 다름이를 하기 적합하다. 고슴도치와 토끼의 공통점과 차이점을 찾는 과정에서 자연스럽게 올바른 경쟁에 대해서도 생각할 수 있다.
 등장인물 간의 공통점과 차이점이 두드러져 '같음이 다름이'를 하기에 좋은 그림책으로는 거북이와 토끼의 경주를 다룬 『슈퍼 거북』, 화가인 아서와 화가가 되고 싶어 하는 맥스의 이야기를 다룬 『아트와 맥스』, 장난꾸러기 양 메메와 어리숙한 칠면조 칠칠이의 대화를 다룬 『똑똑해지는 약』,『레모네이드가 좋아요』, 여유롭게 산책을 즐기는 암탉 로지와 로지를 잡아먹으려는 여우의 이야기로 긴장과 유머를 선사하는 『로지의 산책』등이 있다.

놀이 방법

1. 그림책 내용을 바탕으로 고슴도치와 토끼의 공통점을 찾는다.
2. 학생들은 모두 자리에서 일어난다.
3. 한 명씩 돌아가면서 고슴도치와 토끼의 공통점을 발표한다.
4. 앞에서 나온 것과 같은 대답을 하거나 정해진 시간 안에 답변을 하지 못하면 탈락한다. 탈락하면 자리에 앉는다.
5. 답변이 애매한 경우에는 다른 친구들이 이의 제기를 통해 검증을 한다.
6. 이의 제기에 대해 적절히 반박하지 못하면 탈락한다.
7. 마지막까지 남은 학생이 이긴다.
8. 이후 앞의 내용과 동일하게 고슴도치와 토끼의 차이점을 찾고 발표한다.

놀이 속으로

그림책을 읽고 고슴도치와 토끼의 공통점을 찾는 시간을 잠시 갖은 후 놀이를 시작한다.

교사	고슴도치와 토끼의 공통점을 말해볼까요.
학생 1	둘 다 경주에서 이기고 싶은 마음이 컸어요.
학생 2	경주에 둘 다 참여했어요.
학생 3	그림책 『고슴도치와 토끼』의 주인공들이에요.
학생 4	임정호 그림 작가님이 그렸어요.
학생 5	경주에서 이기려고 했어요.
(학생 반박)	경주에서 이기려고 한 것은 이미 제가 말했어요.

교사	그러네. 학생 5 탈락이에요. 자리에 앉으세요.
학생 6	애완동물로 키울 수 있어요.
(학생 검증)	우리는 지금 그림책에서 고슴도치와 토끼의 공통점을 찾는 것인데 애완동물로 키울 수 있다는 것은 그림책과 관련이 없는 것 같아요.
학생 6	둘 다 애완동물로 키울 수 있는 것은 사실이에요.
(학생 검증)	그런데 그림책에서 고슴도치와 토끼가 주인공이고 사람들은 등장하지 않기 때문에 애완동물로 키울 수 있는지에 대해서는 알 수 없어요.
학생 6	네. 맞는 것 같아요.

(이하 생략)

이런 식으로 학생들은 돌아가면서 공통점을 말하고 서로 검증한다. 뒤 차례의 학생들이 생각한 공통점을 앞의 학생들이 말하는 경우가 많다. 그럴 경우 뒤 학생들은 다시 열심히 그림책을 살펴본다. 그림책을 읽으라고 하지 않아도 자연스럽게 그림책을 여러 번 읽는다. 첫 답변까지는 시간이 다소 걸릴 수 있으나 두 번째 답을 말할 때는 이미 나온 답변을 다시 말할 수 없어서 많은 학생이 탈락한다. 1명이 남을 때까지 계속해서 진행한다.

공통점 찾기가 끝나면 바로 이이시 치이점 찾기를 한다. 학생들은 공통점을 찾은 후 놀이가 끝났다고 생각한다. 그때 바로 이어서 차이점을 찾게 한다. 공통점에 주목하던 학생들이 정반대의 차이점을 찾으면서 사고가 활성화된다.

학생 1	고슴도치는 속임수를 사용했지만, 토끼는 정정당당하게 경주를 했어요.
학생 2	경주에서 고슴도치는 승리했고 토끼는 패배했어요.
(학생 검증)	고슴도치는 속임수를 썼는데 승리했다고 할 수 있을까요?
학생 2	경주 전에 '속임수를 사용하지 않는다'는 규칙을 정하지 않았기 때문에 고슴도치가 승리했다고 할 수 있어요.
(학생 검증)	동의할 수 없어요. 정정당당한 시합을 했을 때만 승리와 패배를 말할 수 있어요.
교사	이 문제는 놀이가 끝난 후에 토론을 해보도록 해요.
학생 3	고슴도치는 아내가 있지만, 토끼는 아내가 없어요.
(학생 검증)	그림책에서 토끼의 아내에 대해 나오지 않아요. 그래서 토끼도 아내가 있을 수 있어요.
학생 3	그건 어디까지나 추측이잖아요. 책의 내용만 보면 토끼의 아내가 등장하지 않으니 없다고 볼 수 있어요.
학생 1	그래, 동의해.
학생 4	토끼는 빠르고 고슴도치는 느려요.
학생 5	성격이 달라요.
교사	성격이 어떻게 다르지?
학생 5	고슴도치는 잔머리가 뛰어나지만, 토끼는 그렇지 않아요.
(학생 검증)	머리가 좋은 것과 성격은 달라요.
학생 5	그러네.

도움말과 유의점

학생들의 답변이 애매한 경우가 많은데, 이를 교사가 일방적으로 통과, 탈락을 결정하면, 학생들이 불만을 표하는 경우가 종종 발생한다. 이럴 때 학생들끼리 검증을 하고 검증을 통과한 경우만 답변으로 인정하면, 판정 결과에 대한 논란에서 벗어날 수 있다.

공통점과 차이점을 찾는 것이 쉬워 보이지만, 그림책의 내용과 관련 있는 것으로 한정해서 찾을 경우 학생들은 어려워한다. 그래서 개인별로 찾게 하지 않고 모둠 대항전 형태로 하면 더욱 좋다. 모둠별로 협력하면서 공통점과 차이점을 찾을 시간을 충분히 주면 좀 더 다양하고 의미 있는 내용이 나온다. 공통점과 차이점을 반드시 이어서 찾을 필요는 없다. 시간과 여건이 되지 않는 경우 공통점이나 차이점만 찾아도 충분하다. 그림책의 내용에 따라 공통점이나 차이점이 잘 드러나지 않는 경우도 있으니 상황에 맞게 활용하면 좋다.

한 걸음 더

'같음이 다름이' 놀이를 하다 보면 학생들은 일반적으로 '고슴도치는 속임수를 사용해서 경주에서 승리했기 때문에 이긴 것이 아니다' 라고 주장한다. 이에 일부 학생은 '경주하기 전에 규칙을 정하지 않았기 때문에 경주가 문제 되지 않는다' 는 반대 의견을 제시한다. 따라서 같음이 다름이 놀이를 마친 후 '고슴도치와 토끼의 경쟁은 정당한가?' 에 대한 찬반 토론을 하면 좋다. 올바른 경쟁, 정의와 공정함에 대해 생각하는 시간을 가질 수 있다.

낱말 연결하기*

이해 2

낱말 간의 공통된 특성이나 원인과 결과 등을 기준으로 두 낱말을 서로 연결하는 놀이이다. 그림책을 읽고 진행하는 경우에는 줄거리나 내용의 관련성을 바탕으로 두 낱말을 연결한다.

『지각대장 존』을 소개합니다

『지각대장 존』은 우리나라뿐만 아니라 세계적으로 많은 사랑을 받는 작가인 존 버닝햄의 대표 작품이다. "아이들이 어른들보다 덜 지적인 것은 아니다. 경험이 부족할 뿐"이라는 말에서 알 수 있듯이 존 버닝햄은 아이들의 눈으로 바라보는 세계를 그렸다. 그래서 그의 작품은 아이들을 가르침의 대상으로 여기는 어른들에게 신선한 충격을 준다.

존은 아침 일찍 학교로 간다. 하지만 가는 길에 악어가 책가방을 무는 바람에 지각을 한다. 선생님에게 사실대로 말했지만, 선생님은 이 동네 하수구엔 악어 따위는 살지 않는다면서 '거짓말을 하지 않겠다'는 문장을 300번 쓰게 한다. 다음날에는 사자가 바지를 물어뜯는 바람에 지각을 하고, 그다음 날에는 파도가 밀려와 지각을 한다. 선생님은 존의 말을 믿

---

* 로버트 피셔(2004), 『생각을 키워주는 게임』, 해냄, pp.10~12 참고

존 버닝햄 글·그림
비룡소

지 않았고 버럭 화를 내며 반성문을 쓰게 한다. 다음날 등굣길에서는 아무 일도 일어나지 않는다. 그런데 학교에 도착하자 낯선 광경이 펼쳐진다. 선생님이 털북숭이 고릴라한테 붙들려 천장에 매달려 있다. 구해달라는 선생님의 요청에 존은 어떤 선택을 할까? 아이의 시선으로 솔직하게 마음을 드러내는 마지막 장면이 안타까움과 깊은 울림을 준다.

낱말 연결하기를 위해『지각대장 존』을 선택한 이유는 교사와 학생 관계를 다룬 그림책이라 학교생활과 관련한 다양한 단어를 떠올리기 쉽기 때문이다. 게다가 학생들이 교사와 학생과의 관계에 대해 생각해보고, 존이 매일 지각하지 않기 위해 노력하는 모습을 보면서 자신들의 학교생활을 돌아볼 시간을 주고 싶었다.

낱말 연결하기는 그림책을 읽고 연상되는 단어들을 연결시키는 놀이이기 때문에 어떤 그림책으로도 할 수 있다. 낱말 연결하기를 위해서 그림책을 선정할 때는 놀이의 특성보다는 그림책이 전하는 주제를 먼저 고려하면 된다.

2장. 이해하며 놀아요

놀이 방법

준비물 : 활동지

1. 『지각대장 존』을 읽고 떠오르는 단어를 한 가지씩 발표한다.
2. 학생들의 발표를 활동지에 모두 적는다.
3. 낱말과 낱말을 연결한다. 이때, 1개의 낱말은 1번만 사용할 수 있고 모든 낱말을 사용해야 한다. 30개의 낱말이 있으면 15쌍의 낱말 연결하기를 해야 한다.
4. 낱말 연결하기가 끝난 학생 순으로 발표를 한다.
5. 발표를 듣는 친구들이 발표 내용을 검증한다.
6. 친구들의 검증을 제일 먼저 통과한 학생이 이긴다.

놀이 속으로

학생들은 그림책을 읽고 떠오르는 단어를 한 가지씩 적고 돌아가면서 발표한다. 그림책을 읽고 아무 단어나 하나를 말하면 되는데 의외로 어려워하는 학생들이 있다. 학생들이 부담을 느끼지 않도록 편하게 해주고 아무 단어나 괜찮으니 그림책을 읽고 생각나는 단어를 말하게 한다. 학생들이 말한 단어들은 다음과 같다.

선생님, 지각, 학교, 동물, 억울함, 초등학생, 고릴라, 신뢰, 거짓말, 잘못, 늦잠, 사자, 반성문, 파도, 깜지, 변명, 등굣길, 진실, 천장, 악어, 동물원, 하얀색, 가족, 친구, 새벽, 장갑

발표를 들으면서 교사는 칠판에, 학생들은 활동지에 위 단어를 모두 적는다. 그 후 개인별로 낱말 간의 공통된 특성이나 인과관계, 또는 그림책 줄거리, 내용 등과 관련해서 두 낱말을 연결한다. 총 26개의 낱말이라 13쌍의 낱말 연결하기를 하면 되는데 학생들은 7~8쌍까지는 쉽게 연결한다. 보통 10분 정도 지나면 첫 번째로 완성한 학생이 생긴다. 이때는 모든 학생이 활동을 멈춰야 한다. 친구가 결과를 발표할 때는 경청하면서 친구의 답을 검증해야 하기 때문이다.

학생 1	선생님-학교, 연결고리: 그림책 속의 선생님은 학교에 있다.
	파도-억울함, 연결고리: 파도 때문에 지각을 했는데 선생님이 믿지 않아 존이 억울했다.
	잘못-반성문, 연결고리: 잘못을 하면 반성문을 쓰는 경우가 있다.
	늦잠-지각, 연결고리: 늦잠을 자서 지각을 했다.
학생 2	존은 아침 일찍 등교했으나 가는 길에 악어와 사자 등을 만나서 지각한 것이지 늦잠 때문에 지각을 한 것은 아니에요.
학생들	맞아요. 존은 늦잠을 자지 않았어요.
학생 1	아, 제가 잠시 착각했어요.
교사	다음 도전할 사람 있나요?

답변 완성을 하지 못하면, 다시 낱말 연결하기 활동을 한다. 어느 정도 시간이 지나면 완성하는 학생이 많아진다. 하지만 다른 친구들의 검증을 통과하기는 쉽지 않다. 보통 20분 정도의 시간이 지나면 성공한 학생이 생기기 시작한다. 처음 성공한 학생이 연결한 결과는 다음과 같다.

악어-장갑, 연결고리: 존은 장갑을 던져서 악어로부터 풀려났다.

고릴라-천장, 연결고리: 고릴라는 천장에 매달려 있었다.

사자-등굣길, 연결고리: 존은 등굣길에 사자를 만났다.

거짓말-깜지, 연결고리: 선생님은 존이 거짓말을 했다고 생각해서 깜지를 쓰게 했다.

존-학교, 연결고리: 존은 매일 아침 학교에 일찍 등교하려고 노력했다.

진실-억울함, 연결고리: 존은 진실을 말했으나 선생님이 존의 말을 믿지 않아 억울했다.

새벽-지각, 연결고리: 존은 지각하지 않기 위해 새벽에 집을 나섰다.

변명-반성문, 연결고리: 존은 선생님의 오해에 대해 변명을 하지 않고 반성문을 작성했다.

(이하 생략)

도움말과 유의점

놀이 시작 전에 낱말 연결하기 하는 방법에 대해 알려주면 안 된다. 방법을 미리 알면 각자 생각한 낱말을 하나씩 발표할 때 일부러 연결하기 쉬운 낱말로 바꿔 발표하는 학생들이 생긴다. 낱말과 낱말의 연관성이 약할수록 생각하는 힘이 커진다. 소개한 사례에서는 개인별로 진행했지만, 모둠별로 진행을 해도 좋다. 이때는 교사가 낱말을 더 제시하고 좀 더 많은 낱말을 연결하게 하면 된다.

그리고 가급적 낱말을 연결할 때 그림책과 관련한 내용을 우선적으로 연결하게 한다. 그렇게 하면 그림책을 잘 이해했는지 쉽게 파악할 수 있다. 그림책 내용과 상관없이 낱말 간의 공통된 특성이나 인과관계로 연결할 수도 있지만, 그러면 굳이 그림책을 읽고 진행할 필요가 없다. 그림책을 읽지 않고 일반적으로 진행할 경우는 상관없지만, 그림책을 읽고 낱말 연결하기 할 때는 우선적으로 그림책과 관련해서 연결 지은 후 남은 낱말들에 한정해서 공통된 특성, 인과관계에 맞춰 연결하게 하면 좋다.

한 걸음 더

『지각대장 존』은 고릴라로부터 위협을 받고 있는 선생님을 구하지 않는 존의 선택으로 끝난다. 학생들은 이 장면에서 통쾌해한다. 선생님에게 복수하는 존을 보며 대리만족을 느낀다. 하지만 일부 학생은 생명의 위협을 느끼는 선생님을 구하지 않는 것은 잘못이라고 생각한다. 따라서 낱말 연결하기 놀이 후 '선생님을 구하지 않은 존의 선택은 정당한가?'라는 주제로 찬반 토론을 하면 좋다.

이해 3

OX 놀이

O, X로 답할 수 있는 질문을 하여 맞으면 빙고 칸 위에서 O 말만 이동하고 틀리면 X 말만 이동하여 상대방 말을 따는 놀이이다.

『루스 베이더 긴즈버그』를 소개합니다

　루스 베이더는 미국에서 '정의의 상징', '법의 상징'으로 불리는 여성 대법관으로 2015년에는 우리나라에서도 이분을 초청해 대담을 나눈 적이 있고, 2018년에는 그녀의 이야기가 영화로도 개봉되었다. 유대인이었던 루스 베이더 부모는 당시 유럽에서 유대인을 박해했기 때문에 미국으로 건너와 살았다. 하지만 미국에서도 유대인에 대한 차별과 혐오는 곳곳에서 벌어지고 있었기 때문에 루스는 어렸을 때부터 인종 차별을 경험한다. 루스는 법조인이 되고 싶었으나 그 당시 여성은 공부하는 것도 일하는 것도 어려움이 컸다. 이 그림책에서는 루스가 구체적으로 어떤 어려움을 겪었고, 그럼에도 어떻게 극복하며 인생을 살아가는지 보여준다. 인권과 성차별에 대해 생각하기에 좋은 책이다.
　『루스 베이더 긴즈버그』와 같은 인물 그림책은 글이 많은 편이다. 그림은 대체로 글의 내용을 보충하는 역할을 하기 때문에 글을 잘 읽을 필요

조너 윈터 글
스테이시 이너스트 그림
두레아이들

가 있다. 그리고 내용이 많을 경우 기억해야 할 사건들이 있다. 이런 것들을 잘 기억하고 내용을 잘 이해하고 있는지 다시 이야기를 확인할 필요가 있다.

OX 놀이는 그림책의 글과 그림을 보고 각자 개인적으로 다르게 해석하는 것이 아니라 동일하게 해석할 수 있어야 한다. 픽션 그림책은 그림이 주는 상징적인 의미가 있기 때문에 해석을 다양하게 할 수 있어 '옳다', '그르다'로 판단할 수 없다. 그러므로 OX 놀이는 논픽션을 다룬 그림책에 적합하다.

OX 놀이에 어울리는 논픽션 그림책에는 인물, 역사, 과학, 환경, 사회 분야에서 정보를 제공해주는 것들로 매우 다양하다. 『우리 땅 기차여행』, 『별이 빛나는 밤에』, 『우리집』, 『달릴 수 있어』 등 활용할 수 있는 분야와 종류가 매우 많다.

놀이 방법

준비물 : 4×4 빙고판, 앞면이 O 뒷면이 X로 표시된 말 20개, 펜

1. 놀이 참가자는 4명으로 한다.(2명도 가능)
2. 가로 5줄, 세로 5줄이 서로 교차하여 16칸으로 이루어진 4×4 빙고판을 준비한다.
3. 1인당 양면에 O, X가 표시된 말을 하나씩만 갖고 시작한다. 나머지 16개는 빙고판 한쪽에 모아 놓는다.
4. 시작할 때 O, X 말의 위치는 빙고 판 4개의 모서리 끝에 놓되, O 말 2개, X 말 2개가 서로 대각선 방향이 되도록 한다.
5. 참가자들이 문제를 내는 순서를 정한다. 한 사람이 네(O), 아니오(X)로 답할 수 있는 문제를 한 문장으로 낸다. 문제의 답이 네에 해당하면 O 말만 이동하고 아니오에 해당하면 X 말만 이동한다.
6. 말이 이동할 때 규칙은 가로, 세로, 대각선 방향으로 한 칸씩 이동할 수 있고 제자리에서 뒷면으로 뒤집을 수(O, X 표시가 바뀌게 할 수)도 있다.
7. 상대에게 말을 빼앗겨 새로운 말을 놓을 때는 비어 있는 빙고판 위 어디에나 놓을 수 있다. 단, 기존에 놓여 있는 말 바로 옆에는 놓을 수 없다.
8. 순서대로 돌아가며 문제를 내고 말을 이동하면서 상대방의 말을 따먹는다.
9. 20분간 실시하여 상대방 말을 많이 따는 사람이 이긴다.

놀이 속으로

4×4 빙고 판을 준비하고 4개의 모서리에 각각 O, X 말을 각각 놓는다. 모서리에 놓은 O, X 말을 제외하고 나머지 16개는 한쪽에 모아 놓는다.

놀이 도중 말이 섞일 수 있으니 자기 말에 자신의 이니셜 한 글자를 적어서 구분한다.

첫 번째 사람이 그림책에서 문제를 낸다.

"루스 부모님은 유대인이다."

정답은 O다. O, X 말 중에 정답에 해당하는 O 표시 말만 움직인다.

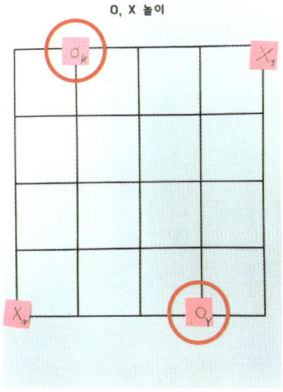

2장. 이해하며 놀아요

두 번째 사람이 문제를 낸다.

"루스는 어렸을 때 부자였다."

정답은 X. X 말을 가지고 있는 두 사람만 움직인다.

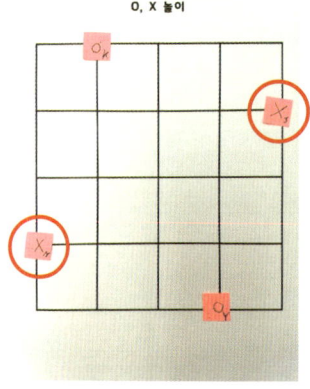

세 번째 사람이 문제를 낸다.

"루스는 남편을 대학에서 만났다."

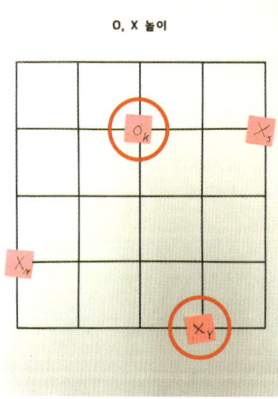

정답은 O다. O, X 말 중에 O 말을 가지고 있는 두 사람만 말을 움직인다. 이때 한 사람은 말을 뒤집었고, 다른 한 사람은 대각선 방향으로 움직였다.

이런 방법으로 말들이 움직이다가 상대편의 말을 따게 된다. 말을 잃으면 여유분으로 있던 말을 빙고 판에 놓고 놀이에 참여한다. 새로운 말을 놓을 때는 다른 말이 있는 곳의 바로 옆자리는 안 되고 한 칸 이상 떨어진 곳이어야 한다.

도움말과 유의점

학생들이 처음에 OX 문제를 낼 때 조금 어려워할 수도 있지만, 2~3명이 문제를 내고 맞히다 보면 곧 감을 잡는다. 이 놀이를 하려면 읽었던 그림책의 내용을 계속 생각해야 한다. 때에 따라서는 그림책을 한 번만 읽어주고 놀이를 하기도 하고, 그림책을 팀원에게 주고 함께 읽게 한 다음 진행하기도 한다. 전자의 경우에는 집중해서 보려고 노력하는 모습이 보인다. 후자의 경우에는 팀원들이 문제를 맞힐 때 확인이 필요한 경우 바로 그림책을 열어 확인해볼 수 있다. 이 과정에서 팀원 스스로 이야기를 정확히 알아간다. 그리고 O, X 말을 여유분을 두고 하면 자신의 말을 잃더라도 다시 말을 놓고 놀이에 참여할 수 있기 때문에 주어진 시간 동안 4명이 끝까지 함께 놀 수 있다.

한 걸음 더

OX 놀이를 하면 루스 베이더 긴즈버그의 삶의 이야기를 자세히 알게 된다. 따라서 놀이 이후에는 성공적인 삶을 살기 위해 갖추어야 할 요인에는 무엇이 필요한지 찾아보는 활동을 하면 좋다. 그림책의 내용을 바탕으로 근거를 들어 성공 요인을 제시하면 논리적인 사고력을 키울 수 있다.

글그림 숨바꼭질

이해 4

텔레스트레이션 게임을 변형한 것으로
메모장에 글과 그림을 번갈아 쓰거나 그려 가면서
원래 생각한 단어와 문장이 무엇인지 알아맞히는 놀이이다.

『여기보다 어딘가』를 소개합니다

『여기보다 어딘가』의 첫 장을 펼치면 신문이나 잡지에서 오려낸 다양한 여행 가방이 시선을 끈다.

새들은 저마다 더 멋지다고 생각하는 곳, 자신만이 꿈꾸는 어디론가 떠나고 싶어 한다. 주인공 조지는 세계를 탐험하는 데 전혀 관심이 없다. 심지어 아무 데도 가지 않는다. 브라우니, 사과파이, 당근 케이크 등이 항상 오븐에서 구워지고 있고 조지는 이것들을 친구들에게 대접한다. 그리고 친구들이 그들의 멋진 여행에 초대할 때 조지는 말한다. 산더미처럼 쌓인 다림질 거리, 요가와 기타 수업, 영화 관람, 자서전 때문에 여행을 갈 수 없다고 말이다. 그러나 그림책의 그림에는 산더미가 아닌 양말 두 짝만 표현되어 있다. 또 조지가 쓴다는 자서전을 그린 그림에는 간단한 일상생활만 기록되어 있어 독자가 생각할 때는 핑계처럼 보인다. 조지의 친구 파스칼은 이것을 알아챈다. 그리고 다른 친구들과 달리 조지를 관

거스 고든 지음
그림책공작소

찰하고 계속 질문을 던진다. 그러자 조지가 여행을 가지 않는 진짜 이유가 드러난다. 그것은 친구들이 모두 하늘을 나는 법을 배우던 그 중요한 날에 뭔가 딴짓을 해서 날 수가 없어서였다. 파스칼과 조지는 함께 날 수 있는 다양한 방법을 시도하다가 결국 열기구를 만들어낸다. 드디어 그들은 어딘가로 출발했고 몇 달 동안 계속 여행하고 집으로 돌아온다. 마지막에 조지는 "내년 겨울에 어딘가 다른 곳이라면 어디든 좋아요"라고 말한다.

글그림 숨바꼭질을 위해 『여기보다 어딘가』를 선택한 이유는 친구들의 다양한 모습, 다채로운 여행지가 나타나고 따라 그릴 수 있는 그림이 많기 때문이다. 여행 가방, 새 사진, 1800년대 여행 광고부터 의자, 컵, 주전자, 음식 등 콜라주 기법으로 그림책에 들어가 있어 보면서 쉽게 그리고 놀 수 있다.

글그림 숨바꼭질에 좋은 그림책으로는 물건이나 사람이 많아 학생들이 그림을 보면서 베낄 수 있는 책이나 학생들이 이 놀이를 할 시기에 관심을 보인 책이면 무엇이든지 괜찮다. 학생들의 생활을 담고 있는 '지원이와 병관이' 시리즈 중 『용돈 주세요』, 『거짓말』, 『먹는 이야기』, 실제 거리를 찍은 배경 사진을 바탕으로 그린 『내 토끼 어딨어?』, 『내 토끼 사라졌어!』 등이 있다.

놀이 방법

준비물 : 메모장(A4 종이를 반으로 잘라 여러 장을 묶은 것, 스케치북으로도 가능), 빈 종이

1. 학생 모두 각자 메모장과 그림책에 나온 글자를 적을 수 있는 빈 종이 1장을 갖는다.
2. 그림책에서 마음에 든 단어 1개를 선택하여 각자의 종이에 적는다.
3. 6명이 한 모둠이 되어 동그랗게 앉아서 메모장을 돌릴 한 방향을 정하고 메모장 에서는 꼭 앞 장만 봐야 하고 앞장이 그림이면 글을 쓰고 글이면 그림을 써야 한다는 규칙을 안다.
4. 6명 각자가 종이에 적은 단어를 메모장 첫 면에 그림으로만 표현한다. (그림 그리는 시간은 2분으로 제한)
5. 2분이 지나면 한 방향으로 동시에 3번에서 정한 방향으로 옆에 앉은 학생에게 메모장을 넘긴다.
6. 친구가 메모장을 받은 학생은 첫 면에 있는 그림 그린 메모장을 보면서 정답을 유추하며 두 번째면 메모장에 글자로만 쓴다. (글자 쓰는 시간은 30초로 제한)
7. 30초가 지나면 두 번째 면에 글자가 쓰인 메모장면만을 펼친 채 동시에 옆에 있는 학생에게 넘긴다.

8. 두 번째 면 메모장에 있는 글자만을 보면서 정답을 유추하며 세 번째 면 메모장에 그림으로 표현한다. (그림 그리는 시간은 2분으로 제한)
9. 학생 모두 각자가 메모장의 한 면씩 넘기면서 5~8번을 반복한다. 메모장 바로 앞 장이 그림이면 글자로, 글자면 그림으로 표현한다.
10. 모둠에서 한 바퀴가 돌면 모둠원 한 명씩 돌아가면서 메모장의 모든 면을 공개한다.
11. 공개하면서 그림을 보고 어떤 글자를 생각했는지 그 글자를 보고 그림으로 어떻게 표현했는지를 이야기한다.
12. 정답을 공개한 후 정답을 맞힌 경우(2점 부여)와 메모장 주인이 가장 마음에 들어 하는 그림을 그린 모둠원에게 점수(1점)를 부여한다.
13. 그다음은 각자 모둠원이 1개의 문장을 정하고 3번부터 11번을 반복한다.
14. 점수를 가장 많이 획득한 사람이 이긴다.

놀이 속으로

학생 모두 각자가 아래와 같은 빈 종이(쓰는 양식을 제공해도 무관)와 메모장을 갖는다. 그리고 그림책을 보면서 마음에 든 단어 1개를 선택하여 종이에 적는다. 이것은 나중에 놀이에서 학생들이 맞혀야 하는 정답이 된다. 따라서 놀이할 때, 모둠원들이 처음에 종이에 쓴 단어가 무엇인지 유추하며 그림을 그리거나 글을 써야 한다는 것을 인지한다.

학생 6인이 한 모둠이 되어 동그랗게 앉는다. 모든 학생이 메모장을 릴레이 형태로 옆 짝에게 계속 넘긴다는 사실을 인식하면서 메모장을 돌릴 방향을 정한다. 주의사항은 메모장에서는 꼭 앞 장만 봐야 하고 앞장이

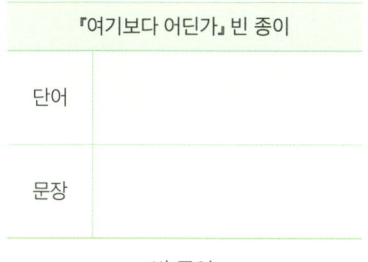
빈 종이
(양식을 만들어줄 수도 있다)

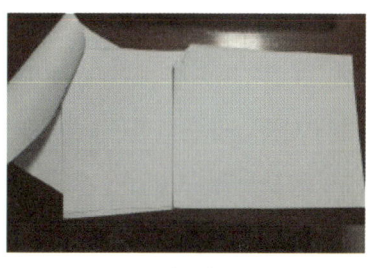
메모장
(스케치북으로 대체해도 된다)

그림이면 글을 쓰고 글이면 그림을 써야 한다는 규칙을 안다.

학생들이 선택한 단어는 '안데스산맥, 요가, 떠나다, 오븐, 자서전, 열기구'이다. 학생 6명 각자가 동시에 선택한 단어를 메모장 첫 면에 2분 동안 그림으로만 표현한다. 그다음 메모장 돌리기로 정한 방향으로 옆 모둠원에게 그림을 그린 메모장 첫 면이 잘 보이도록 넘긴다. 첫 면에 있는 그림 그린 메모장을 넘겨받은 학생들은 그 그림만 보고 그것이 어떤 단어를 표현한 것인지 두 번째 면 메모장에 30초 이내에 글자로만 쓴다. 모든 학생이 두 번째 면 메모장에 있는 글자만 펼쳐놓은 채 바로 옆 모둠원에게 넘기면 글자만 보면서 정답을 유추하며 세 번째 면 메모장에 그림을 그린다. 그림 그리는 시간 2분이 지나면 옆 모둠원에게 세 번째면 메모장을 펼친 채 넘긴다. 넘겨받은 세 번째 면 메모장 그림만을 보면서 네 번째 면 메모장에 연상되는 글자를 30초 이내에 쓴다. 다섯 번째 면에는 그림을 그리고 원래 모둠원에게 돌아오면 메모장 그림, 글자를 공개한다.

공개하면서 모둠원들이 그림에서 어떤 부분 때문에 어떻게 해석해서 글자를 썼는지 글자에서 어떤 부분을 강조하고 싶어 그림을 그렸는지 설명하고 질문하며 답해 본다. 놀이 시작할 때 종이에 적은 각자의 답을 공개하고 답을 맞힌 학생은 2점을 얻는다. 모둠원들이 각자 자신의 메모장에서 그림을 잘 그렸거나 재미있는 그림을 그린 학생을 선정하면 그 학생은 1점을 얻는다.

다음은 '떠나다' 라는 단어를 가지고 모둠원들에게 돌린 메모장이다.

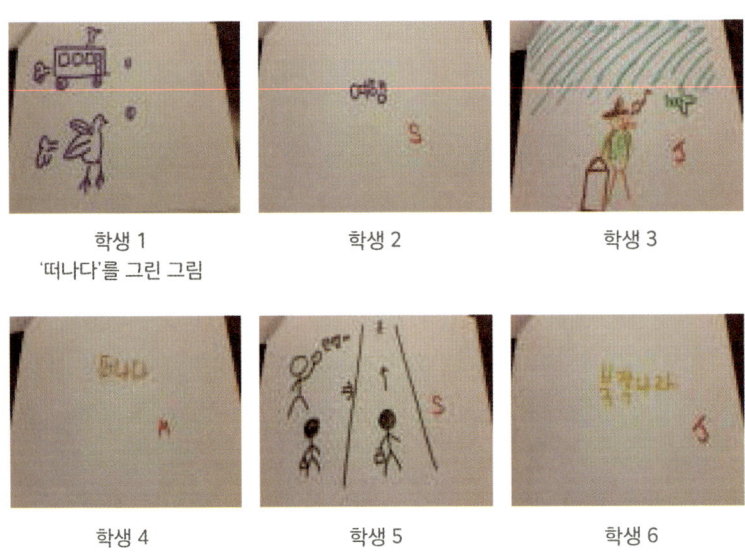

학생 1
'떠나다'를 그린 그림

학생 2

학생 3

학생 4

학생 5

학생 6

학생 1   떠날 때, 버스를 타고 떠나기도 하고 이 책에 많이 나온 새들도 날아서 떠나서 이렇게 표현하면 너희가 '떠나다'를 쓸 것으로 생각했어.

학생 2   나는 이 그림을 보고 이 책에 많이 나온 '여행'이라는 단어가 떠올

	랐어.
학생 3	'여행'이라는 글자를 보고 가방을 들고 노래를 부르며 비행기를 타고 가는 것으로 표현했지.
학생 4	아직 비행기를 타지 않아서 가는 장면으로 보고 '떠나다'가 아닐까 생각했어.
학생 5	'떠나다'라는 글자를 보고 나는 메모장 왼편에 두 사람이 서로 안녕이라고 하고 화살표를 표시해서 메모장 오른편에 가방을 든 사람이 위쪽으로 걸어가서 멀어지는 모습을 표현한 거야.
학생 6	그렇구나! 나는 메모장 오른편에 같은 사람이 북쪽으로 가기도 하고 그림책에서 새들이 북쪽으로 날아가서 '북쪽 나라'인 줄 알았어.

'떠나다'라고 맞춘 학생 4는 2점을 획득했다. 그림 표현으로 봤을 때, 학생 1은 사람이 콧노래를 부르면서 여행을 떠나고 비행기도 옆에 잘 그려 넣은 학생 3을 선택했다. 이 학생이 1점을 획득했다. 각자 메모장에서 정답을 맞힌 점수와 그림이 뽑혀 얻은 점수를 합산하여 학생 개인 점수를 계산한다.

그다음은 학생들이 개인 카드에 쓴 문장을 가지고 진행한다. '툰드라에 가본 적 있니?', '조지는 파스칼에게 고민을 털어놓았다', '파리의 밤은 정말 기가 막히는군요' 등처럼 문장을 간추린다. 각각의 메모장에서 정답을 맞힌 학생과 그림을 잘 그린 학생을 정하고 놀이 점수를 합산한다.

도움말과 유의점

그림이나 글을 쓸 때 서로 안 보이게 가림막을 해놓고 할 수도 있다. 그리고 단어 1개나 문장 1개가 아닌 단어 3개 이상, 문장 3개 이상 쓰게 하여 번호를 매기고 번호를 택하기 위해 주사위를 던져 진행하면 여러 라운드를 진행할 수 있다. 이럴 때 여러 명의 모둠원이 그림을 그리거나 글씨를 쓰므로 누구인지 모를 수 있어서, 메모장 한 장마다 자신의 이름을 쓰거나 표시를 해놓고 진행하면 점수를 합산할 때 편리하다. 또 그림과 글의 시작 순서를 정하고 싶다면 다음을 기억하면 된다. 짝수 인원은 그림으로 시작하면 글로 끝나서 시작하는 방법과 반대로 나오고 홀수 인원은 그림으로 시작하면 그림으로 끝나서 시작한 방법으로 끝난다.

한 걸음 더

학생들이 메모장에 그린 그림들을 가지고 새로운 줄거리를 만드는 스토리텔링 놀이를 할 수 있다. 그리고 모둠을 형성하여 이야기를 함께 만들 수도 있다. 모둠으로 앉은 후, 교사가 이야기의 화제를 주면, 학생들이 그림들을 배열한 후, 이야기의 제목을 짓는다. 조금 더 흥미롭고 상상력을 자극하기 위해 자신들이 만든 제목으로 이야기를 만드는 것이 아니라 옆 모둠끼리 그림들과 제목을 교환한다. 옆 모둠에서 받은 그림들을 그 제목에 맞게 다시 배열하고 이야기를 만들어본다. 모둠 안에서 제목에 맞게 만든 이야기를 가지고 학생 개인이 그림을 그려 그림책을 만들 수도 있다.

질문 릴레이

이해 5

두 모둠으로 나누어 상대 모둠이 만든 질문과 대답 카드를 가지고 짧은 시간 안에 릴레이를 끝내는 놀이이다.

『고 녀석 맛있겠다』를 소개합니다

『고 녀석 맛있겠다』는 일본의 인기 공룡 그림책 시리즈 12권을 묶은 것이다. 이 책에 등장하는 티라노사우루스는 덩치가 크고 힘이 센, 공룡 세계에서는 당할 자가 없는 난폭한 존재이다. 하지만 우연한 계기로 티라노사우루스는 약한 공룡들을 보호하고 도와주는 그 누구보다 마음 따뜻하고 인정 많은 공룡으로 변해간다. 그 변해가는 과정을 통해 주변 이웃에게 베푸는 사랑, 엄마 아빠가 학생에게 주는 사랑, 사회적 약자에게 베푸는 사랑, 친구와 느끼는 끈끈한 우정, 학생이 부모에게 주는 사랑, 그리고 누군가는 어려움에 처한 나를 도와준다는 사회적 믿음을 그려내고 있다. 그래서 이 시리즈 각각의 에피소드는 사랑에 대해서 다시 한번 생각하게 한다.

화산이 쿵쿵쿵 터지는 아주 먼 옛날, 아기 초식공룡 한 마리가 알에서 깨어난다. 그런데 멀리서 커다란 육식공룡 하나가 나타나 "헤헤헤, 고 녀

미야니시 타츠야 글·그림
달리

석 맛있겠다"라면서 군침을 흘린다. 하지만 아기 공룡은 자기를 해치려는 육식공룡에게 왈카닥 매달린다. 자기의 아빠인 줄로 안 것이다. 그때부터 얼결에 아빠가 된 육식공룡과 자기 이름이 '맛있겠다'인 줄 아는 아기 초식공룡의 '동거'가 시작된다.

  12권으로 이루어진 『고 녀석 맛있겠다』에서 다양한 질문을 만들 수 있고, 교실에서 편을 갈라 6번의 놀이를 진행할 수 있어서 이 책을 선택했다. 질문 릴레이 놀이는 같은 주인공이 나오고 비슷한 전개의 그림책이 두 권 이상 있어야 모둠 대항으로 할 수 있다. 질문 릴레이가 가능한 시리즈 그림책들로는 『가부와 메이 이야기』, 『무지개 물고기』 등이 있다.

놀이 방법
준비물 : 릴레이 질문 카드 용지, 필기구
1. 시리즈 1권, 2권을 함께 읽는다.

2. 반 학생들을 두 모둠으로 나눠 1권과 2권 중 한 권을 택한다.

3. 질문과 답을 적는 카드를 학생들에게 1장씩 나누어준다.(단, 첫 번째 카드에만 '1번'이라고 적어놓는다)

4. 첫 번째 학생이 1번 카드 위쪽에 자신이 만든 질문을 쓰면, 두 번째 학생이 첫 번째 학생의 질문에 대한 답을 자신의 카드 아래쪽에 쓴다.

5. 두 번째 학생은 자신의 카드 위에 자신이 만든 질문을 적는다.

6. 세 번째 학생은 두 번째 학생이 쓴 질문을 보고, 자신의 카드 아래쪽에 답을 적는다.

7. 이렇게 모든 학생이 릴레이로 질문과 답을 작성하여 마지막 학생의 질문에 대한 답을 첫 번째 학생의 카드 아래쪽 적으면 모든 놀이 준비가 끝난다.

8. 상대 모둠이 만든 질문 릴레이 카드와 우리 팀이 만든 질문 릴레이 카드를 교환한다.

9. 카드를 잘 섞어 모두 1장씩 나누어 갖는다. 인원수가 안 맞을 경우에는 한 명이 2장을 갖고 놀이를 시작한다.

10. 먼저 도전할 모둠을 정한다.

11. 타이머를 준비하고, 먼저 도전하는 모둠의 1번 카드를 든 학생이 질문을 읽으며 자리에서 일어난다.

12. 그 질문에 대한 답을 가진 학생이 일어나며 답을 읽는다. 그리고 위에 적힌 질문을 읽는다. 1번 카드를 든 친구가 마지막 질문의 답을 읽으면 릴레이가 종료된다.

13. 이렇게 양 팀이 각각 릴레이를 진행하여 시간이 적게 걸린 팀이 이긴다.

1. 첫 번째 질문	두 번째 질문	세 번째 질문	네 번째 질문
네 번째 질문에 대한 대답	첫 번째 질문에 대한 대답	두 번째 질문에 대한 대답	세 번째 질문에 대한 대답
첫 번째 학생 카드	두 번째 학생 카드	세 번째 학생 카드	네 번째 학생 카드

놀이 속으로

교실에서는 15명을 한 모둠으로 진행했다.

교사　　　'고 녀석 맛있겠다' 모둠부터 시작할게요. 시작!

1번 질문 카드를 가진 학생　　마그마와 같은 지표면 아래 물질이 지표의 약한 곳을 통해 솟아 나와 형성된 지형은?

학생 2　　화산!

교사　　　정답!

학생 2　　화산이 폭발하고 알에서 태어난 공룡의 종류는?

학생 3　　안킬로사우루스!

교사　　　정답!

학생 3　　티라노사우루스가 안킬로사우루스를 보고 처음 한 말은?

1. 마그마와 같은 지표면 아래 물질이 지표의 약한 곳을 통해 솟아나와 형성된 지형은?	화산이 폭발하고 알에서 태어난 공룡의 종류는?	티라노사우루스가 안킬로사우루스를 보고 처음 한 말은?	안킬로사우루스가 티라노사우루스를 아빠라고 생각한 이유는?
'맛있겠다'가 자신의 이름인 줄 알고, 이름을 불러주었다고 생각해서	화산	안킬로사우루스	고 녀석 맛있겠다
첫 번째 학생 카드	두 번째 학생 카드	세 번째 학생 카드	네 번째 학생 카드

학생 4명이 만든 <고 녀석 맛있겠다> 질문 릴레이 카드

학생 4	고 녀석 맛있겠다!
교사	정답!
학생 4	안킬로사우루스가 티라노사우루스를 아빠라고 생각한 이유는?
학생 5	……
학생들	누구야? 자기 카드에 적힌 답을 봐야지~!
학생들	정답이 '자신의 이름을 불러주었다고 생각해서'인 거 같은데… 빨리 자기 카드 확인해봐!
학생 5	앗! 내 거네. '맛있겠다'가 자신의 이름인 줄 알고 이름을 불러주었다고 생각해서
학생들	뭐야~~~~ 시간 한참 지났어!
학생들	빨리 그다음! 다음 문제 읽어!

(중략)

학생 15   아빠가 '맛있겠다'와 헤어지려고 한 내기는?
1번 질문 카드를 가진 학생   저 산까지 누가 빨리 달리나.
교사   끝! 8분 24초!

이런 방식으로 '나는 티라노사우루스다' 모둠도 진행하여 승부를 낸다. 학생들이 재대결을 원하면 한 번 더 놀이를 진행한다. 내가 가진 카드의 질문이 언제 나올지 몰라 다 같이 집중하고, 문제를 만든 상대 모둠도 흥미롭게 관전할 수 있는 놀이이다.

도움말과 유의점

질문 릴레이 카드를 작성할 때는 처음부터 차례대로 진행해야 하므로 앞에 앉은 학생에게 1번 카드를 주고 질문을 만들도록 하는 것이 좋다. 그리고 시간적 여유가 된다면 책상을 치우고 동그랗게 앉아 질문을 만들어 노는 것을 추천한다. 질문 릴레이 놀이의 묘미는 학생들이 스스로 문제를 만들고 다 같이 문제를 풀어봄으로써 이해의 폭을 넓힐 수 있다는 데 있다. 더불어 같은 질문 릴레이 카드로 여러 번 놀이를 해서 시간을 단축해볼 수도 있다. 자신이 갖고 있는 답을 인지하지 못한 채 타이머의 시간이 흘러가도록 내버려 두면, 학생들이 정답을 말하면서 "누구야?"라고 소리 지르거나 짜증을 내기도 한다. 그럴 경우에는 다시 도전 기회를 주겠다고 하며 과열되지 않도록 타이른다. 한 권의 그림책으로 반 전체 학생들이 문제를 만들고, 계속 기록을 경신해보는 도전을 하는 것도 재미있다.

한 걸음 더

질문 만들기를 처음 시도할 때, 많이 하는 놀이로는 까4총사*가 있다. 그밖에 한 문장만 제시하고, 가장 많은 질문 만들기도 해볼 만하다. '옛날에 한 부자가 살았습니다' 라는 문장으로 학생들과 질문을 만들어보자. 다양한 질문이 쏟아질 것이다. 명화 보고 질문 만들기, 시 한 편을 읽고 질문 만들기, 그림책 앞표지만 보고 질문 만들기, 교실에 있는 사물 하나로 질문 만들기 등등도 질문 능력을 키우는 재미있는 활동이다.

학생들의 질문 수준이 향상되었다고 생각하면 다음과 같은 질문놀이가 가능하다. 질문 땅따먹기는 이 책에서 자세히 소개하고 있다. 질문 주사위 놀이는 학생들이 만든 질문으로 6×6 주사위 판을 만들어 주사위를 두 번 던져서 처음 나온 것은 '가로', 두 번째 나온 것은 '세로'로 하여 질문에 대한 답을 하고 빙고를 만드는 놀이이다. 질문 보드게임은 학생들이 만든 질문으로 보드게임판을 만들어 진행한다. 사실확인질문이 아니더라도 사고확장질문, 적용질문 등을 추가하여 진행할 수 있고, '꽝', '2칸 전진', '출발점으로' 등등 재미있는 요소를 넣어 보드게임판을 만들 수 있다.

---

* 김혜숙 외(2017), 『지혜로운 생각을 키우는 철학수업 레시피』 교육과학사 p.107 참고. 이 책에서는 까3총사(까 바꾸기, 까 만들기, 까 주고받기)로 제시되었지만, 꼬리에 꼬리를 무는 질문을 추가하여 까4총사로 표현하였다.

이해 6

십자말풀이

제시된 뜻풀이를 활용해 가로세로 모양으로 배치된 빈칸의 단어를 맞히는 놀이이다.

『낱말 공장 나라』를 소개합니다

『낱말 공장 나라』는 말의 홍수 속에 살아가는 우리에게 진심이 담긴 말의 소중함을 되새기게 하는 그림책이다. 돈을 주고 낱말을 사서 그 낱말을 삼켜야만 말을 할 수 있는 이상한 나라가 있다. 거대한 낱말 공장은 쉴 새 없이 모든 말을 만들어냈지만, 부자가 아니고서는 낱말들을 자주 말할 수 없다. 가난한 사람들은 쓰레기통을 뒤지거나 값싼 낱말들을 사거나 가끔 바람을 타고 떠다니는 낱말들을 잡아 겨우 말을 하지만, 대부분이 쓸모없는 단어다. 가난한 소년 필레아스는 시벨에게 사랑을 고백하고 싶지만, 그 단어들은 너무 비싸다. 필레아스가 가진 낱말은 고작 '체리, 먼지, 의자' 뿐이다. 하지만 필레아스는 자신의 진심을 담아 세 낱말을 말하고 시벨은 그런 필레아스의 진심을 느낀다.

『낱말 공장 나라』는 무성의하고 무의미한 말들이 난무하고 경제적 지위에 따라 말의 영향력이 달라지는 요즘 시대를 풍자한 작품이다. 학생

아네스 드 레스트라드 글
발레리아 도캄포 그림
세용출판

들도 SNS를 통해 수많은 말과 정보를 주고받지만, 대부분 그것의 의미를 깊이 생각하지 않는다. 내가 들은 말의 의미를 꼭꼭 씹어 체화하고 입 밖으로 내어놓을 수 있도록 곰곰이 생각해보는 시간을 마련해보고 싶었다. 그래서 단어의 의미와 쓰임새를 고민해서 십자말풀이를 만들고 풀어보는 활동을 계획했다.

십자말풀이에는 피터 H. 레이놀즈의 『단어 수집가』, 세실 루미기에르의 『마법의 낱말 딱지』처럼 단어가 많이 나오는 그림책이 적합하다. 그렇지 않은 그림책이라도 그림에서 단어를 추출해 십자말풀이를 만들어보면 책의 내용을 꼼꼼히 들여다보게 하는 효과가 있다.

놀이 방법

준비물 : 십자말풀이 활동지, 봉투, 필기구

1. 연습으로 십자말풀이를 한두 번 해본다.

2. 그림책을 함께 읽는다.

3. 그림책에 나오는 단어들을 조합해서 자신만의 십자말풀이를 만든다.

4. 가로세로별로 번호를 붙이고, 나름대로 단어의 뜻을 풀이해서 적는다.

5. 각자가 만든 십자말풀이를 봉투에 넣고, 모둠원의 이름을 적는다.

6. 모둠별로 바꾼 다음 제한 시간 안에 푼다.

7. 원래 모둠에 돌려주고 채점한다.

놀이 속으로

그림책을 읽기 전에 연습으로 십자말풀이를 한두 개 정도 함께 풀어본다. 그런 다음 십자말풀이의 규칙을 설명하면 학생들은 더 쉽게 이해한다. 이어서 그림책을 읽고 그 그림책 속의 단어들을 활용해 각자 십자말풀이를 만든다.

시간이 부족하다면 그림책에 나오는 단어들을 미리 가나다순으로 정리해 한 장으로 만들어 나눠줄 수도 있다. 십자말풀이는 푸는 것보다 만드는 것이 훨씬 더 어렵다. 학생들은 만드는 동안 단어의 뜻, 배열 방식 등을 계속해서 질문한다. 가장 많은 질문은 단어의 뜻을 어떻게 설명하면 좋을지에 대한 것이다.

학생 1	나팔꽃은 나팔을 닮아서이겠죠?
학생 2	복화술사가 뭐예요?
학생 3	주꾸미는 다리가 몇 개예요?
학생 4	단어를 영어로 설명해도 돼요?

그림책으로 하는 '십자말풀이'

공기처럼 많은 말이 얼마나 소중한지 알게 됐죠? 우리의 마음을 표현하는 아름다운 단어들이 사라지지 않도록 많이 사용해주세요. 그림책 속의 단어를 활용해서 나만의 뜻풀이가 담긴 십자말풀이를 만들어봅시다.

♣ 연습 놀이

¹세	발	²자	전	³거
수		동		울
	⁴발		⁵경	
	전		³찰	떡
²장	소		⁴서	예

<가로말 풀이>
1. 어릴 때 타는 바퀴가 세 개 달린 것
2. 어떤 일이 일어나는 곳
3. 찹쌀로 만들어 쫀득쫀득한 떡
4. 붓글씨를 쓰는 것

<세로말 풀이>
1. 아침에 일어나서 물로 얼굴을 씻는 행동
2. 저절로 움직임
3. 화장할 때 얼굴을 비춰보는 물건
4. 전기를 생산하는 곳
5. 경찰들이 근무하는 곳

------ 절 취 선 ------

♣ 내가 만든 십자말풀이

<가로말 풀이>
1.
2.
3.
4.
5.

<세로말 풀이>
1.
2.
3.
4.
5.

⊙ 작성자 :

교사	이 놀이의 재미는 단어의 뜻을 사전에서 찾는 것이 아니라 여러분 각자가 정의하는 데 있어요. 딱 정해져 있는 의미가 아닌 자신이 생각하는 그 단어의 뜻을 적어보세요. 단, 너무 모호하면 안 돼요. 반대말을 사용한다든지 예를 든다든지 해서 특정한 단어가 떠오를 수 있도록 힌트를 주어야 합니다.

학생들은 단어를 찾고, 이야기의 흐름을 통해 단어의 뜻을 파악하기 위해 계속해서 책을 뒤적이게 된다.

이 놀이는 모둠원 각자 하나씩의 십자말풀이를 만들어서 다른 모둠에게 주면, 그 모둠에서도 하나씩 나눠 갖고 문제를 푸는 방식이다. 그래서 문제를 만들 때 모둠원들과 상의할 수 있다.

[1모둠의 대화]

학생 1	어른을 뭐라고 설명해?
학생 2	아저씨?
학생 3	그건 다르지, 아이의 반대 어때?
학생 1	오케이.

[2모둠의 대화]

학생 1	아빠를 뭐라고 설명하지?
학생 2	엄마 남편.
학생 1	그건 너무 쉽잖아. 1촌 집단 중 남자 어때?
학생 3	오오~ 진짜 어렵다. 그래도 좀 어렵게 내야 우리가 이기지.

[십자말풀이 학생 활동지 1]

♣ 내가 만든 십자말풀이

²나	라		³아	빠
팔			들	
꽃				
		¹하		
¹고	양	이		

<가로말 풀이>
1. 네 발 동물 중 혀에 돌기가 있는 동물
2. 국민 주권이 있는 집단
3. 1촌 집단 중 남자

<세로말 풀이>
1. 색깔 중 가장 명도와 채도가 높은 색깔
2. 낮에 폈다가 밤에 지는 꽃
3. 부모님의 가장 큰 소유물

⊙ 작성자 :

    다음으로 많은 질문은 십자말풀이를 만드는 방식에 관한 것이다. 단어를 아래 칸에서 위로 올라가면서 써도 되느냐, 숫자 붙일 때 가로 세로 1이 겹치면 한 번만 써야 하느냐, 겹치는 글자가 없으면 어떻게 하느냐 등인데, 문제를 풀 때 헷갈리지 않아야 함을 강조하며 방식을 여러 번 설명해주어야 한다.

    한정된 단어 안에서 만들어야 하기 때문에 꽤 어려워 완성하지 못하는 학생도 있지만, 대부분은 최대한 많은 문제를 만들어내려고 애를 쓴다. 완성된 모둠은 십자말풀이 문제지를 봉투에 넣고 모둠명과 모둠원들의 이름을 적어 교사에게 제출한다. 교사는 십자말풀이 문제를 각 모둠에게 나누어준다.

    문제 배분이 끝나면 동시에 봉투를 개봉해서 문제를 나누고 풀기 시작

[십자말풀이 학생 활동지 2]

♣ 내가 만든 십자말풀이

¹복	화	술	¹사
		⁴다	람	쥐
²부	자		
모			³유
님		³체	리

⊙ 작성자 :

<가로말 풀이>
1. 인형이 실제로 말하는 것처럼 하기 위해, 입을 움직이지 않고 말하는 사람
2. 돈이 많은 사람
3. 2개가 달려 있는 빨간 열매
4. 도토리 먹는 동물

<세로말 풀이>
1. 우리 그 자체
2. 우리를 낳아주고 키워주시는 분
3. 창문의 투명한 부분

한다. 이때 문제를 만들 때보다 더 많은 질문이 쏟아진다. 가로 세로를 반대로 쓴 경우, 뜻풀이가 너무 광범위해서 정답이 여러 개인 경우, 빈칸과 글자 수가 맞지 않는 경우 등이다. 그럴 때는 모둠원끼리 의논하거나 작성자에게 찾아가서 질문하도록 하고, 그래도 해결되지 않으면 교사가 도움을 준다.

다 풀면 문제지를 다시 봉투에 넣고 출제한 모둠에게 돌려주어 채점한다. 모둠마다 문제의 개수가 다르기 때문에 맞힌 개수가 아닌 틀린 개수를 기록한다. 그리고 다시 문제를 푼 모둠에게 돌려준 뒤 가장 적게 틀린 모둠을 우승팀으로 뽑는다.

도움말과 유의점

십자말풀이 문제를 만들기 전에 연습을 여러 번 하면 훨씬 효과적이다. 만드는 방식을 아무리 설명해도 학생들은 잘 이해하지 못한다. 시간이 된다면 한 시간 정도는 미리 만들어간 십자말풀이를 풀면서 글자를 겹치는 방법, 겹치는 글자가 없는 단어를 넣는 방법을 충분히 이해할 수 있게 한다. 시작부터 하지 못하는 학생도 의외로 많다. 이럴 때는 교사가 한두 단어를 함께 만들어주는 것이 좋다. 빈칸이 그려진 연습용 종이를 따로 주는 것도 도움이 된다.

채점을 할 때 뜻풀이와 단어가 연결되지 않아서 항의하는 경우가 종종 있다. 이럴 때는 교사가 개입해서 항의가 타당하다면 맞게 해주면 된다.

한 걸음 더

추가 활동으로 자신이 가장 좋아하는 단어들로 구성된 십자말풀이를 만들 수 있다. 단어의 뜻도 사전을 참고하지 말고 학생 스스로 의미를 부여하도록 한다. 이 십자말풀이는 학급 자기소개 시간이나 학생과의 1:1 상담 때 유용하다. 자기소개 전에 그 학생이 만든 십자말풀이를 다 같이 풀고, 자신이 그 단어를 좋아하는 이유를 밝히면서 자기소개를 하면 개인의 취향이나 가치관을 알 수 있다. 상담에서도 학생과의 대화를 자연스럽게 풀어주는 연결고리로 활용할 수 있다.

또 다른 추가 활동으로는 단어의 뜻을 그림이나 몸으로 설명하는 십자말풀이를 만드는 것이다. 뜻풀이에 문장으로 된 설명 대신 그림을 넣거나 모둠의 단체 동작 힌트를 넣어서 문제를 내면 된다.

이해 7

사물 스토리텔링

학교생활 중 애착이 담긴 사물을 보여주지 않고 스토리를 설명하면, 설명에 해당하는 사물이 무엇인지 알아맞히는 놀이이다.

『눈을 감아 보렴!』을 소개합니다

  동생은 늘 형에게 뭔가를 설명해주고 싶어 하고 형은 다른 이야기를 한다. 잎사귀가 많이 달린 키가 큰 식물이라고 나무를 설명하는 동생에게 땅에서 뻗어 나와 노래하는 무지 큰 막대기라고 말한다. 동생이 시계를 몇 시인지 알려주는 물건이라고 설명하자 형은 시계는 심장을 가진 작은 나무 상자라고 말한다. 몸에 얼룩이 많으면 더러워진 거라고 톡 쏘아붙이는 동생에게 몸이 더러워졌을 때는 고린내가 난다고 말하며 냄새 맡을 줄 모르냐며 반문하는 형은 계속 다른 이야기를 한다. 비누는 씻을 때 쓰는 물건이라고 말하는 동생과 향기 나는 없어지는 돌이라고 표현하는 형. 둘은 계속해서 의견이 다른 모습을 보인다. 전등, 달, 밤, 아빠 등에 대해서도 다르게 표현하는 형의 모습에 동생은 엄마에게 투정을 부리며 형에게 설명해주려고 하는데 듣지 않는다고 말한다. 엄마는 다정하게 눈을 감아보라고 말하며 형의 입장을 경험해보도록 돕는다.

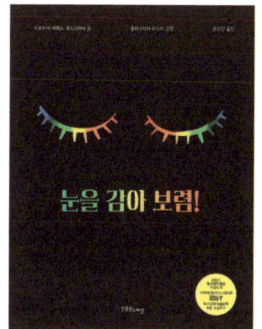

빅토리아 페레스 에스크리바 글
클라우디아 라누치 그림
한울림스페셜

『눈을 감아 보렴!』에서 형은 눈이 보이지 않지만, 자신의 다른 감각 혹은 경험을 가지고 접했던 사물을 자신의 언어로 표현했다. 형을 답답하게만 느끼던 동생은 눈을 감아보고 형에게 공감하는 기회를 가진다. 서로 공감했던 형과 동생처럼 학생들도 학급에서 지내면서 경험한 다양한 사건들을 사물을 통해 함께 기억하고 공감하는 시간을 가진다. 설명하는 학생은 눈으로만 보던 사물을 다른 감각 혹은 사물과 관련된 스토리텔링으로 표현하는 경험을 한다. 맞히는 학생은 눈으로 보지 못하고 타인의 설명만으로 해당 사물을 맞춘다. 눈에 보이는 것만 가치 있는 것이 아니라 보이지 않는 경험도 소중함을 알게 하고 싶었다.

사물 스토리텔링은 『눈을 감아 보렴!』 외에도 『보이지 않는다면』, 『진짜 투명인간』 등 시각과 관련 있는 내용의 그림책을 활용하여 할 수도 있다. 시각 장애를 다룬 그림책들을 통해 눈이 보이지 않는 세계를 상상해 본다.

놀이 방법

준비물 : 안대, 사방이 가려진 상자나 바구니, 펜

1. 학생들에게 학교생활 중 자신에게 특별한 의미가 있었던 사건과 관련된 사물을 준비하도록 지도한다.(예: 체육대회 반티 등)
2. 그림책을 함께 읽는다.
3. 학교생활 중 자신에게 특별한 의미가 있었던 사물과 관련된 사연을 기록한다.
4. 4인으로 모둠을 구성한 뒤 모둠 내에서 사연을 공유하고, 모둠별 한 명씩 스토리를 설명할 학생을 선정한다.
5. 모둠별로 선정한 학생 한 명씩 차례로 나와 사방이 막힌 상자에 담겨 있는 자신이 준비한 물건과 관련된 스토리를 설명한다.
6. 스토리에 해당하는 물건을 맞춘다.
7. 물건을 많이 맞춘 모둠이 승리한다.

놀이 속으로

학교생활 중 추억이 담긴 물건을 가져오도록 지도한다.

학생들이 준비한 물품

블루투스 이어폰(케이스 포함), 블루투스 스피커, 셔틀콕, 스마트폰, 빗자루, 수세미, 체육복 반티, 축구공, 농구공, 수학여행 일정표, 학급문고, 컴퓨터용 사인펜 등

모둠 내에서 학교생활 중 있었던 각 사물과 관련된 자신의 사연을 공유한다.

학생 1	자습 시간마다 공부가 안되고 답답했어요. 남들은 다 열심히 하는 거 같은데, 저만 다른 짓을 하는 것 같아 걱정스러웠어요. 그런 저에게 주변 소리를 차단해주고 온전히 자습할 수 있도록 도와줬어요.(블루투스 이어폰)
학생 2	중학생 때까지 저는 운동과 거리가 멀다고 생각했어요. 달리기를 못 하니 자연스레 축구와 농구를 멀리하고, 친구들이 좋아하는 운동을 못 하니 친구 관계도 소원했죠. 그러던 제게 고등학교에서 이 물건은 몸을 쓰는 즐거움과 새로운 성취감을 선물해줬어요.(셔틀콕)
학생 3	처음에는 아무것도 모르고 재밌었어요. 선생님이 음악도 틀어주시고 친구들과 함께하니 힘든 줄도 몰랐어요. 하지만 시간이 지날수록 팔이 아프고, 힘들기 시작했어요. 교실 바닥 청소를 하면서 깨끗해지는 교실과 축축해지는 양말이 찝찝했어요. 이걸 3년간 해야 한다니 하는 생각이 들었어요.(수세미)
학생 4	이전에는 그냥 분위기를 주도하는 친구들 혹은 패션 감각이 뛰어나고 목소리가 큰 친구들에 의해 결정되고는 했어요. 처음으로 회의다운 회의를 해봤다고 할까? 모두가 100% 만족하진 못했지만, 다들 수긍하고 어느 정도 만족하는 결과를 경험했어요.(체육복 반티)

각자 학교생활에서 의미 있었던 사연과 사연이 깃든 물건을 모둠 안에서 공유한 뒤 각 모둠에서 가장 공유하고 싶은 사연을 하나씩 선정한다. 선정된 학생은 자신의 사연이 깃든 물건을 앞이 보이지 않는 상자에 넣

고 전체에게 사연만 설명한다.

학생 3	처음에는 아무것도 모르고 재밌었어요. 선생님이 음악도 틀어주시고 친구들과 함께하니 힘든 줄도 몰랐어요. 하지만 시간이 지날수록 팔이 아프고, 힘들기 시작했어요.
학생 5	에어로빅 연습할 때 쓰던 블루투스 스피커?
학생 3	땡! 아닙니다~.

처음 사연을 말할 때는 구체적인 용도가 드러나지 않도록 하고, 용도가 드러나지 않았을 때 맞히면 5점을 준다.

학생 3	교실 바닥 청소를 하면서 깨끗해지는 교실과 축축해지는 양말이 찝찝했어요. 이걸 3년간 해야 한다니 하는 생각이 들었어요.
학생 6	물청소할 때 쓰던 양동이?
학생 3	땡! 아닙니다.

물건의 구체적인 용도를 설명했을 때 맞히면 3점을 준다.

학생 3	집에서는 설거지를 할 때 쓰지만, 저는 거의 해본 적이 없어요.
학생 7	아! 바닥 청소할 때 쓰던 수세미!
학생 3	정답입니다! 우리 반 대청소 할 때 쓰던 수세미! 오늘 수세미 질 한번 하실래요?

일반적인 용도를 설명했을 때 맞히면 1점을 준다.

놀이를 하고 나면 학교에서 있었던 사건들, 사연들을 공유하고 기억한다. 학기 말 혹은 학년 말 각 학급에서 있었던 일들을 기억하고 추억하는 따뜻한 시간이 만들어진다.

도움말과 유의점

사물 스토리텔링을 할 때는 학생들이 자신의 추억이 담긴 사물을 준비해오는 것이 중요하다. 단, 개인적인 추억, 기억에 담긴 물건이 아닌 학급 친구들과 공유할 수 있는 추억에 담긴 물건을 준비해오도록 안내하는 것이 중요하다. 스토리텔링에 활용할 사물을 교실 혹은 사물함에 있는 물건 중 선정을 할 경우 학생들이 준비하지 못할 것을 예방할 수 있다.

한 걸음 더

사물 스토리텔링을 한 뒤 만약 눈이 보이지 않는다면, 모든 사물을 이렇게 시각 외 다른 감각과 특별한 경험으로 기억할 수 있을까 생각하는 시간을 가졌다. 학생들은 잠시 동안 사물을 눈으로 직접 보지 못하고 타인의 설명을 통해서 맞추는 것도 답답해한다. 만약 시각을 잃어 볼 수 없게 된다면, 갖게 되는 불편한 점을 돌아가며 말하는 시간을 가지는 것도 좋다.

이해 8

독서 인터뷰

읽은 책에 대해 상대방과 일대일로 묻고 답하며,
답을 많이 한 사람이 이기는 놀이이다.

『100만 번 산 고양이』를 소개합니다

　백만 년이나 죽지 않은 고양이가 있었다. 백만 번이나 죽고, 백만 번이나 살았던 것이다. 정말 멋진 얼룩 고양이였다. 백만 명의 사람이 그 고양이를 귀여워했고, 백만 명의 사람이 그 고양이가 죽었을 때 울었다. 그러나 고양이는 단 한 번도 울지 않았다. 임금님의 고양이였을 때도, 도둑의 고양이였을 때도 누구의 고양이였을 때도 기쁘지 않았다. 그러나 하얀 고양이를 자신보다 사랑하게 되었을 때 그때야 행복한 삶을 살게 되었다. 결혼도 하고 새끼들도 낳고 행복하게 살다가 시간이 지나자 결국 가족 모두 죽고 말았다. 얼룩 고양이는 슬퍼하다가 죽고, 두 번 다시 태어나지 않았다. 누군가의 사랑을 극진하게 받았을 때도, 돈이 많았을 때도, 인기가 많았을 때도 얼룩 고양이는 불행한 삶을 살았다. 그러나 누군가를 자신보다 더 사랑할 때 비로소 행복을 느꼈다.
　이 책은 삶과 죽음뿐만 아니라 행복과 사랑 등 정말 많은 주제에 대해

사노 요코 글·그림
비룡소

깊은 이야기를 나눌 수 있는 매력이 있다.

독서 인터뷰 놀이를 위해 이 책을 선정한 이유는 다양한 생각을 해볼 수 있기 때문이다. 인물의 감정, 가족의 중요성, 행복의 조건, 사랑, 영원한 삶 등 다양한 주제에 관해 이야기해볼 수 있다. 작가의 이야기 진행 방식은 독특하다. 그래서 평소 익숙한 생각도 새롭게 바라보게 된다. 이 책은 읽고 나서 익숙한 방식의 생각과 새로운 시각으로 바라본 생각 모두를 다양하게 이야기하기에 적합하다.

원래 아기돼지 삼형제 이야기를 뒤집어서 다룬 『아기 늑대 세 마리와 못된 돼지』, 카메라를 통해 시간과 공간을 넘나드는 『시간 상자』, 수련 잎을 탄 개구리가 날아다닌 신비한 이야기를 다룬 『이상한 화요일』 등도 다양한 상상을 할 수 있어 독서 인터뷰를 하기에 좋다.

놀이 방법

준비물 : 질문 활동지

1. 2명이 함께 하고, 질문 활동지를 준비한다.

2. 가위바위보로 질문자와 답변자를 정한다.

3. 질문자가 질문을 골라 답변자에게 질문한다.

4. 답변하면 득점한다. 답변하지 못하면 질문자가 답변하고 대신 득점할 수 있다.

5. 질문 하나가 끝나면, 질문자와 답변자가 역할을 바꾼다.

6. 모든 질문을 다 할 때까지 계속하며, 점수를 많이 얻은 사람이 이긴다.

7. 질문과 답변을 기억해서, 독서감상문을 쓴다.(놀이 후 활동)

놀이 속으로

교사	그림책을 다 읽었습니다. 이제 인터뷰 놀이를 하겠습니다. 짝과 가위바위보를 해서 먼저 질문 할 사람을 뽑으세요.
교사	고른 질문을 상대방에게 하세요. 질문의 종류는 총 3종류입니다. 첫 번째 공통 질문은 『100만 번 산 고양이』 외에 어떠한 그림책이라도 물어볼 수 있는 질문입니다. 이 질문에 대한 답은 1점입니다. 두 번째는 『100만 번 산 고양이』에 관한 질문입니다. 이 질문에 대한 답은 2점입니다. 세 번째는 자유질문입니다. 여러분이 만든 질문을 하면 됩니다. 이 질문에 대한 답은 3점입니다.
학생 1	이 책에서 가장 감동한 장면은 어디인가요?
학생 2	이 책에서 가장 감동한 장면은 얼룩 고양이 하얀 고양이를 안고 울었던 장면입니다. 얼룩 고양이가 하얀 고양이를 얼마나 사랑했

공통질문(1점)*		
책을 읽을 때 놀라운 부분은 어디인가요?	이 책에서 인물을 어떻게 표현하였나요?	이 책에서 이해할 수 있는 부분은 어디인가요?
이 책에서 화가 난 장면은 어디인가요?	이 책에서 말하는 이는 누구인가요?	이 책에서 이해할 수 없는 부분은 어디인가요?
이 책에서 만족스러움을 느낀 부분은 어디인가요?	이 책 이야기 중 가장 긴장이 되는 부분은 어디인가요?	이 책에서 궁금한 부분은 어디인가요?
이 책을 읽고 감동받은 부분은 어디인가요?	주인공은 어떤 어려움을 겪었나요?	책을 읽고 든 생각이나 느낌은 무엇인가요?
작가가 표현한 방식 중에 마음에 드는 부분은 어디인가요?	이 책에서 동의할 수 없는 부분은 어디인가요?	이 책은 10점 만점 중 몇 점인가요?
당신이 글쓴이가 된다면, 새롭게 바꾸고 싶은 부분은?	이 책의 주제는 무엇인가요?	인상 깊은 문장(또는 그림)은 무엇인가요?
이 글쓴이와 비교할 만한 다른 글쓴이는 누구인가요?	이 책에 바라는 점은 무엇인가요?	이 책과 비슷한 다른 책은 무엇인가요?
100만 번 산 고양이 질문(2점)		
여러분이 고양이라면 어떤 삶이 가장 괴로울까요?	줄무늬 고양이가 흰 고양이에게 더 이상 자랑을 하지 않은 이유는 무엇인가요?	여러분이 줄무늬 고양이라면 다시 태어날 것인가요?
줄무늬 고양이가 다시 태어나지 않은 이유는 무엇인가요?	여러분도 다른 사람을 자신보다 더 사랑한 경험이 있나요?	다른 주인들이 줄무늬 고양이를 예뻐했는데도, 주인들을 싫어한 이유는 무엇인가요?
자유질문(3점)		
자유롭게 질문하기	자유롭게 질문하기	자유롭게 질문하기

---

* 하루 30분 혼자 읽기의 힘(2009). 낸시 앳웰. 북라인. p.148 재구성

	는지 느껴졌기 때문입니다.
교사	학생 2가 1점을 얻었습니다. 이제 역할을 바꾸어서 질문하고 답을 하세요.
학생 2	이 책에서 이해하지 못한 장면은 무엇입니까?
학생 1	고양이가 날아오는 화살에 맞은 장면입니다. 보이지도 않는 곳에서 쏜 화살에 맞는다는 게 말이 안 된다고 생각했기 때문입니다.
교사	학생 1이 1점을 얻었습니다. 이제 역할을 바꾸어서 질문하고 답을 하세요.
학생 1	만약 얼룩 고양이라면 어떤 삶이 가장 괴로울까요?
학생 2	잘 모르겠어요.
학생 1	제가 고양이었다면, 도둑의 고양이의 삶이 가장 괴로울 것 같아요. 다른 사람 물건을 훔치고, 언제 잡힐지 모르는 삶을 살아야 하니까요.
교사	학생 2 대신에 학생 1이 대답을 했으므로, 학생 1이 2점을 얻었습니다. 원래 차례였던 학생 2가 질문을 합니다.
학생 2	(자유질문) 당신이 얼룩 고양이라면 100만 1번째로 다시 태어날 건가요?
학생 1	잘 모르겠어요.
학생 2	저라면 다시 태어날 것 같습니다. 가족이 죽어서 슬프긴 하지만, 가족과 함께 있었던 시간이 행복했으니까요. 다시 태어나서 가족과 함께 지낼 것 같습니다.
교사	자유질문에 대해서 답을 했기 때문에 3점을 얻습니다.

(정해진 시간 동안 반복한다)

| 교사 | 자, 시간이 다 되었습니다. 점수를 계산해주세요. 학생 1이 16점, 학생 2가 13점으로 학생 1이 이겼습니다. |

도움말과 유의점

질문 하나당 한 장의 카드에 담아, 카드 형태로 만들어 활용할 수 있다. 카드 형태로 만드는 것이 부담이 되거나 어려우면 활동지를 인쇄해서 서로 활동지를 보면서 질문한 내용을 하나씩 표시해 나가면서 할 수 있다. 활동지로 활용할 경우 활동 내용을 한눈에 볼 수 있다는 장점이 있다. 기존의 교구를 활용하고 싶으면, 학토재의 『7 키워드 무지개 독서 토론 카드』를 활용할 수 있다.

한 걸음 더

서로 묻고 답한 것들을 모아 독서감상문 쓰기를 한다. 독서감상문이라 하면 학생들은 일단 지루해한다. 또한, 무엇을 쓸지 몰라 고민하다가 결국 줄거리 요약하면서 분량 채우기를 한다. 독서 인터뷰를 하면 질문을 받고 생각한 내용을 적으면서, 진짜 감상을 적을 수 있다. 독서 인터뷰 후에 독서감상문 쓰기를 하면, 책을 읽으면서 동시에 자연스럽게 스스로 질문을 만들고, 스스로 답하는 경험을 할 수 있다.

3장
적용하며 놀아요

숫자로 말해요

적용 1

모둠원들이 돌아가면서 연속된 숫자들을 활용하여 자신을 소개하는 놀이이다.

『내가 커진다면』을 소개합니다

『내가 커진다면』의 작가 마리아 덱은 폴란드 출신으로 일러스트레이터로 활동하고 있다. 책 속에 그림을 자세히 들여다보면 작가가 직접 아크릴 물감으로 그린 붓 선이 고스란히 보인다. 그림뿐만 아니라 숫자로 상상해서 만든 이야기도 흥미진진하여 다음 장의 숫자 이야기가 궁금해진다.

'내가 커진다면, 정말로 아주아주 거대한 1처럼 커진다면 말이에요!'로 시작해서 (숫자) 25까지의 이야기를 담고 있다. 2는 자전거 바퀴에서, 3은 신발 끈의 매듭에서, 4는 동서남북에서 발견한다. 책을 넘길수록 다음 숫자는 어떤 이야기를 담고 있을지 궁금해진다. 주인공은 수를 활용하여 앞으로 내가 커진다면 무엇을 하며 어떻게 살지 이야기한다. 주인공이 하는 숫자 놀이를 따라가다 보면 재미있는 상상에 즐거워진다. 수를 통해 자신의 이야기를 풀어갈 수 있다는 사실이 새롭게 다가온다.

마리아 덱 글·그림
미디어창비

　'숫자로 말해요'는 『내가 커진다면』을 읽고 창안한 놀이이다. 보통 '수' 하면 수학과 연결되어 부정적인 감정을 느끼는 학생이 많다. '숫자로 말해요'는 이러한 학생들에게 수로도 즐거운 상상력 놀이를 할 수 있다는 것을 알게 해준다. 그뿐만 아니라 수로 자기를 소개하고 또 타인의 이야기를 들으면서 서로에게 관심을 갖게 되어 대화를 나누는 계기가 된다. 학생들은 놀이를 통해서 수를 좀 더 친숙하게 느끼게 된다. 추상적인 수를 삶과 연결하며 수를 즐겁게 노는 도구로 여기면서 수에 대한 긍정적인 태도를 가질 수 있다. '숫자로 말해요'는 자연스럽고 부담스럽지 않은 선에서 자기 이야기를 모둠원들에게 할 수 있는 놀이다. 규칙이 간단하여 그림책을 읽고 바로 진행하기 좋다.

　'숫자로 말해요'에 어울리는 그림책으로는 개성이 강한 숫자들에 대한 이야기를 다룬 『이상한 나라의 숫자들』, 이야기 속에서 숫자를 셀 수 있는 『하요 왕자의 행복한 숫자 왕국』, 잘잘잘 노래를 따라 부르게 만드는 『잘잘잘 123』 등이 있다.

놀이 방법

준비물 : 활동지, 필기구

1. 모둠별로 활동지를 한 장씩 나눠준다.

2. 모둠원들이 순서대로 돌아가면서 자신의 차례에 돌아온 수를 이용하여 자신을 소개하고 그 내용을 활동지에 기록한다.

3. 제한 시간 동안 가장 큰 수까지 간 모둠이 승리한다.

놀이 속으로

학생들에게 오른쪽의 활동지를 나눠주고 놀이를 시작한다. 놀이 시간은 10분으로 한다.

수와 자신을 연결하기 어려워하는 학생이 있다면, 모둠원들이 함께 찾아주도록 하여 협력을 유도한다. 큰 숫자까지 가야 한다는 모둠 공동의 목표가 있으므로 학생들은 자연스럽게 협력한다. 어려워하는 학생도 모둠원들의 도움으로 부담 없이 놀이에 참여할 수 있다.

학생 1	우리 집에는 개 1마리가 있어요. 이름은 홍실이에요.
학생 2	내 생일은 2월 26일!
학생 3	나에게는 화장 브러쉬가 3개 있어요.
학생 4	우리 가족은 4명이에요.
학생 1	우리 집은 5층이에요.
학생 2	음…. 나는 6으로 뭘 얘기해야 할지 모르겠어.
교사	학생 2가 잘 생각이 안 나는가 보다. 우리 학생 2랑 숫자 6이 어

숫자로 말해요

그림책 『내가 커진다면』

글, 그림_ 마리아 덱

* 숫자로 자기소개합니다.
* 1부터 시작. 자신의 차례에 온 수를 활용하여 자신을 소개하는 놀이입니다.
* 수를 가장 크게 만든 모둠이 승리!
* 수와 자신을 연결하는 것을 어려워하는 친구가 있으면, 모둠에서 함께 찾아주세요.

수	이름	자기소개 내용
1		
2		
3		
4		
5		
6		
7		
8		
9		
(표 생략)		
30		

		떻게 연결될 수 있는지 다 함께 찾아볼까요?
학생 1		잘 기억 안 나면 나이로 해봐. 6살 때 했던 것 중에서 기억나는 거 있어?
학생 2		아, 생각났다. 나 그때 발레 시작했어. 고마워. 나는 6살 때 발레를 배웠어요.
학생 3		7살 때 학예회에서 드레스를 입고 인사를 했어요.
학생 4		나는 일 년 중 8월이 제일 싫어요.
학생 1		나는 9살 때 처음으로 영어학원에 다녔어요.
학생 2		나는 10살 때 한국에 왔어요.
학생 3		2014년도 11월 11일에 소꿉친구에게 빼빼로를 줬어요.
학생 4		내 생일은 9월 12일이야.
학생 1		나는 13살 때 완전 먼 중학교로 배정받아서 펑펑 울었어.
학생 2		나는 14살 때 학원에 다니기 시작했어.
학생 3		나는 15살 때 방탄(소년단)을 좋아하기 시작했어.
학생 4		나는 16살 때 방송댄스를 배웠어.
학생 1		나는 하루에 귤을 17개도 넘게 먹을 수 있어요.

(중략)

학생 3		나는 23살에 대학을 졸업하고 싶어.
학생 4		여러분은 수학 점수가 24점 밑으로 내려가 본 적 있나요? 전 있어요.

10분이 흐르고, 놀이가 끝났다. 놀이가 끝난 후 다시 반대 방향으로 돌아가며 놀이를 한 번 더 진행할 수도 있다.

도움말과 유의점

'숫자로 말해요'는 수와 관련지어 자기소개를 하여 서로에 대해서 알게 되고 서로 연결될 수 있는 놀이이다. 같은 모둠 친구라고 하더라도 학교에서 말 한마디 나누지 못하고 지내는 경우가 있다. 자신의 이야기를 하고 자신을 소개한다는 것은 어려운 일이지만, 그림책과 연결되는 놀이를 통해서 부담 없이 자신의 이야기를 할 수 있었다.

이때 학생들이 놀이를 이기는 것에 집중하지 않고 이야기하는 분위기를 만드는 것이 중요하다. 이기는 데 집중하게 되면 자기소개에 방점을 두는 것이 아니라 놀이에 이기기 위한 짜 맞추기식의 대화를 나눌 수도 있기 때문이다.

모둠 내에서 누가 먼저 놀이를 시작할지 정하기 어려워한다면 생일이 가장 빠른 사람, 머리카락이 가장 긴 사람 등 간단한 기준을 제시하여 놀이를 시작할 수 있도록 해도 좋다. 10분 내외로 했을 때 늘어지지 않고 학생들이 즐겁게 놀이에 참여한다.

교사는 모둠을 순회하면서 수와 자신을 연결하기 어려운 학생이 있을 때 모둠원들을 독려하여 그 친구의 특징을 함께 찾아주게 한다. 함께 친구의 특징을 찾아보면서 학생들은 협력의 즐거움을 경험할 수 있다.

한 걸음 더

'숫자로 말해요' 놀이기 끝난 후에 자신을 가장 잘 표현할 수 있는 수를 찾아보는 활동을 해도 좋다. 모둠 안에서 퀴즈 형식으로 돌아가면서 하면 재미있게 자신을 소개하며 서로 알아갈 수 있다. '2020년 나를 수로 표현하면 30이야. 올해 나는 30권의 책을 보기 위해서 노력할 거야!', '150, 154, 158. 이 수는 나의 3년간 키야. 고등학생이 되면 좀 더 커서 160을 넘었으면 좋겠어.' 이처럼 자신을 수로 표현하고 이를 공유하는 과정에서 서로 더 잘 알아갈 수 있다. 활동에서 나온 내용을 명함 형태로 만든 후 학기 초에 자기 소개하는 시간을 가질 수 있다. 반 학생들이 수 명함을 모두 만든 후 아직 말을 한 번도 나눠보지 못한 친구에게 다가가게 한다. 낯선 친구와 만나면 수 명함을 이용하여 자기소개를 하고 헤어진다. 이렇게 4~5번 반복하면 즐겁게 게임하듯이 서로를 알아가는 첫 시간을 열 수 있다.

손가락을 접어라

적용 2

다섯 손가락(열 손가락으로도 가능)을 펴고 질문을 통해 상대방의 손가락을 접게 하고, 손가락이 다 접히는 사람이 지는 놀이이다.

『밴드 브레멘』을 소개합니다

『슈퍼 거북』으로 유명한 유설화 작가의 작품으로, 제목에서 『브레멘 음악대』를 연상시키는 책이다. '버려지고, 지워지고, 감춰지고, 쓸모없다고 여겨지는 주변의 모든 존재들에게 이 책을 바칩니다' 라는 작가의 말에서 이 책이 전하고 싶은 것이 무엇인지 알 수 있다.

늙고 병들고 쓸모없어진 말과 개, 고양이, 닭이 아름드리나무 아래 모여 저마다의 속사정을 털어놓는다. 이들은 한때 경주마였다가 다리를 다친 후 관광객 마차를 끌다 주인의 등쌀에 못 이겨 도망친 말, 실험실의 실험을 참고 참다 실명이 된 상태로 도망친 개, 좁은 닭장에 갇혀 지내다 알을 잘 낳지 못한다는 이유로 팔려나갈 위기에서 도망친 닭, 그리고 사람에 의해 버려진 고양이이다. 쓸모없다 여기시던 이늘은 음악과 춤을 통해 자신들의 쓸모를 찾게 된다.

『밴드 브레멘』에서 유독 많이 생각나는 단어는 '쓸모없음'이다. 인간

유설화 글·그림
책읽는곰

에게 버려지고 상처받은 동물들은 스스로를 쓸모없는 존재라고 생각한다. 하지만 그 쓸모없음은 인간에 의해 결정된 기준일 뿐이다. 동물들은 애초에 인간에게 유용함을 주기 위해 태어난 것이 아니라 그 자체로 인정받아야 하는 존재이다. 『밴드 브레멘』을 읽고 학생들이 '쓸모 있음'과 '쓸모없음'의 기준을 스스로 생각해볼 기회가 되기를 바란다.

'손가락을 접어라'는 세 명 이상이 모여야 가능하기 때문에, 주인공이 세 명 이상 등장하는 책이 좋다. 책 속의 여러 인물을 분석하고, 그 내용을 놀이에 적용할 수 있기 때문이다. 그래서 각각 사연이 있는 네 가지 동물이 나오는 『밴드 브레멘』을 선택했다.

그 밖에 '손가락을 접어라'에 적합한 그림책으로는 사자, 코끼리, 기린, 악어가 왕을 뽑는 선거에 후보자로 나오는 『왕 한번 잘못 뽑았다가 큰일 날 뻔했네』, 대한민국을 비롯해 키르기스스탄, 인도, 콩고 등 각 나라 아이들의 이야기를 다루는 『거짓말 같은 이야기』, 어느 일요일 아침에 토라진 각 가족 구성원의 이야기를 다룬 『토라지는 가족』 등이 있다.

놀이 방법

1. 각각 등장인물 중 하나를 선택한다.
2. 각자 자신에게는 있지만, 상대방에게는 없는 것들을 책의 내용에서 생각한다.
3. 손가락 다섯 개(또는 열 개)를 펴고 둥글게 앉는다,
4. 순서대로 돌아가며 술래가 말한 내용에 해당하는 사람이 손가락을 하나씩 접는다.
5. 다섯 손가락(또는 열 손가락)을 다 접은 사람이 나오면 놀이는 끝난다.

놀이 속으로

『밴드 브레멘』을 함께 읽고 '손가락을 접어라' 놀이의 규칙을 설명한 후 말, 개, 닭, 고양이 중에서 각자 역할을 선택한다. 학생들이 잠시 책에 등장하는 동물들의 입장이 되어 생각을 정리할 시간을 준다. 이때 단순하게 각 동물의 일반적인 특징을 말하는 것이 아니라 반드시 책의 글과 그림을 통해 동물들이 처한 상황을 고려해서 말할 것을 미리 규칙으로 정해둔다. 이렇게 하지 않으면 책을 읽지 않고 각 동물의 특징만 단순 비교해서 놀이를 할 수도 있기 때문이다. 생각이 정리됐으면, 다섯 손가락을 펴고 둥글게 앉는다. 가위바위보로 순서를 정한 뒤 놀이를 시작한다.

학생 1(말)	시작한다. 음, 마차 안 끌어본 동물 접어.
학생 2, 3, 4	에이~ (모두 손가라 하나씩 접는다)
학생 2(개)	내 차례다. 음… 눈멀지 않은 애 접어.
학생 1, 3, 4	에이! (모두 손가락 하나씩 접는다)

학생 3(닭)	알 낳지 못하는 애 접어.
학생 1(말)	어! 너도 못 낳아서 팔려 갈 뻔했잖아. 너도 접어야 해.
학생 3(닭)	난 잘~~ 못 낳은 거지. 아예 못 낳는 게 아니야.
학생 1(말)	그런가? 그럼 통과.
학생 3(닭)	빨리 하나씩 접어.
학생 1, 2, 4	에이~ (모두 손가락 하나씩 접는다)
학생 4(고양이)	이제 내 차례. 브레멘 밴드에서 노래 담당 아닌 애 접어.
학생 1, 3	에이, 우리 다 하나씩 접어야 하잖아. 우린 춤 담당이니까.
학생 1(말)	다음 내 차례지? 음, 뭐하지?
학생 2, 3, 4	빨리해.
학생 1(말)	알았어. 그러면 브레멘 밴드에서 춤 담당 아닌 애 접어.
학생 2, 4	뭐야? 이번에는 우리잖아?
학생 2(개)	지금 나랑 말이랑 닭은 두 손가락, 고양이는 한 손가락 남았지? 자, 그럼 놀이를 끝내볼까? 실험실에서 실험 안 당해본 애 접어!
학생 1, 3, 4	에이~ (모두 손가락 하나씩 접는다)
학생 1(말)	어, 나랑 닭은 한 개씩 남았다.
학생 3(닭)	응. 고양이는 다섯 손가락 다 접혔다!
학생 4(고양이)	내 순서가 꼴찌라 불리해. 순서 바꿔서 다시 하자.

이렇게 해서 한 번의 놀이가 끝난다. 순번이 마지막인 학생이 불리할 수 있기 때문에 순서를 바꾸어서 놀이를 몇 번 더 한다. 놀이를 거듭할수록 학생들은 글과 그림에서 각 동물의 차이를 찾아내기 위해 책을 주의 깊게 본다.

도움말과 유의점

'손가락을 접어라'에서 주의할 점은 두 가지이다. 첫 번째는 단순히 동물들의 특징을 찾는 것이 아니라 반드시 책 속에서 특징들을 찾아야 한다. 처음에 책에 나온 동물의 상태를 고려하자는 규칙을 정했기 때문에 학생들이 근거를 책 내용에서 찾아오는지 자세히 살펴볼 필요가 있다. 두 번째는 사례에서도 나왔듯이 순번을 정하는 것이다. 다섯 손가락만 펴고 네 명이서 놀이를 하면 아무래도 순번이 뒤에 있는 학생이 불리할 수 있다. 공정하게 순서를 정해야 하고, 아니면 열 손가락으로 하는 것도 좋은 방법이다. 또 좀 더 빠르게 진행하면 더욱 재미있다.

한 걸음 더

『브레멘 밴드』로 '손가락을 접어라' 놀이를 하다 보면 학생들은 자연스럽게 인간에 의해 고통 받는 동물들에 관해 이야기하게 된다. 예를 들어, 동물실험으로 실명이 된 개를 통해 '동물에게 고통을 안겨주는 동물실험을 중단해야 한다'는 주장이 나오기도 하는데, 일부 학생은 그럼에도 '의학적 목적의 동물실험은 중단할 수 없다'는 주장을 펼치기도 한다. 따라서 놀이를 마친 후 '의학적 목적을 위한 동물 실험은 중단되어야 한다'에 대해 찬반 토론을 진행해보면 좋다. 이를 통해 동물도 인간과 마찬가지로 고통을 느끼고 존중받을 권리가 있음을 생각해보고 반성할 수 있다.

계단 빙고

적용 3

5X5 빙고 판에 계단을 올라가듯 줄별로 다른 조건의 단어를 채워 완성한 후 두 줄을 먼저 맞춘 팀이 이기는 놀이이다.

『행복을 파는 남자』를 소개합니다

『행복을 파는 남자』는 제목을 읽는 순간 '행복을 파는 남자에게 과연 돈을 주고 행복을 살 수 있을까?' 라는 의문을 갖게 한다. 사람들은 행복하기 위해 필요한 돈을 행복의 조건에서 쉽게 내려놓지 못한다. 따라서 돈이 많으면 많을수록 행복하다고 생각하는 사람들에게 이 책의 결말은 진정한 행복이 무엇인지를 다시 생각해보게 한다.

어느 날 행복을 파는 남자가 마을에 찾아왔다. 그중 한 남자가 이렇게 말한다. "어허, 이렇게 가난할 수가. 이 마을에는 진짜 아무것도 없군. 이래서야 어디 사람답게 살 수 있겠나? 이 사람들에게 행복해지는 지혜를 팔아야겠군."

처음에 마을 사람들은 그 남자가 한 말을 이해할 수 없었다. 그런데 나무를 팔아 마을에 전기가 들어오고 텔레비전이 생기면서 텔레비전 속 사람들과 자신들을 비교하면서 '나도 저렇게 살고 싶어. 더 행복해지고 싶

구사바 가즈히사 글
헤이안자 모토나오 그림
책과콩나무

어'라고 생각하기 시작했다. 그들은 돈으로 더 많은 행복을 사고 싶어 졌다. 더 많은 돈을 벌어 더 많이 가지면 행복해질 거라 생각한 것이다. 마침내 마을 사람들은 돈을 더 많이 벌기 위해 도시로 떠난다. 도시로 떠난 그들은 더 많은 돈을 벌기 위해 하루도 쉬지 않고 온종일 일을 한다. 그러나 사람들은 행복해지기는커녕 많은 돈을 벌기 위해 애쓰다가 지치고 병든 몸과 마음으로 마을로 되돌아오고 만다.

『행복을 파는 남자』로 계단식 빙고놀이를 한 이유는 돈이 곧 행복이라고 믿는 학생이 많기 때문이다. 그런 학생들은 돈이 많으면 많은 것을 살 수 있고 많은 것을 가지면 행복하다고 믿는다. 계단식 빙고 놀이를 통해 과연 진정 돈으로 행복을 살 수 있는가? 그렇다면 행복을 위해 필요한 돈은 얼마일까? 돈으로 살 수 없는 행복은 없는가? 등의 꼬리에 꼬리를 무는 질문에 대한 답을 생각해 보는 실마리기 된다.

계단식 빙고에 어울리는 그림책으로는 친구 집에서 황금 접시를 몰래 들고 나온 이소벨이 겪는 갈등을 다룬 『세상에서 제일 무거운 황금 접시』, 모든 것을 가진 친구와 아무것도 가지지 못한 샘의 이야기를 다룬 『너도 갖고 싶니?』, 서로의 부를 과시하기 위해 높이 집을 짓는 이야기를 다룬 『높이 더 높이』 등이 있다.

놀이 방법

준비물: 5×5 빙고 판

1. 5×5 빙고 판을 준비한다.
2. 첫 줄에는 '천 원으로 살 수 있는 행복'을 적는다.
3. 두 번째 줄에는 '만 원으로 살 수 있는 행복'을 적는다.
4. 세 번째 줄은 '백만 원으로 살 수 있는 행복'을 적는다.
5. 네 번째 줄에는 '무제한의 돈으로 살 수 있는 행복'을 적는다.
6. 다섯 번째 줄은 '돈으로 살 수 없는 행복'을 적는다.
7. 빙고 판을 다 채우면 빙고 놀이를 시작한다.
8. 단어를 부를 때는 '천 원으로 살 수 있는 행복에 ○○○이요'라고 말한다. 만약 급한 마음에 '○○○'이라고만 말하면 자신의 빙고 판에 체크할 기회를 놓치고 다음 순번으로 넘어가게 된다.
9. 모둠별 차례에 맞추어 단어를 외치며 놀이를 한다.
10. 가로나 세로, 혹은 사선으로 두 줄이 완성되어 '빙고'를 외치는 모둠이 생기면 놀이가 끝난다.

놀이 속으로

교사	5×5 빙고 판에 단어를 채워봅시다. 첫 줄 5칸에는 '천 원으로 살 수 있는 행복'을 적으세요.(모둠원들이 의논하면서 적는다) 자! 이제 첫 줄 다 적었나요?
학생들	네.
교사	그러면 두 번째 줄은 '만원으로 살 수 있는 행복'을 적어 봅시다.(모둠원들이 의논하며 적는다) 자! 이제 다 적었나요?
학생들	네. 이번에는 십만 원인가요?
교사	십만 원이면 충분한가요?
학생들	아니요?
교사	그럼 이번에 세 번째 줄에는 좀 더 많이 '백만 원으로 살 수 있는 행복'을 적어 봅시다.

학생들은 돈이 백만 원으로 늘어나니 훨씬 신나서 노트북, 핸드폰 등등 평소에 갖고 싶었던 것을 적는다.

교사	이제 네 번째 줄을 적어봅시다.
학생들	이번엔 천만 원인가요?
교사	아니요. 이번엔 '무제한의 돈으로 살 수 있는 행복'을 적으세요.

훨씬 웅성거리며 5칸을 채우기 시작한다. 선물, 땅, 집, 차, 여행… 등을 적으며 5칸이 부족한 듯 적어간다.

3장. 적용하며 놀아요

학생들	선생님. 그럼 마지막 줄은요?
교사	이번 줄에는 '돈으로 살 수 없는 행복'을 적어보세요.

학생들은 잠시 생각을 하는 듯 하나씩 적어나가기 시작한다. 이렇게 5×5칸을 다 채우면 빙고 놀이를 시작한다.

교사	이제 빙고 놀이를 시작해볼게요. 단어를 부를 때 꼭 단계를 먼저 말하고 단어를 말하세요. 그냥 단어만 말하면 기회를 놓치게 되니까 꼭 기억하세요. 자, 선생님이 제일 먼저 해볼게요. '돈으로 살 수 없는 행복에 가족!' 이제부터는 1모둠부터 순서대로 합시다.
1모둠	천 원으로 살 수 있는 행복에 떡볶이요.
2모둠	노트북!
학생들	앞에 얼마의 행복인지 말하지 않았어요.
교사	2모둠 단어를 말할 수 있는 기회를 놓쳤군요! 다음 어느 모둠 차례인가요?
학생들	3모둠이요.
3모둠	무제한의 돈으로 살 수 있는 행복에 건강이요.
4모둠	무제한의 돈으로 살 수 있는 행복에 학교요!
교사	학교? 왜인지 이유를 물어봐도 되나요?
3모둠	학교를 사서 우리가 원하는 학교로 만들려고요.
학생들 모두	하하하~

이렇게 하다가 두 줄을 완성한 모둠이 '빙고'를 외치면 놀이가 종료된다.

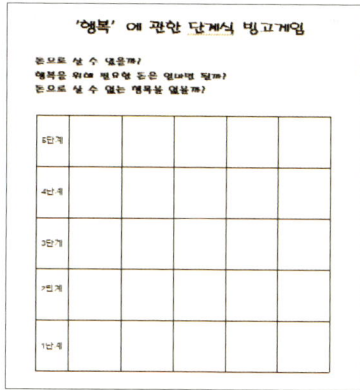
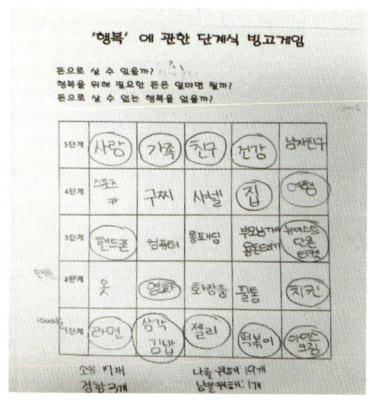
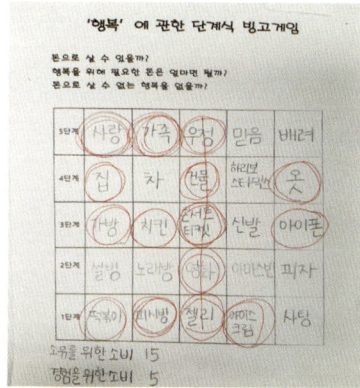
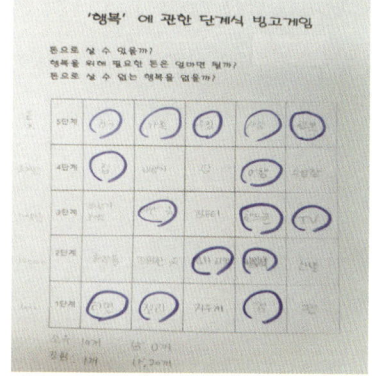

도움말과 유의점

앞에서 소개한 사례는 모둠별로 했지만, 개인별로 할 수도 있다. 빙고를 채울 때는 그 가격에 적합한 것, 다른 사람들도 생각할 만한 것을 적어야 유리하다는 것을 안내한다. 줄마다 다른 액수로 채우면서 돈을 늘려가는 이유는 아주 적은 돈으로도 소소하지만 확실하게 실현 가능한 행복을 누릴 수 있다는 것을 이야기하고 싶었기 때문이다. 마지막 줄은 돈으로 살 수 없는 행복을 적으면서 돈으로 살 수 없는 행복도 있다는 것을 함께 이야기 나누고 싶었다.

 빙고 판을 빨리 채운 모둠에게 먼저 단어를 부를 기회를 주면 적는 시간을 줄일 수 있다. 이 방법은 빨리 진행할 수 있는 반면에, 매번 빠르게 적은 팀이 유리할 것이라고 생각하는데, 예상을 깨고 매번 제일 늦게 적은 팀이 '빙고'를 먼저 외치기도 한다. 빨리 적으려 하다 보면 빙고 판을 채우기에 급급해서 충분히 생각하지 않아 내용이 부실해지기 때문이다.

 단어를 말할 때 자신들이 적은 단어가 나오면 와~ 하고 환호성을 친다. 하지만 때론 특이한 것을 적어 넣기도 한다. 그럴 때면 왜 그 단어를 썼는지 이유를 물어보고 함께 듣고 나서 다시 놀이를 이어가면 좋다.

한 걸음 더

 학생들이 빙고 놀이의 각 단계에서 행복을 위해 지출한 소비성향을 함께 살펴보는 것도 의미 있다. 소유를 위한 소비인지, 경험을 위한 소비인지를 한번 살펴본다. 또 나를 위한 소비와 남을 위한 소비 중 어느 쪽이 더 많은지 계산해본다. 대체로 학생들은 소유를 위한 소비와 자신을 위한 소비가 월등히 많다. 어떤 소비가 더 의미 있는지 함께 이야기해본다. 돈으로 살 수 없는 것 중에는 어떤 의미 있는 것들이 있는지도 함께 이야기해본다. 또 돈으로 살 수 없는 것들의 순위를 정해보는 토론 활동으로 이어갈 수도 있다. 또 돈과 행복의 관계에 대한 논제로 토론 활동을 이어나가면 더욱 좋다.

엄지탑 놀이

적용 4

자신이 뽑은 가치의 실천 예에 해당하는 것을 순서대로 엄지를 잡고 반복적으로 말하며, 1분이 되었을 때 가장 위에서 엄지를 잡고 있는 사람이 이기는 놀이이다.

『쿠키, 한 입의 인생 수업』을 소개합니다

『쿠키, 한 입의 인생 수업』은 학생들에게 설명하기 쉽지 않은 추상적인 가치 22개의 의미를 쿠키 하나로 쉽고 재미있게 설명한다. 22개의 가치는 돕는 것, 참는다는 것, 당당한 것, 겸손한 것, 공경하는 것, 믿음, 공평, 불공평, 배려, 욕심, 마음이 넓은 것, 부정적, 긍정적, 예의 바름, 정직, 용감, 부러워하는 것, 우정, 열린 마음, 후회, 만족, 지혜이다. 다양한 가치가 있는 것처럼 그림책에 등장하는 주인공들도 다양한 피부색의 아이들과 토끼, 강아지, 말, 양 등 여러 종류의 동물이 등장한다.

당당하다는 것은 소녀가 고개를 당당히 들고 있는 그림과 함께 "내가 만든 쿠키는 정말 맛있어"라고 설명한다. 흑인 아이가 갓 구운 쿠키를 할머니에게 드리는 그림에서는 어른을 공경하는 것을 설명한다. 말 친구가 쿠키를 소녀에게 맡기고 나간 후, 문틈으로 자신의 쿠키를 잘 지키고 있는지 소녀를 엿보는 그림을 보여주면서 믿음을 설명해주고, 쿠키를 너무

에이미 크루즈 로젠탈 글
제인 다이어 그림
책읽는곰

많이 먹어서 탈이 난 토끼는 후회한다는 것을 설명하고 있다. 엄지탑 놀이에 『쿠키, 한 입의 인생 수업』을 선택한 이유는 이 세상에서 필요하고 알아야 할 가치 22개를 따뜻하고 쉽게 설명해놓았고, 그 가치에 해당하는 예를 들기에 편하기 때문이다.

엄지탑 놀이에 어울리는 그림책은 돈의 가치를 바르게 알고 올바른 경제 습관을 가질 수 있도록 하는 『100원이 작다고』와 약속이 무엇인지, 왜 필요하고 지켜야 하는지, 약속을 지키면 어떤 결과가 나오는지 알려주는 『약속은 대단해』가 좋다.

놀이 방법

준비물 : 모둠별로 포스트잇 22장, 사인펜

1. 4명씩 모둠을 정하고 『쿠키, 한 입의 인생 수업』을 다시 읽으면서 가장 마음에 남는 가치를 한 가지씩 발표한다.

2. 포스트잇에 22개의 가치를 적는다.
3. 모둠장부터 22개의 가치 중 1가지를 뽑아 보여주고, 자신의 엄지를 가운데로 내놓는다. 내놓으면서 가치에 해당하는 실제적인 예를 말로 설명한다. "~라는 가치는 ~~하는 것을 말합니다."
4. 첫 번째 가치의 예는 반드시 그림책에 나온 예로 말한다.
5. 시계방향으로 돌아가며 가운데로 내놓은 엄지 위에 자신의 엄지를 올리면서 앞 친구의 예를 반복하여 말하고, 자신의 예를 덧붙여 말한다.
6. 이렇게 해서 1분이 되었을 때 가장 위에 있는 엄지의 주인이 이긴다.

놀이 속으로

그림책을 읽은 후 가장 기억에 남는 가치를 선택하게 하고 돌아가면서 선택한 이유를 말하게 해본다. 모둠에서 선택한 가치를 발표한 내용은 다음과 같다.

열린 마음: 열린 마음으로 활동을 하다 보면 모든 활동을 즐겁고 다 이해할 수 있다.
정직: 정직해야 잘 살 수 있다. 무언가를 할 때 스스로 떳떳하고 정직해야 더욱 보람차고 의미 있는 활동이라고 생각한다.
긍정: 말이 씨가 된다는 속담이 있듯 긍정적으로 말하면 하는 일이 긍정적으로 흘러갈 것이다.
믿음: 유혹을 이기고 친구의 부탁을 들어주는 것은 어렵지만, 믿음이 생기고 나면 끈끈한 우정이 될 수 있다.

　그림책에 나오는 가치 22개를 포스트잇에 작성하여 책상 위에 펼쳐 놓는다. 모둠장부터 22개의 단어 중 1개의 가치를 고른다. 가장 기억에 남는 가치를 선택해도 되고, 다른 것을 뽑아도 된다. 첫 번째 학생이 '긍정적'을 골랐다. 이유는 '긍정적'은 설명할 예가 다른 것에 비해서 많다고 생각했기 때문이다. 자신의 엄지를 들어서 가운데에 내놓으면서 놀이가 시작된다.

학생 1　　긍정적이라는 것은 쿠키가 반만 남아 있을 때도, '반이나 남았네' 하고 말하는 거야.

학생 2　　(두 번째 학생이 엄지를 잡고) 긍정적이라는 것은 쿠키가 반만 남아 있을 때도, '반이나 남았네' 하고 말하고, 남이 나에게 듣기 싫은 소리를 해도 나를 위한 거라고 생각하는 거야.

학생 3　　긍정적이라는 것은 쿠키가 반만 남아 있을 때도, '반이나 남았네' 하고 말하고, 남이 나에게 듣기 싫은 소리를 해도 나를 위한 것이

	라고 생각하는 거야. 그리고 엄마가 나에게 잔소리를 해도 다 나를 위한 거라고 생각하는 거야.
학생 4	긍정적이라는 것은 쿠키가 반만 남아 있을 때도, '반이나 남았네' 하고 말하고, 남이 나에게 듣기 싫은 소리를 해도 나를 위한 거야라고 생각하고, 엄마가 나에게 잔소리를 해도 다 나를 위한 거라고 생각하고, 시험을 빵점 맞아도 다음에 잘 보면 되는 거야라고 생각하는 거야.

4명이 한 번씩 발표를 하고, 두 번째 순서가 돌아오면 다시 첫 번째 학생이 남은 손의 엄지를 올리고 이어서 말한다. 두 번째 학생이 말하는 도중에 1분을 알리는 종이 울렸다. 말하는 도중에 종이 울리게 되면 엄지를 올려놓을 수 없다. 그래서 이번 엄지탑 놀이는 마지막에 엄지가 올라가 있던 첫 번째 학생이 이겼다. 이런 식으로 모둠원이 주어진 시간 안에 계속해서 돌아가면서 진행한다. 1분이 되었을 때 맨 위에 있는 엄지의 주인이 이기게 된다.

도움말과 유의점

가치에 해당하는 예를 말할 때 첫 번째 학생은 그림책에 나와 있는 예를 말하게 하면 가치의 의미를 더 잘 이해할 수 있다. 앞 친구가 한 말을 정확하게 반복해야 하고, 의미가 틀릴 정도로 생탁하여 급하게 '말한' 경우에는 정확하게 '다시' 말해야 한다. 또한, 비슷한 내용을 반복할 경우에도 다시 예를 들어 말하도록 해야 한다. 처음에는 2분을 주다가 연습이 되면 1분을 주어 긴장감이 생기도록 하는 것이 더 놀이를 재미있게 할 수 있다. 놀이할 때 책상 위에 타이머를 놓고 하면 좋다.

　이 놀이는 친구들이 한 말을 집중해서 듣고, 기억하게 할 수 있다. 빨리빨리 말을 전달하기 위해서 요약하는 실력도 향상된다. 엄지탑 놀이를 할 때 남녀 학생이 서로 손을 잡는 것을 불편해할 수 있으니 고려하여 모둠을 편성한다.

한 걸음 더

　엄지탑 놀이를 한 후에는 간단하게 글쓰기를 한다. 자신이 선택한 가치가 무엇이고, 왜 이 가치를 선택했는지 이유를 쓴다. 같은 가치를 쓴 학생들은 한 곳에 모인다. 이동한 장소에서 각자의 선택한 이유를 발표하고, 내용을 모아 정리한다. 정리한 내용을 가치별로 발표하고, 다른 친구들의 의견을 귀담아듣는 것도 중요함을 이야기한다.

사칙연산 놀이

적용 5

주어진 공간에 있는 사물과 관련된 몇 개의 수를 가지고 사칙연산을 하여 주사위를 던져서 나온 수를 만드는 놀이이다.

『우리 집에는』을 소개합니다

한 집에 다섯 사람과 개 한 마리가 살고 있다. 다섯 사람과 개 한 마리. 이 집에는 모두 총 6개의 머리가 있다. '우리 집에 있는 머리는 모두 6개. 각자 자기 나름대로 생각이 있어요. 가끔은 모두의 머릿속에 같은 생각이 들어 있기도 해요.' 이 집에 있는 손가락과 발가락, 뼈, 머리카락의 수는 몇 개일까? 만약 이 집에 손님이 놀러 온다면 이 수들은 어떻게 변할까? 이처럼 이 책은 주변을 관찰하면서 재미있는 방법으로 수를 경험하게 한다. 책을 읽다 보면 내가 있는 공간에는 어떤 수가 있는지 둘러보게 된다. 내 주변을 둘러보면서 추상적이기만 했던 수를 생생하게 느낄 수 있다. 내 주변의 수를 발견하기 위해서 나와 내 주변에 관심을 갖게 되고, 그 과정에서 수 감각이 살아나고 창의적이고 새미있는 생각이 떠오르게 된다.

사칙연산 놀이를 위해 『우리 집에는』을 선택한 이유는 수에 대한 신선

이자벨 미뇨스 마르틴스 글
마달레나 마토주 그림
걸음동무

한 접근과 생각이 잘 나타나 있기 때문이다. 책을 읽기 전에는 학생들이 일상적으로 지내는 공간인 집에서 발견할 수 있는 수가 별로 없을 것이라고 생각할지도 모른다. 하지만 그림책을 다 읽고 나면 집에도 다양한 소재와 수가 있음을 알게 된다. 사칙연산 놀이를 통해 어떤 공간이든 주변을 깊게 살펴보면, 많은 수가 있음을 알게 된다.

사칙연산 놀이에 어울리는 그림책으로는 『세고 재고 찾아보는 숫자 동물원』이 있다. 동물원이라는 공간에서 다양한 동물을 수의 관점으로 풀어냈다. 아버지와 아들이 수에 관해 이야기하는 그림책 『Ten Nine Eight』도 『우리 집에는』처럼 집이라는 공간에서 수를 이야기하는 책으로 사칙연산 놀이를 하기 좋다.

놀이 방법

준비물 : 활동지, 주사위, 필기구

1. 학생들과 상의하여 우리 교실, 우리 학교 등 주제 공간을 정한다.
2. 주사위를 던진다.
3. 모둠별로 주제 공간에 있는 사물의 수 3개를 가지고 사칙연산으로 주사위로 나온 숫자를 만든다. 단 한 번 사용한 수는 다시 사용할 수 없다.
4. 주사위 수를 정해진 시간 안에 여러 가지 방법으로 가장 다양하게 만든 모둠이 이긴다.

놀이 속으로

학생들에게 활동지를 나눠주고 놀이를 시작한다. 먼저 수를 찾을 주제 공간을 정한 다음 주사위를 던져 함께 만들 수를 정한다. 학생들과 함께 정한 주제 공간은 '우리 교실', 함께 만들 수는 '3'이다.

교사	자, 우리 교실에서 함께 3을 만들어 봅시다. 모둠별로 함께 교실을 둘러보면서 3을 만들 수 있는 소재를 찾아봐요. 최대한 많은 수를 발견하는 것이 유리합니다. 시간은 10분입니다. 10분 동안 다양한 방법으로 수를 만들어보세요.

학생들은 모둠원과 협력하여 교실에 있는 다양한 수를 이용해 3을 만들기 시작한다. 학생들은 교실을 두리번거리며 다양한 수를 발견했다.

사칙연산 놀이

그림책 『우리 집에는』
글_이자벨 미뇨스 마르틴스 / 그림_마델레나 마토주

1. 주제 공간: 우리 교실
2. 함께 만들 수: 3
3. 주제 공간에서 수 찾기

4. 수 만들기(사물의 수 3개 사용 / 한 식에서 사물의 수 중복 사용 X, 사칙연산 사용하기)

학생 1	교실 물건들도 좋지만, 교실에는 우리 반 애들도 있으니까 우리들로부터 수를 찾는 것도 좋을 것 같아. 우리 반이 27명이고 선생님도 계시니까 머리는 총 28개야.
학생 2	오~ 그러네. 그럼 엄지손가락은 56개, 엄지발가락도 56개, 손톱과 발톱은 각각 280개다.
학생 3	나는 청소도구함을 봤는데, 빗자루는 4개, 쓰레받기는 2개, 걸레는 4개였어.
학생 4	나는 교실을 봤어. 우리 교실 창문은 32개, 교탁 하나, 칠판은 속에 숨어 있는 것까지 5개, 사물함은 33개, 달력이랑 시계는 하나씩 있더라.

(이하 생략)

학생들이 모둠별로 찾은 사물의 수는 다음과 같다.

우리 학급의 머리는 모두 28개, 엄지손가락은 56개, 엄지발가락은 56개, 손톱과 발톱은 280개, 콧구멍은 56개, 청소도구함의 빗자루는 4개, 쓰레받기는 2개, 걸레는 4개, 창문은 32개, 교탁은 1개, 칠판은 5개, 안경은 12개, 사물함은 33칸, 달력은 1개, 시계는 1개, 남자는 15명, 여자는 13명, 화분은 2개, 책상은 28개, 의자는 26개, 학급 게시물은 10장, 칠판 위 분필은 10개 등등.

사물의 수 찾기가 끝난 모둠은 사칙연산으로 숫자 3을 만든다. 모둠별로 협력하여 다음과 같이 숫자 3을 만들었다.

10(학급게시물)÷5(칠판)+1(교탁)=3

5(칠판)-1(시계)-1(교탁)=3

28(머리)-26(의자)+1(교탁)=3

4(빗자루)÷2(쓰레받기)+1(시계)+3

15(남자)-13(여자)+1(교탁)=3

10(학급게시물)÷10(분필)+2(화분)=3

28(머리)÷4(빗자루)-4(걸레)=3

33(사물함)-32(창문)+2(쓰레받기)=3

10분 후 모둠별로 결과물을 공유하여 반 전체 학생과 함께 수식을 점검한다. 가장 많은 수식을 찾은 모둠이 놀이에서 이긴다.

| 교사 | 자, 이제 함께 찾은 수식을 적은 활동지를 옆 모둠에게 넘겨주세요. 교실 안에서 찾은 수와 수식이 맞는지 확인해주세요. 확인이 끝나면 활동지 끝자락에 총 몇 가지를 찾았는지 적은 후 돌려주세요. |

(검증이 끝난 후)

교사	몇 모둠이 가장 많이 찾았을까요?
학생 1	저희 모둠은 60가지 찾았어요.
교사	더 많이 찾는 모둠이 있나요? 없는 것 같네요. 1모둠이 이번 놀이에서 가장 많이 찾았군요. 수고 많았어요.

도움말과 유의점

그림책에는 '우리 집'에 있는 수를 찾았는데, 각자 집마다 구성원과 상황이 다를 수 있으므로 학생들이 함께 공유하는 공간으로 정하면 좋다.

수를 정할 때는 기존의 주사위 수인 1~6의 수를 그대로 사용해도 좋고, 주사위에 다양한 숫자의 스티커를 붙여서 활용하는 것도 좋다. 주사위 개수를 늘려서 동시에 던져 좀 더 큰 수를 정할 수도 있다. 점차 변화를 주면서 다양한 수를 가지고 더 재미있게 놀이할 수 있다. 이때 너무 큰 수가 나오면 학생들이 어려워할 수 있으므로 학생들의 수준을 고려하는 것이 좋다.

한 걸음 더

규칙을 바꿔서 진행해도 좋다. 예를 들면, 숫자 볼링 놀이*를 할 수 있다. 숫자 볼링 놀이는 주사위를 이용하지 않고 주제 공간에 해당하는 수와 사칙연산을 사용하여 1~10의 수를 만드는 놀이이다. 10까지 먼저 만드는 모둠이 승리하는 놀이이므로 10까지 수를 만든 후 스트라이크를 외치면 된다. 학생들의 수준에 따라 수를 점차 늘려서 1~20까지 등 범위를 조절하여 할 수도 있다.

---

* http://www.mathlove.kr 수학사랑 홈페이지 송교식의 퍼즐이야기 중 '숫자 볼링 게임'을 변형하여 만든 놀이이다.

적용 6

훈민정음 놀이

임의로 뽑은 초성으로 단어를 만드는 놀이이다.

『로봇 소스』를 소개합니다

『로봇 소스』의 작가 아담 루빈은 그림책 작가가 되기 전 광고 회사의 제작 감독으로 일했다고 한다. 이러한 작가의 이력 때문인지 아담 루빈이 쓴 『로봇 소스』는 독특한 아이디어가 돋보인다. 아담 루빈은 독자가 수동적으로 그림책을 읽게 두지 않는다. 독자는 직접 그림책 속지를 접어서 책을 로봇으로 만들어볼 수 있다.

책 속의 주인공은 로봇 놀이를 즐겨하는 꼬마이다. 로봇 놀이를 하던 중 미지의 목소리가 꼬마에게 말을 걸어온다.

"내가 진짜 로봇이라면, 모두들 너랑 놀고 싶어 할 텐데. 진짜 로봇은 눈에서 레이저가 나오고, 발에서 로켓이 나오고, 머리에는 슈퍼컴퓨터가 들어있지. 인간들은 그런 걸 아주 좋아해. 게다가 진짜 로봇은 삶은 콩 먹기, 목욕하기, 잠자기 따위는 절대 안 하지. 너를 엄청 크고 무시무시한 로봇으로 변신시켜 줄, 마법의 '로봇 소스'가 있다면 좋겠지?"

아담 루빈 글
다니엘 살미에리 그림
이마주

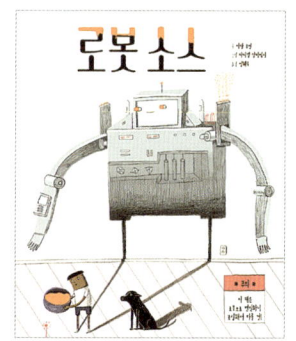

　꼬마는 이 목소리에 이끌려 로봇 소스를 만들어 먹고 로봇이 된다. 로봇이 된 꼬마는 인간이었을 때 해보지 못했던 것들을 해보며 로봇해독제도 거부한 채 로봇으로 남기를 결심한다. 자신뿐만 아니라 로봇 소스 발사 장치를 만들어 기르던 강아지와 가족을 로봇으로 만든다. 자신이 사랑하는 가족마저 로봇으로 바꿔버린 꼬마는 행복했을까? 아마 아니었던 것 같다. 마지막에는 다시 사랑하는 가족과 함께 로봇 놀이를 하고 있는 꼬마를 발견할 수 있다.
　훈민정음 놀이에는 다양한 단어가 나오거나 다양한 사건, 상황이 나오는 그림책이 좋다.『로봇 소스』는 이러한 조건을 충족하는 그림책이다. 로봇 소스는 책을 로봇책으로 만드는 과정을 통해서 학생들이 그림책에 흥미를 느낄 수 있고 책에 생긴 변화에 자극을 받아 다양한 생각을 할 수 있도록 돕는다.
　훈민정음 놀이에 어울리는 그림책으로는『한글 초성 단어 찾기』가 있다. 한국여행 관광지 속에서 초성 단어를 찾는 그림책으로 관광지 특색을 살린 그림을 보는 재미도 있다. 관광지마다 초성이 정해져 있어 별도의 자음 카드가 없어도 놀이를 진행할 수 있다. 책 내용에서 단어를 만드는 것이 어렵다면 이보나 흐미엘레프스카의 『생각하는 ㄱㄴㄷ』을 활용하여 각 페이지별 초성 단어를 찾는 놀이로 진행할 수도 있다.

놀이 방법

준비물 : 자음 카드

1. 모둠원과 협력하여 그림책 내용을 파악한다. 책에 있는 단어를 찾아보기도 하며 책에 관한 대화를 나누면서 그림책을 읽는다.
2. 모둠원들이 흩어져서 다른 모둠원들을 만난다. 모둠장만 기존 모둠에 남고 다른 모둠원은 모두 서로 다른 모둠으로 가야 한다.
3. 새롭게 구성된 모둠에서 모둠원 중 한 사람이 자음 카드를 잘 섞은 후 2장을 뽑는다.
4. 모둠원들은 뽑은 자음이 초성인 단어를 말한다. 그 단어가 그림책 내용과 관련이 있다고 인정되면 1점을 얻는다.
5. 뽑은 자음을 초성으로 갖는 단어를 4개 찾으면 다음 사람이 다시 자음 카드를 2장 뽑아서 놀이를 반복한다. 이때 한 사람이 여러 단어를 찾아도 된다.
6. 4명의 모둠원이 돌아가면서 놀이를 진행하면 1라운드가 끝나고 다시 모둠장을 제외한 학생들은 흩어져서 새로운 모둠을 구성한다.
7. 2~3라운드를 진행한 후 처음 만난 모둠으로 돌아와서 모둠장은 모둠원들이 얻은 포인트를 모두 합산한다. 합산 점수가 가장 큰 모둠이 이긴다.

놀이 속으로

『로봇 소스』를 온전히 이해해야 놀이에서 유리하기 때문에 학생들은 그림책을 집중해서 읽는다. 그림책에 나오는 단어를 찾아보기도 하고, 내용과 연관된 단어들을 말하면서 서로 도우며 즐겁게 책을 본다. 교사는 미리 자음 카드를 만든다. ㄱ부터 ㅎ까지 모든 자음이 한 장씩 들어가도록 제작한다. 자음 카드는 각 모둠에 한 세트씩 제공한다. 이제 모둠원들은 각자 흩어져서 새로운 모둠원들과 놀이를 시작한다.

학생 1	내가 먼저 자음 카드를 뽑을게. 'ㅇ, ㄱ'이 나왔어.
학생 2	인간. 그림책에 나와. '넌 분명히 인간이었을 때가 그리워질 거야.'
학생 3	맞네. 인정! 1점 가져가.
학생 4	오기. 꼬마가 그동안 세상에 쌓인 게 많았나 봐. 로봇이 돼서 오기를 부리고 있는 것 같아.
학생 2	그렇게 생각할 수 있겠네. 1점 챙겨가.
학생 3	약국. 로봇 해독제는 약이니까 약국에서 팔 것만 같아.
학생 1	그렇긴 한데. 약국이 그림책이랑 관련은 없는 것 같은데?

학생 1이 이의제기를 했을 때 학생 3이 다른 친구들을 설득할 만한 설명을 하지 못해서 점수를 얻지 못했다. 다시 놀이를 시작했다.

학생 2	인기. 수인공은 로봇이 뇌면 사람늘에게 인기가 낳아실 거라고 생각했나 봐.
학생 1	왜? 설명해봐.

학생 2	책 앞부분에 꼬마에게 목소리가 '내가 진짜 로봇이라면, 모두들 너랑 놀고 싶어 할 텐데'라고 하잖아. 그 말을 듣고 꼬마는 로봇이 되기로 결정했어.
학생 4	맞아. 꼬마는 그런 마음일 수도 있을 것 같아.
학생 1	위기. 꼬마가 로봇 해독제를 없앴을 때 사람들은 위기에 처했어.
학생 3	그랬을 거 같다. 이러다 다 로봇이 되는 줄 알았어.

자음 'ㅇ, ㄱ'에 해당하는 단어 4가지를 다 찾았으므로 다음 학생 2가 자음 카드를 다시 뽑고 놀이를 다시 시작한다.

학생 1	이번엔 내가 자음 카드를 뽑을게. 'ㅅ, ㄱ'
학생 2	소금. 책에 로봇 소스 레시피를 보면 소금을 넣는다고 나와.
학생 4	성격. 책 속 꼬마의 성격은 소극적일 거 같아. 친구들이랑 어울려서 놀고 싶어도 다가가지 못해서 고민하다 로봇이 되고 싶었을 것 같아.
학생 1	송곳. 로봇 강아지 꼬리가 송곳처럼 생겼어.
학생 4	상금. 로봇 해독제를 꼬마가 없애버려서 사람들은 로봇 해독제에 상금을 걸어서라도 사람으로 돌아가고 싶었을 것 같아.

이처럼 학생들은 초성에 해당하는 단어를 찾고 이 단어가 그림책과 어떤 연관이 있는지 설명하며 그림책에 관한 대화를 자연스럽게 이어나간다. 처음에는 그림책과 연관된 단어를 찾는 것을 어려워하여 1라운드를 하는 것만으로도 1차시 수업 시간을 다 사용했다. 놀이가 익숙하지 않을

때는 초성에 해당하는 단어를 생각하는데 시간이 걸리지만, 점차 놀이에 익숙해지면 하나의 그림책으로 2~3라운드를 진행할 수 있다. 라운드를 거듭하면 평소에 이야기를 나눠보지 못했던 친구들과도 자연스럽게 만나서 그림책 이야기를 나눌 수 있다.

도움말과 유의점

훈민정음 놀이를 할 때 학생들은 초성에 맞는 단어를 그림책과 연결하는 것을 어려워한다. 첫 번째 모둠에서 그림책을 읽을 때 책에 나오는 단어에만 집중하는 것이 아니라 책에 관한 다양한 대화를 나누게 하여 그림책과 연관된 단어를 만들 수 있도록 하는 것이 좋다.

모둠원이 말한 단어를 검증하는 시간이 필요하기 때문에 처음 하면 1라운드만으로도 시간이 꽤 걸리기도 한다. 이때는 자연스럽게 규칙을 바꿔서 진행해도 좋다. 예를 들면, 1라운드에서 4명 모두 자음 카드를 뽑고, 4번 진행하는 것이 아니라 모둠원 중 한 사람이 자음 카드를 뽑으면 그 자음 카드로 4단어가 나오면 라운드를 종료하는 것이다. 이렇게 하면 라운드 수가 늘어나게 되어 역동적인 놀이를 할 수 있다. 또한 놀이의 흐름을 깨지 않기 위해 단어를 검증하는 것은 해당 초성의 단어 4개가 나온 후 해도 좋다. 모든 단어에 대해서 검증하는 것이 불필요하게 느껴진다면, 이의를 제기한 단어에 대해서만 검증을 거친다.

한 걸음 더

자음 카드를 활용하지 않고 훈민정음 놀이를 할 수도 있다. 놀이를 시작하고자 하는 학생이 자음 2개를 외친다. 그리고 바로 오른손으로 엄지척을 만든 후 책상 위에 두면서 동시에 자신이 외친 자음을 초성으로 갖는 단어를 말한다. 예를 들면, 학생 A가 'ㄱ, ㅈ'을 외친 후 바로 '과자'라고 이야기하면서 엄치척 손을 책상 위에 둔다. 다른 단어를 떠올린 학생이 있다면 앞 학생의 엄지를 잡으면서 초성에 해당하는 단어를 말한다. 모든 학생이 엄지를 잡을 때까지 놀이를 진행하고 끝까지 엄지를 잡지 못하는 학생이나 가장 늦게 엄지를 잡는 학생이 벌칙을 받는다. 이때 앞에서 소개한 훈민정음 놀이와 같이 그림책과 관련 있는 단어를 말하도록 한다.

문장 완성 놀이

적용 7

주어에 맞는 뒷 문장을 완성하여 맞추는 놀이이다.

『여자와 남자는 같아요』를 소개합니다

　표지에 빨간 치마와 구두를 신은 남성과 검은색 슈트를 입은 여성이 손을 잡고 서 있다. 첫 페이지에는 "여자와 남자는 동등하다고 해요"라는 글로 시작한다. 그림은 우리가 그동안 보아왔던 남녀의 모습과는 사뭇 다르다. 여성인 것 같은데 와이셔츠를 입고 카리스마가 느껴지는 자세로 서 있는가 하면 남성인 것 같은데 여자 원피스를 입고 단아한 포즈를 하고 서 있다. 이 그림책은 40년 전에 나온 책으로 남성다움, 여성다움에 대한 성역할이 우리에게 어떤 영향을 주는지 보여주고 있다. 그림책을 보고 놀란 것은 40년 전이나 지금이나 남녀의 성역할에 대한 사회의 인식이 많이 변하지 않았다는 것이다. 그림마다 성차별적인 상징 장면을 잘 보여주고 있다. 마지막 장면에서는 이와 같은 사회의 성역할이 고정된 것은 옳지 않다고 말한다. 그리고 여자와 남자는 성이 다를 뿐 똑같은 존재라고 끝맺는다. 오늘날 우리의 모습도 이와 다르지 않다. 아직 사

플란텔 팀 글
루시 구티에레스 그림
풀빛

회에는 성차별이 곳곳에 존재하고 있다. 하지만 그것을 문제로 인식하지 못하고 있다. 『여자와 남자는 같아요』를 읽고 여자, 남자의 성역할에 대한 올바른 인식을 할 기회가 될 것이다.

문장 완성 놀이는 그림책에서 전달하는 메시지를 한 문장으로 만드는 놀이다. 제시된 주어를 가지고 문장을 완성하게 함으로써 그림책이 전달하는 메시지를 생각해보게 하는 놀이다. 완성된 문장은 개인의 의견이 아니라 우리 사회에서 올바르다고 인정된 것이어야 한다. 『여자와 남자는 같아요』는 우리 사회 문제를 제시하고 인식의 변화가 필요하다는 메시지를 분명하게 담고 있다. 이런 경우 사회 문제를 올바로 인식하고 있는지 알아보기 위해 글로 표현해보는 놀이를 할 수 있다. 남녀평등에 대해 올바른 인식을 하고 있는지 한 문장으로 만들고 모둠원들과 토론하는 과정에서 자신이 가진 편견과 고정관념에 대해 재고해볼 수 있다.

문장 완성 놀이에는 사회의 잘못된 인식을 다시 생각해볼 수 있는 메시지가 담겨 있는 그림책이 좋다. 『여자 남자, 할 일이 따로 정해져 있을까요』, 『최고 빵집 아저씨는 치마를 입어요』, 『야, 그거 내 공이야』 등은 사회 문제를 인식하게 해주고 우리에게 어떤 편견이 있는지를 재밌고 감동적으로 전해주고 있다.

놀이 방법

준비물 : (두 모둠을 기준으로) 맞추자 기록지 2장, 풀자 기록지 2장, 빈 카드 32장, 포스트잇, 펜

1. 4명을 한 모둠으로 한다. (모둠은 2~3명으로도 가능하며, 두 모둠 이상 있어야 놀이가 가능하다)
2. 모둠별로 풀자 기록지 1장, 맞추자 기록지 1장, 빈 카드 16장을 갖는다. 빈 카드에는 1번부터 16번까지 상단에 번호를 적는다. 한 명당 빈 카드를 4장씩 갖는다.
3. 맞추자, 풀자 기록지(활동 사례의 양식 참조)에 주어를 제시하고, 빈 카드 번호를 적을 수 있는 칸을 만든다. 제시된 주어를 포스트잇에 적은 후 책상 위에 적당한 간격을 두고 붙여 놓는다. 주어는 2개 이상이어야 한다.
4. 모둠원이 빈 카드를 작성할 때는 주어와 연결하여 올바른 문장이 되도록 한다. 단, 특정 주어만 사용해서는 안 되고 제시된 주어를 모두 사용해야 한다.
5. 책상 위에 붙인 주어가 적힌 포스트잇에 빈 카드에 작성한 문장을 분류하여 놓는다. 모둠원들은 주어와 빈 카드에 적은 문장이 올바른지 서로 검토한다.
6. 검토가 끝나면 맞추자 기록지에 해당 주어에 맞게 연결된 문장이 쓰인 카드의 번호를 적는다. 맞추자 기록지는 자기 모둠이 보관하며 추후 상대 모둠과 교환하여 점수를 매길 때 사용된다.

7. 문장을 쓴 카드 16장을 상대 모둠과 교환한다.
8. 상대 모둠에게 받은 카드의 문장을 보고, 해당 주어에 맞게 카드를 분류한다.
9. 분류한 카드를 풀자 기록지에 작성한다. 풀자 기록지에는 주어가 제시되어 있고, 카드의 번호를 쓰는 칸이 있다. 해당 주어에 맞게 연결된 문장이 있는 카드의 번호를 쓴다.
10. 풀자 기록지를 상대 모둠에게 주면 상대 모둠이 맞추자 기록지를 보고 정답을 채점하여 준다.

놀이 속으로

4명을 한 모둠으로 하여 8개 모둠이 놀이를 한다. 모둠별 인원은 3~5명도 좋다. 모둠별로 풀자 기록지 1장, 맞추자 기록지 1장, 빈 종이 카드 1~16

맞 추 자 !(우리 팀 정답 기록지)	
팀명 :	
주어	빈 카드 번호
여자는(가)	
남자는(가)	
여자, 남자는 (가)	

풀 자!(상대 팀 정답 기록지)	
팀명 :	
주어	빈 카드 번호
여자는(가)	
남자는(가)	
여자, 남자는 (가)	
맞힌 개수	

16장을 나눠 갖는다. 빈 카드에는 1번부터 16번까지 상단에 번호를 적은 후 1인이 4장씩 갖는다.

이 그림책의 주제를 전할 문장은 총 3개이며 주어만 제시한다. '여자는(가)~', '남자는(가)~', '여자 · 남자는(가)~'. 빈 카드 4장에는 3개의 주어에 각각 알맞은 문장이 오도록 작성해야 한다. 나머지 한 장은 3개의 주어 중 하나를 선택해서 기록한다.

1 꾸미기를 좋아한다	3 하는 역할이 다르다	5 섹시하다	4 평등하다
2 힘이 쎄다	8 운전을 더 잘한다	6 털이 많이 난다	10 랩을 잘한다
15 키가 커야 한다	9 상냥하다	7 치마를 좋아한다	12 착하다
16 가사일을 나눠해야 한다	13 아기를 낳는다	11 신체 구조가 다르다	14 목젖이 튀어 나왔다

4명이 작성한 문장을 펼쳐 놓고 3개의 주어에 맞게 나열한다. 이때 모둠원들은 주어에 맞게 뒤 문장이 올바르게 완성되었는지 검토한다. 만약 한 명이라도 이의를 제기하면 함께 논의한 후에 빈 카드에 작성된 문장이 해당 주어에 맞게 재배치하거나 문장을 다시 만들어야 한다.

모둠원 중에 한 명이 '여자는 착하다' 라는 문장을 완성했다. 그러나 4명의 모둠원이 논의한 결과 '착하다' 는 '여자는'이 아니라 '여자 · 남자는'에 넣어야 한다고 의견이 모여 맞추자 기록지 '여자·남자는' 칸에 12번을 기록했다.

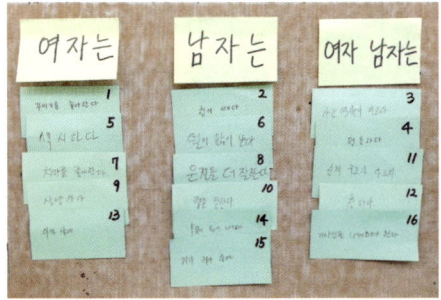
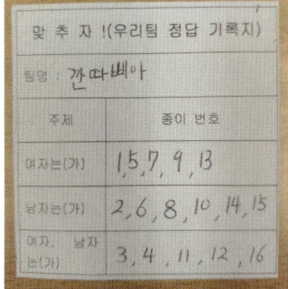

각 팀이 맞추자 기록지를 완성하면 카드를 섞은 후 다른 팀의 카드와 바꾸고 문제를 푼다. 다른 팀 카드를 보고 주어에 맞는 문장을 찾아 풀자 기록지에 작성한다.

문제를 모두 풀면 상대 모둠에게 정답 기록지를 받아 채점한 후 맞힌

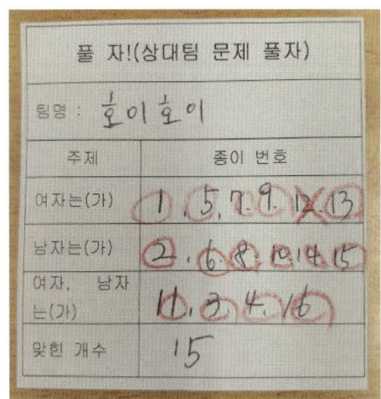

개수를 적는다. 정답에 이의가 있으면 상대 모둠에게 먼저 이의를 제기한 후 정답 수정을 논의하고 최종적으로 교사에게 문의한다. 교사는 문의가 들어온 문장을 전체로 공유하여 생각해보는 시간을 갖는다. 이 놀이의 일련의 과정이 여자다움과 남자다움은 어떻게 만들어졌는지, 그로 인한 편견이 우리 사회에서 어떤 영향을 주는지 스스로 느끼고 알게 해준다.

도움말과 유의점

이 놀이를 할 때 유의할 점은 문장이 제대로 완성되었는지 보아야 한다. 일반적으로 보았을 때 완성된 문장의 의미가 올바른 것이어야 한다. 잘못된 문장이나 모호한 문장이 생각보다 많이 나온다. 이런 부분에 대해 옳은지 그른지 이야기를 주고받을 때 자연스럽게 주제에 대해 깊이 생각하게 된다. 팀 안에서 해결하기 힘든 문장은 전체 학생과 공유하여 말하다 보면 다양한 의견을 들을 수 있어 생각이 더 깊어진다.

한 가지 더 유의할 점은 개인별로 작성한 카드를 모아 모둠별로 맞추는 과정에서 한 사람이 주도하는 것이 아니라 모두가 참여할 수 있도록 해야 한다.

힌 걸음 더

문장 완성 놀이를 한 후 지금 사회에서 발생하고 있는 성차별을 확인하기 위해 직장에서 발생하는 성차별 뉴스를 검색해본다. 키워드를 제시하고 검색 가능한 몇 개 사이트를 소개해주면 학생들은 쉽게 뉴스를 검색할 수 있다. 실제 발생하는 문제를 확인하고 그 문제에 대해 우리가 바라는 것이 무엇인지 한 문장으로 작성한다. 우리가 바라는 것을 이루기 위해 할 수 있는 일은 무엇인지 팀원들과 토론 후 발표하는 활동을 한다. 그리고 각자 성평등 인식 지수가 얼마나 되는지 체크리스트를 통해 확인해보면 좋다.

징검다리를 건너라

적용 8

힘이 나는 말과 힘이 나지 않는 말을 쓴 종이를 징검다리처럼
바닥에 늘여 놓고 그 종이를 밟아서 돌아오는 놀이이다.

『줄무늬가 생겼어요』를 소개합니다

『줄무늬가 생겼어요』의 작가 데이빗 섀논은 미국 초등학교 교사와 도서관 사서들이 좋아하는 그림책 작가 중의 한 사람이다. 그 이유는 작가가 미술을 전공해 일러스트가 원색적이고 예쁘며 그림이 글과 조화롭다는 평가를 받기 때문이다.

카밀라는 늘 주변의 시선에 신경을 쓴다. 그래서 좋아하는 아욱콩도 친구들이 싫어해서 먹지 않는다. 학교 가기 전 옷을 마흔두 번이나 갈아입고도 친구들에게 잘 보일 옷이 없어 속상해한다. 그때 갑자기 머리부터 발끝까지 줄무늬가 생기는 이상한 병에 걸린다. 의사가 연고를 바르면 줄무늬가 없어질 것이라고 해서 카밀라는 학교에 간다. 하지만 학교에서 친구들이 말을 할 때마다, 오갖 무늬가 카밀라 몸에 생긴다. 의사들, 과학자들, 심리학자, 치료사, 약초학자, 무당 등이 카밀라를 치료하려고 노력하지만 어떤 치료법도 통하지 않는다. 오히려 병이 더 심해져 카밀

데이빗 섀논 글·그림
비룡소

라는 방송을 타고 더 주목을 받는다. 이때 상냥해 보이는 오동통한 할머니가 찾아와 아욱콩을 건네고 먹기를 권한다. 카밀라는 여전히 다른 사람의 시선을 의식해 거부한다. 그래서 할머니가 그냥 떠나려고 하자 카밀라는 지금까지 겪은 일에 비하면 콩을 먹는 것이 웃음거리가 되지 않는다고 생각해 솔직하게 말한다. "아욱콩이 정말 좋다고." 아욱콩을 먹고 카밀라는 원래대로 돌아온다. 그 뒤로 카밀라는 다른 사람의 시선을 의식하지 않고 행동한다. 있는 그대로의 자기 모습을 드러낸다.

'징검다리를 건너라'를 위해 『줄무늬가 생겼어요』를 선택한 이유는 남들의 시선에 어느 정도의 신경을 써야 하는지에 대해 이야기해보고 학생의 가치관에 비추어 무엇이 중요한지 생각해볼 수 있기 때문이다. 학생들이 같은 사건에 대해 어떻게 이해하고 받아들이는지 그리고 자신의 느낌과 친구들의 느낌은 무엇이 같고 다른지를 자연스럽게 다양한 시각으로 제공해줄 수 있어서이다.

'징검다리를 건너라'를 하기에 어울리는 그림책으로는 한 가지 모양이 다르게 쓰이는 과정들을 보여주면서 세상을 이야기하는 『네 개의 그릇』, 열등감에 사로잡힌 주인공이 마스크를 쓰면서 벌어지는 『치킨 마스크』, 외로움을 극복하는 방법을 보여주는 『상어 마스크』, 뭐든지 척척 만들어내면 모두가 행복할 것이라고 믿는 『햄스터 마스크』 등이 있다.

놀이 방법

준비물 : A4 종이, 사인펜

1. 다른 사람을 의식해서 하는 행동이나 너무 의식하지 않고 하는 행동들에 대해 종이에 쓴 후 발표한다.
2. 발표하는 친구의 경험을 듣고 다른 학생들은 어떤 생각과 느낌이 드는지 이야기한다.
3. 친구들이 발표한 말 중에서 힘이 나는 말과 힘이 나지 않는 말을 5개씩 정리한다.(A4 한 장에 한 문장씩 작성)
4. 두 명이 팀을 이뤄 한 팀이 출발선에서 뒤돌아 있고 다른 팀이 10장의 종이로 교실 바닥에 징검다리를 만든다.
5. 뒤돌아 있던 팀 중 한 명이 출발선에서 시작하여 종이 징검다리를 밟고 반환점을 돌아 출발선까지 모두 밟고 돌아온다. 밟을 때마다 종이에 쓰인 말을 소리 내어 말하고 힘이 나지 않는 말은 힘이 나는 말로 바꿔 말한다.
6. 출발선으로 돌아온 팀원과 터치한다. 같은 방식으로 반환점을 돌아 출발선으로 되돌아온다.
7. 팀당 시간을 재서 시간이 짧은 팀이 승리한다.

놀이 속으로

『줄무늬가 생겼어요』를 학생들과 돌아가면서 읽고 우리가 다른 사람을 의식해서 하는 행동이나 너무 의식하지 않고 하는 행동들을 생각해보고 종이에 쓴다. 자신이 쓴 것을 발표한다. 다른 학생들은 발표한 학생의 경험에 대해 어떻게 생각하거나 느끼는지 이야기한다.

학생 1	모든 친구 앞에서 내 생각을 발표할 때 갑자기 분위기가 조용해지면서 나를 쳐다보면 신경이 너무 쓰여. 그리고 수업 시간에 친구들 앞에서 책을 소리 내면서 읽을 때도 나만 쳐다보는 것 같고 그래.
학생 2	나도 그런 적 있어.
학생 3	아니 그게 왜 자신이 없어? 너 친구들에게 상담을 잘 해 주잖아.
학생 1	그냥 부끄러워.
학생 3	아! 답답하다. 그냥 하면 되잖아.
교사	혹시 이(학생1) 친구가 어떻게 행동하면 좋을지 이야기해주면 좋겠다.
학생 4	네가 계속해서 발표하는 연습을 하고, 발표할 때 몇몇 친구들에게 응원을 부탁하는 것은 어때? 그리고 내가 볼 때, 너 말 잘하잖아. 왜 그런지 생각해봤어?
학생 1	몇몇 사람과 이야기할 때는 괜찮은데 수업시간에는 신경이 쓰여.
학생 2	점수 때문에 그런 것은 아닐까? 나는 점수 확인을 위해 반 성적이 적힌 종이를 돌릴 때 신경이 쓰이지 않아. 어차피 결과가 이미 나온 성적표를 돌리는 건데 뭐. 그리고 모든 사람이 1등을 할 수는

	없어. 다음에 더 잘하면 돼.
학생 1	그러면 쟤는 못 한다, 부족하다 그렇게 느끼면 어떡하지?
학생 2	천천히 하면 되지. 모르니까 배우는 거지.

이렇게 하고 나서 자신이 들은 말 중에서 힘이 나는 말이나 힘이 나지 않는 말을 A4 종이 한 장에 한 문장씩만 쓴다.

- 힘이 나는 말
  - 모든 사람이 1등을 할 수는 없어, 다음에는 더 잘할 수 있어.
  - 괜찮아. 걱정하지 마.
  - 네 탓이 아니야, 모르니까 배우는 거지.
  - 아무도 뭐라 하지 않아. 할 수 있어. 하긴 했잖아. 틀리면 뭐 어때.
- 힘이 나지 않는 말
  - 너만 힘든 거 아니잖아.
  - 최선을 다한 거 맞아?, 실망이다.
  - 그것밖에 못 해?
  - 와, 너 얼굴 폈다.
  - 응~ 그거 아니야~.
  - 앞에서 뭐 하고 있는 거야.
  - 아니 왜 자신감 없어?
  - 그걸 왜 몰라
  - 아~ 답답해.

두 명이 한 팀이 되어 종이로 징검다리를 만든다. 다른 팀은 출발선에서 뒤돌아 있는다. 놀이를 시작하기 전에 모든 종이 징검다리를 다 밟아야 하며, 밟을 때 그 종이 징검다리에 쓰인 문장을 말해야 한다. 그리고 힘이 나지 않는 말은 힘이 나는 말로 바꿔 말을 하고 상대 팀이 인정을 해야 이동할 수 있다. 출발선에 도착한 한 명이 자기 팀에게 터치하면, 나머지 한 명이 놀이를 이어서 한다. 상대 팀이 시간을 잰다.

종이 징검다리를
준비하는 모습

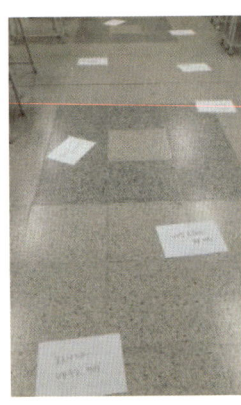
종이로 징검다리를
완성한 모습

'징검다리를 건너라'
놀이를 하는 모습

다른 팀 학생이 시작을 외치고 시간을 잰다.

학생 1   모르니까 배우는 거지

학생 1   ('아니 왜 자신감이 없어?' 종이를 밟으며) 남들의 생각을 더 신경 써서 그래.

상대 팀	인정!
학생 1	아무도 뭐라 하지 않아.
학생 1	('최선을 다한 거 맞아?' 종이를 밟으며) 나한테 거는 기대가 크네. 조금만 더 노력해볼게.
상대 팀	인정!
학생 1	('아, 답답해!' 종이를 밟으며) 너와 나의 속도가 다르구나.
상대 팀	인정!
학생 1	('그것밖에 못 하니?' 종이를 밟으며) 내가 그 일을 하는 중이야. 기다려줘.
상대 팀	인정!
학생 1	(반환점 지점에 있는 종이) 하긴 했잖아.
학생 1	할 수 있어.
학생 1	('응, 그건 아니야' 종이를 밟으며) 다른 방법이 있구나.
상대 팀	인정!
학생 1	(출발선 지점에 있는 종이) 틀리면 뭐 어때.
상대 팀	(시간을 보며) 1분 18초.

학생 1이 학생 2에게 터치를 하고 학생 2가 종이 징검다리를 건넌다. 학생 2는 1분 4초가 걸렸다. 총 2분 22초가 걸렸다.

이번에는 먼저 시작한 팀이 상대 팀의 종이로 징검다리를 만들고 시간을 재고 짧은 팀이 승리한다.

도움말과 유의점

놀이하기 전, 학생들이 종이 징검다리에 쓴 문장들에 익숙해지기 위해 스피드 퀴즈를 하면 좋다. 그리고 힘이 나지 않는 말에 대해 학생들과 같이 이야기하면서 그 말 속에 담긴 다른 의미를 찾게 한다. 그리고 힘이 나지 않는 말을 그대로 받아들이기보다 우리가 선택할 수 있는 긍정적인 반응에 관해 이야기해본다. '징검다리를 건너라'에서 사용한 문장들에 익숙해지면 자신들이 만든 문장들과 상대 팀이 만든 문장들을 섞어서 할 수도 있다.

한 걸음 더

자신의 언어 습관으로 삼을 수 있는 긍정적인 말들을 생활에서 실천할 수 있는 체크리스트를 만들어보거나, SMART 기법으로 언어 습관 목표를 잡아 본다. SMART는 Specific(명확하고 구체적인 목표), Measurable(측정 가능하게 수치화하는 것), Action oriented(행동지향적 용어 사용), Realistic(현실적으로 실천 가능한 목표), Time limited(목표 달성 기간 설정)의 약자이다.

예를 들어, 학생이 일주일 동안 어떤 언어를 몇 회 이상 쓸지 목표를 정하고 일주일 동안 행동해본다. 그 후 학생이 느낀 감정이나 들었던 생각으로 '징검다리를 건너라'를 할 수도 있다. 이것을 바탕으로 자신의 언어 습관을 점검해보고 다른 사람들과의 관계에서 어떤 말을 사용해야 하는지 되돌아볼 수 있다.

4장

분석하며 놀아요

분석 1

나를 맞춰봐

물체의 부분을 사진으로 보여주고, 보이는 부분의 합이 무엇인지 알아맞히는 놀이이다.

『위를 봐요!』를 소개합니다

『위를 봐요!』는 2015년 볼로냐 국제아동도서전에서 '볼로냐 라가치상'을 수상했다. 꼭 높은 곳에서 누군가가 내려다보고 있다는 느낌을 준다. 책 표지의 그림도 누군가 위에서 내려다보고 그린 그림이다. 위에서 보고 그린 그림이 많은 것은 작가가 건축공학을 전공했기 때문이다.

교통사고로 다리를 잃은 수지가 아파트 베란다에 나와 휠체어에 앉아 거리를 내려다본다. 누군가 자신을 봐주기를 속으로 외치는 순간에 한 소년이 올려 본다. 소년은 수지가 자신을 잘 볼 수 있게 거리에 눕는다. 이 모습을 보고 지나가는 사람들이 하나둘 수지를 위해서 거리에 눕는다. 수지는 얼굴에 미소를 띤다. 휠체어를 타고 내려가 나무 의자에 앉아 소년과 함께 웃으면서 위를 본다. 이때 흑백이던 그림책에 희망의 색깔이 화사하게 칠해진다.

그림책을 처음 봤을 때 '왜 사람들의 정수리만 그렸지?' 라는 궁금증이

정진호 지음
은나팔

들었다. 그림책을 읽다 보면 수지가 사고로 다리를 다쳐서 휠체어를 타고 있고, 집에서 집 밖을 내려다보고 있기 때문에 항상 사람의 정수리만 보인다는 것을 알 수 있다. 작가가 수지의 입장에서 위에서 보고 그린 것이다.

  이 그림책은 아무도 관심 없는 수지의 외침에 무의식적으로 위를 바라보면서 수지와 소통하는 소년을 감동 있게 보여준다. '나를 맞춰봐'에 어울리는 그림책은 다양한 위치에서 그린 그림이 많이 나오는 정진호 작가의 『벽』이 있다. 그림에서 앞과 뒤, 위와 아래, 안과 밖, 오른쪽과 왼쪽 같은 방향과 공간의 개념이 생기게 한다. 정진호 작가의 『3초 다이빙』 역시 정면에서 보고 그린 그림, 위에서 보고 그림, 옆면에서 뒷면에서 그린 그림 등이 다양하게 있어서 좋다. 이정록 작가의 『달팽이 학교』도 달팽이를 뒤에서 그린 모습, 정면에서 그린 모습 등이 다양하고 재미있게 그려져 있다.

놀이 방법

준비물 : 한 물체의 부분을 찍은 사진 3장을 한 세트로 총 60~150장, A4 종이

1. 4명씩 모둠을 정하고, 『위를 봐요!』를 다시 읽으면서 가장 인상적인 장면이 어디인지 찾아보고 발표한다.
2. 물체의 부분을 찍은 평면 사진을 3장씩 보여주고, 잘 관찰하여 부분의 합에 해당하는 물체를 맞히게 한다.
3. 많이 맞힌 학생이 이긴다.

놀이 속으로

모둠별로 다시 읽으면서 각자 가장 인상적인 부분이 어디였는지를 찾아보게 한다. 학생들이 발표한 인상 깊은 장면과 이유는 아래와 같다.

- 수지가 남자아이와 나무 벤치에 앉아 있을 때다. 왜냐하면, 먼저 관심을 가져준 남자아이에게 보답하듯 용기를 내어 내려갔기 때문이다.
- 남자아이가 처음 바닥에 누웠을 때가 인상적이었다. 그 이유는 나라면 그냥 고개를 들고 얘기했을 것 같은데 생각지 못한 행동을 보여 주어서 더 기억에 남았다.
- 마지막 페이지에서 색이 입혀지는 부분이 인상 깊었다. 왜냐하면 수지에게 희망이 생겼다는 표시 같았기 때문이다.

발표가 끝나면, 교사가 미리 준비한 우리 주변에 있는 물체의 부분 사진 3장을 한 장씩 차례로 보여주며 어떤 것을 찍은 건지 유추하게 한다.

학생 1　　　이거 바단가?

학생 2　　　왜?

학생 1　　　까맣잖아. 어두운 바다 같은데?

학생 2　　　까만 털인가?

학생 3　　　난 뭔지 모르겠는데.

두 번째 사진을 보여준다.

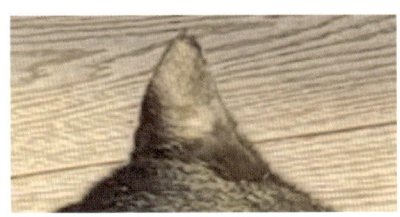

학생 4　　　이건 또 뭐야? 정말 모르겠어.

학생 5　　　산인가? 산 모양이잖아. 근데 바닥이 보이는데?

학생 2　　　이게 어떻게 산이야. 이게 뭘까?

학생 1　　　첫 번째 사진하고 어떻게 연결되는 거지?

3번째 사진을 보여준다.

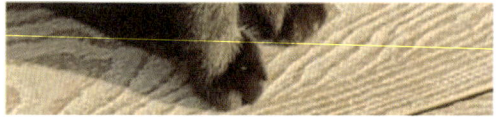

학생 2	고양이다.
학생 3, 4	이번 그림을 보니까 고양이처럼 보이네.
학생 1	검은 고양이.

학생들의 유추가 끝나면 정답을 활동지에 쓰라고 한다. 처음에 한두 문제는 쉬운 것으로 서로 얘기하면서 맞히게 한다.

| 교사 | 거의 답을 아는 것 같으니까 함께 답을 말해볼까요? |
| 학생들 | 검은 고양이! 우리 학교에서 키우는 고양이! |

집에서 고양이를 직접 키우는 학생들은 답을 유추하기가 쉬웠으나, 고양이를 키우지 않거나 관심이 없는 학생들은 3번째 사진이 나오기 전까

지는 유추하지 못했다. 이런 방법으로 20~50장 정도의 사진을 보여주고, 학생들이 유추하여 답을 적는다. 답을 적은 후에 바로 답에 해당하는 사진을 보여준다. 가장 많이 맞힌 학생이 이긴다.

도움말과 유의점

답을 맞히게 한 후에 난이도가 상, 중, 하 중에서 어디에 해당하는지 학생들에게 물어본다. 학생들의 답변에 따라 난이도를 조정하여 문제를 만들 수 있다. 교사가 어려운 문제라고 생각해도 학생에 따라 관찰력이나 경험이 있는 부분의 사진일 경우에는 첫 번째 사진만을 보고도 바로 맞추는 학생들이 있다. 답을 이미 적은 학생들이 다양한 정보를 제공하기도 한다. 1~2개의 힌트가 나오면 "이제 그만 답을 적어보세요. 하나, 둘, 셋" 하면서 빠른 속도로 넘어가야 지루해하지 않는다. 그리고 바로 답을 확인해주는 것이 좋다. 집 안의 물건 사진 또는 친구들 사진 등 다른 주제로 50장 정도의 사진을 준비하는 게 좋다.

한 걸음 더

자기만 아는 특수한 것이 아닌 보편적으로 누구나 알만한 물체를 학생들에게 직접 한 가지씩 정하게 한다. 정한 물체를 위에서 본 모습을 핸드폰으로 찍거나, 그려오거나, 인터넷으로 찾아오게 한다. 학생들이 직접 준비해온 물체의 그림이나 사진들을 위에서만 보고 어떤 물체인지를 유추해서 맞춰보는 놀이를 해보면 좋다. 물체를 위에서 보고 맞추는 놀이가 끝나면 물체의 옆, 앞, 뒤에서 보고 그린 것을 맞추는 놀이로 넓혀 갈 수도 있다.

스무고개

분석 2

스무 번의 기회 안에 '네, 아니오'로 답할 수 있는 질문을 하면서 추리를 통해 문제 제시자가 생각한 단어를 맞추는 놀이이다.

『고래가 보고 싶거든』을 소개합니다

뉴욕타임스 베스트셀러 작가 줄리 폴리아노가 글을 쓰고 칼데콧 수상 작가 에린 E. 스테드가 그림을 그린 『고래가 보고 싶거든』은 표지의 문구가 인상적인 그림책이다. '간절히 기다리는 이에게만 들리는 대답'이라는 문구를 보면 이 책이 전하고 싶은 것이 무엇인지 알 수 있다.

고래를 보고 싶은 소년이 있다. 작가는 고래를 보고 싶다면 어떻게 해야 하는지 알려준다. 우선 고래가 보고 싶을 때 필요한 것을 안내한다. 고래가 보고 싶다면 창문, 바다, 시간, 의자와 담요가 필요하다. 해서는 안 될 일도 알려준다. 장미, 작은 배와 커다란 배, 펠리컨, 작은 벌레, 구름에 한눈을 팔지 말라고 한다. 그러면서 바다에서 눈을 떼지 말고 기다리고 기다리다 보면 결국 고래를 만날 수 있다고 한다.

『고래가 보고 싶거든』을 선택한 이유는 학생들에게 자신의 꿈과 희망과 현재 자신의 삶에서 간절히 바라는 무언가를 한 번쯤 생각해보는 시

줄리 폴리아노 글
에린 E. 스테드 그림
문학동네

간을 갖게 해주고 싶었기 때문이다. 『고래가 보고 싶거든』에서 고래는 간절히 바라는 그 무언가를 상징한다. 학생들 입장에서 보면 간절히 이루고 싶은 꿈, 희망이라 할 수 있다. 학생들은 학교에서 꿈, 희망 등을 생각해볼 틈도 없이 입시 경쟁에 매몰되어 살아간다. 따라서 자신이 진정으로 원하는 것이 무엇인지 고민할 시간이 필요하다.

스무고개는 네, 아니오로 답할 수 있는 질문을 하면서 그림책을 읽고 떠오르는 단어를 맞추는 놀이이기 때문에 어떠한 그림책으로도 할 수 있다. 친구들의 질문을 잘 듣고 정답을 유추할 수 있는 질문을 하는 것이 핵심이다.

다만, 그림책이 전하는 메시지가 분명하고 의미 있는 그림책일수록 더 좋다. 학생들은 그림책이 전하는 주제나 핵심 가치를 문제로 제시하는 경우가 많기 때문이다.

놀이 방법

1. 문제를 제시할 학생을 정한다.
2. 문제를 제시할 학생은 『고래가 보고 싶거든』을 읽고 떠오르는 단어를 생각한다.
3. 나머지 학생들은 '네, 아니오'로 답할 수 있는 질문을 한다.
4. 스무 번의 기회 동안 질문과 답을 말한다.
5. 단어를 맞히면 놀이가 끝이 난다. 만약 스무 번 동안 단어를 맞히지 못한 경우는 문제를 제시한 학생이 이긴다.

놀이 속으로

스무고개를 시작하자고 하면 서로 문제를 내겠다고 손을 든다. 이럴 때 가위바위보로 문제를 제시할 학생을 선정한다. 문제를 제시하는 학생은 자신이 생각한 단어를 종이에 적어서 교사에게 보여준다. 교사가 정답을 확인하는 이유는 두 가지다. 우선 학생들이 질문에 답을 잘 못하는 경우가 있다. 네, 아니오로 대답을 해야 하는데 어려움이 생길 경우 대답을 도와주기 위해서다. 그리고 간혹 친구들이 정답을 맞혔는데도 아닌 척 하고 중간에 다른 단어로 바꾸는 것을 방지하기 위해서다.

교사	○○이가 단어를 생각했으니 이제 스무고개를 시작해봐요.
학생 1	만질 수 있나요?
문제 제시자	아니오.
학생 2	감정인가요?
문제 제시자	아니오.

학생 3	볼 수 있나요?
문제 제시자	아니오.
학생 4	정답이요. 공기.
문제 제시자	아니오.
학생들	벌써 답을 말하면 어떻게 해. 답변도 질문 횟수에 들어가잖아. 지금까지 질문을 3개밖에 안 했는데 정답을 어떻게 맞혀? 기회 한 번이 없어졌잖아.
학생 4	미안, 미안….
학생 5	움직이나요?
문제 제시자	아니오.
학생 6	꿈인 것 같지 않아.
문제 제시자	정답이라고 생각하면 '정답'이라고 외치고 답을 말하세요.
학생들	아니야, 잠깐만. 아직 좀 더 지켜보자. 지금 정답을 말하는 것은 너무 성급해.
학생 6	알았어.
학생 7	문제 제시자는 지금 이것을 갖고 있나요?
문제 제시자	아니오.
학생 8	세 글자인가요?
교사	우리는 지금 질문과 추리를 통해 정답을 맞히고 있는데 글자 수를 물어보는 것은 너무 직접적인 질문이니 이런 질문은 하지 않기로 해요. 글자 수를 허용하면 'ㄱ이 들어 있나요?' 등의 질문도 할 것 같아요. 현재까지 나온 답을 보면서 추리해봐요.
학생 4	정답이 '생각'이 아닐까?

학생들	생각이 없다는 것은 말이 안 돼. 어떻게 사람이라면 생각은 다 하잖아.
교사	현재까지 7번의 기회를 사용했어요. 13번의 기회가 남았습니다.
학생 9	교실 안에 있나요?
문제 제시자	답을 말하기 애매한데요. 굳이 말하자면 교실에 있다고 말할 수 있을 것 같아요.
학생들	추상적인 단어인 것이 확실하네.
학생 10	정답. 생각이요.
문제 제시자	아닙니다.
학생 11	정답. 상상이요.
문제 제시자	아닙니다.
학생 12	정답. 대책이요.
문제 제시자	아닙니다.
교사	지금까지 나온 질문과 답을 잘 보세요. 『고래가 보고 싶거든』을 읽고 떠오른 단어라는 점을 다시 생각해보세요.
학생 13	인간이라면 누구나 가질 수 있나요?
문제 제시자	네.
학생 14	정답. 목표입니다.
문제 제시자	맞습니다.

이렇게 해서 한 번의 놀이가 끝이 난다. 처음 해보고 재미있었는지 문제를 내겠다는 학생이 많아서 스무고개를 여러 번 했다. 이후 문제를 제시한 학생들은 희망, 돌고래 등 다양한 단어를 제시했다.

도움말과 유의점

가장 주의할 점은 기회를 골고루 주는 것이다. 학급에서 목소리가 큰 학생들만 질문과 답을 독점하지 않게 해야 한다. 그래서 개인별로 질문은 2번, 답을 말할 기회는 1번만 준다. 그러면 질문과 답을 신중하게 생각하고 말한다. 학생들은 스무고개를 할 때 질문과 답을 잘 적지 않는다. 즉흥으로 질문을 하거나, 똑같은 질문을 반복하기도 한다. 따라서 질문과 답을 반드시 적으면서 앞 질문들을 보고 범주를 좁혀 나가면서 정답을 추리하게 한다.

한 걸음 더

학생들이 『고래가 보고 싶거든』을 읽고 스무고개를 하면 꿈, 희망과 관련 있는 단어를 주로 문제로 제시한다. 따라서 스무고개를 마친 후에 자신의 꿈과 희망에 대해 생각해보는 시간을 가지면 좋다. 꿈이 무엇인지, 꿈을 이루기 위해 어떤 노력을 해야 하는지 생각해보고 마지막으로 꿈을 이뤄 행복한 삶의 모습 한 장면을 그림으로 그리면서 마무리하면 좋다.

버킷리스트 주인 찾기

분석 3

10대부터 70대까지 생애별 버킷리스트를 작성하고
버킷리스트가 누구의 것인지 맞추는 놀이이다.

『100 인생 그림책』을 소개합니다

『100 인생 그림책』은 하이케 팔러가 쓰고 발레리오 비달리가 그린 그림책이다. 하이케는 여러 세대의 사람들에게 '인생에서 무엇을 배웠는가?'라고 질문하고 사람들에게 의미 있는 아이디어들을 수집했다. 발레리오 비달리는 이 책을 통해 어린 시절과 인생에 대해 생각하고 어떻게 살아왔는지 그리고 어떻게 살고 있는지, 가까운 사이인 가족과 친구 그리고 미래에 대해 상상할 수 있었다고 한다.*

『100 인생 그림책』은 100장면으로 태어났을 때부터 죽음까지의 경험과 배움을 그리고 썼다. 면지에서 민들레가 홀씨를 휘날리는 장면으로 시작한다. 0-'난생처음 네가 웃었지. 널 보는 이도 마주 웃었고.', 8-'네 자신을 점점 더 믿게 되겠지', 22-'어딘가로 나아가고 싶다면 아무리

---

* 면지의 발레리오 비발디 인터뷰 중에서

하이케 팔러 글
발레리오 비달리 그림
사계절

작은 발걸음이라도 깊이 생각해보고 떼어야 해', 24-'누군가와 이토록 가까운 적은 없었을 거야', 30-'행복이란 상대적이라는 걸 배웠지', 40-'누군가를 이토록 걱정한 적도 한 번도 없었을 거고', 51-'이제는 부모님을 있는 그대로 받아들이는구나' 등 경험과 인터뷰를 통해 얻은 생애별 메시지가 기록되어 있다.

버킷리스트 주인 찾기를 위해 『100 인생 그림책』을 선택한 이유는 0세부터 100세까지의 인생을 조망하고 해당 시기에 배울 수 있는 점이 잘 기록되어 있기 때문이다. 『100 인생 그림책』을 읽고 나서 버킷리스트를 작성하면 현재 자신의 시기에서 중요하게 여기는 것, 좋아하는 것에만 매몰되어 있는 것이 아니라 작가의 성찰과 인터뷰를 통해 자신의 인생 전체를 계획해보고 자신이 어떻게 살 것인가에 대해 보다 깊이 성찰할 수 있다. 버킷리스트 주인 찾기는 『100 인생 그림책』 외에도 『나의 엄마』, 『나의 아버지』 등 한 사람의 생애 주기를 보여주는 그림책을 활용할 수 있다.

놀이 방법

준비물 : 바구니, 펜, 버킷리스트 작성을 위한 종이

1. 4명으로 모둠을 구성한 후 모둠별로 그림책을 함께 읽는다.
2. 모둠원과 협력하여 그림책 내용을 파악한다. 그림을 자세히 보며 책에 관한 대화를 나누면서 그림책을 읽는다.
3. 개인별로 나눠준 종이에 10대부터 70대까지 버킷리스트를 작성한다.
4. 버킷리스트를 적은 종이를 모두 수거하여 한 통에 담은 뒤 사회자가 한 장을 뽑아 버킷리스트를 읽는다.
5. 버킷리스트를 작성한 사람을 맞힌 사람에게 점수를 준다.
6. 버킷리스트를 적은 종이는 작성한 사람을 맞힌 사람에게 준다.
7. 버킷리스트를 적은 종이 뒤에 작성한 사람에게 응원의 메시지를 기록하고 돌려준다.
8. 모둠원들이 얻은 점수를 모두 합산한다. 합산 점수가 가장 큰 모둠이 이긴다.

놀이 속으로

『100 인생 그림책』은 200페이지가 넘기 때문에 시간이 오래 걸릴 수 있다. 하지만 그림책이 주는 울림이 있기 때문에 집중해서 한 차시 동안 읽을 수 있다. 그림책을 다 읽은 뒤 2차시에는 개인별로 활동지를 나눠주고 10대부터 70대까지의 생애주기별 버킷리스트를 작성한다. 작성이 끝나면 활동지는 준비한 상자에 수거한다. 학생들이 작성한 버킷리스트를 모두 수거하면 놀이를 시작한다. 진행하기가 복잡하지 않아 희망하는 학생에게 사회자를 맡겨도 된다.

사회자는 상자에서 버킷리스트를 하나 뽑고 읽는다.

사회자	10대-철없이 연애도 하고 친구들과 한 번밖에 없는 10대 시절 즐기면서 즐겁고, 슬프고, 행복하기
	20대-프랑스 여행
	30대-외교관이 되어 세계 각국 돌아다니기
	40대-외교 분야의 전문가 되기
	50대-무언가 새로운 것 배우기
	60대-자서전 쓰기
	70대-은퇴 후 젊을 때 가장 행복했던 공간에서 살다가 죽기
사회자	누구의 버킷리스트일까요?
학생 1	○○
사회자	아닙니다.
학생 2	◎◎
사회자	아닙니다.
학생 3	◇◇
사회자	정답입니다. ◇◇은 왜 이런 버킷리스트를 작성했는지 이유를 말해주세요.
학생 4	제 꿈은 외교관입니다. 외교관이 되어 세계를 누비며 살고 싶습니다.
사회자	특별히 20대에 프랑스를 가고 싶은 이유가 있나요?
학생 4	세계사 시간에 프랑스 혁명에 대해 배우고 레미제라블 뮤지컬에 푹 빠졌습니다. 실제 현장에 가서 어떤 일이 일어났었고, 현재 어

떤 모습인지 확인하고 싶습니다.

학생 3은 점수를 획득하고 학생 4가 작성한 활동지에 '훌륭한 외교관이 되어 살고 싶은 곳을 만나서 행복한 삶을 살기를 바란다'고 응원의 메시지를 썼다.

버킷리스트를 작성한 사람들을 맞추면서 생애별 자신이 할 일들을 생각하고, 자신과 비슷한 버킷리스트를 가진 친구들을 알게 된다. 버킷리스트를 나누면서 서로의 다름을 알게 되고 공통의 관심사로 연결된다. 미처 생각하지 못한 버킷리스트를 친구들이 작성한 것을 보고 자신의 버킷리스트를 수정하기도 한다.

도움말과 유의점

모둠별로 점수를 획득하기 때문에 서로의 버킷리스트를 공유하며 작성하기도 한다. 따라서 해당 모둠원의 버킷리스트를 맞출 경우 감점을 주는 방법도 생각할 수 있다. 감점을 받지 않기 위해서는 모둠원들의 버킷리스트를 공유하고 인지하고 있어야 하기 때문에 놀이의 집중도가 더욱 높아진다.

10대의 버킷리스트는 인문계 고등학교 학생들의 경우 80% 이상이 '좋은 대학 가기'이기 때문에 '대학 가기'를 제외하고 해도 좋다.

한 걸음 더

모둠별로 모은 버킷리스트들을 활용하여 새로운 '100 인생 그림책'을 만들어볼 수 있다. 친구들의 버킷리스트들도 들은 뒤 좀 더 정교해진 버킷리스트들을 모아서 자신들만의 인생 그림책을 만든다. 서로 만든 인생 그림책들은 갤러리워크* 활동을 통해서 학급원들이 공유해도 좋다.

---

* 모둠별로 한 명의 도슨트를 두어 그림책에 대해 설명하고 나머지 모둠원들은 다른 모둠을 다니며 타 모둠의 작품에 대한 설명을 듣는다.

버츄 컬렉터 (virtue collector)

한 장면 속의 인물이 추구한 가치를
'가치 카드 뽑기'를 하며 확인하는 놀이이다

분석
4

『**빨간 벽**』을 소개합니다.

빨간 벽 너머에 무엇이 있는지 전혀 보이지 않았다. 그런데 고양이도, 늙은 곰도, 행복한 여우도, 소리를 잃어버린 사자도 모두 벽 너머에 무엇이 있는지 관심을 보이지 않았다. 고양이는 아무도 들어오지 못 하도록 지켜주는 벽이라고 했다. 곰 할아버지는 기억이 안 날 만큼 아주 오래전부터 있어서 삶의 일부라고 생각할 정도다. 여우는 그냥 있는 그대로 받아들이라고 할 뿐이다. 단 하나 꼬마 생쥐만이 빨간 벽 너머에 관심이 있을 뿐이다. 어느 날 빛깔 고운 새가 벽 너머에서 날아들었다.

새를 보고 벽 너머가 궁금한 생쥐는 벽 너머로 나가게 된다. 형형색색의 아름다운 세상을 만난 생쥐는 다른 동물들에게 이 사실을 알려주고 싶다. 그런데 뒤돌아보니 빨간 벽은 보이지 않는다. 지나가면 파랑새는 "벽은 처음부터 없었어"라고 말한다. 생쥐는 다시 돌아가 모든 동물을 빨간 벽 밖의 아름다운 세상으로 이끈다.

브리타 테켄트럽 글·그림
봄봄출판사

『빨간 벽』을 선택한 이유는 다양한 가치에 대해서 이야기할 수 있기 때문이다. 빨간 벽 안의 동물들은 빨간 벽을 당연하게 여겼다. 빨간 벽 너머의 세상을 궁금해하지도 않았다. 반면 생쥐는 빨간 벽 너머를 끊임없이 궁금해했다. 그리고 누구도 넘어가지 않았던 빨간 벽을 넘어가게 되었다. 동물들과 생쥐는 각각 대비되는 가치를 추구했다. 그리고 이내 서로 같은 가치를 추구하게 되었다. 가치 모으기 놀이를 통해 각각의 인물이 추구한 가치가 무엇인지 면밀히 살펴보고, 대립되는 인물의 가치와 어떻게 다른지 살펴볼 수 있다. 그리고 『빨간 벽』의 이야기처럼 서로 다른 가치를 추구한 인물들이 어떻게 서로 조화를 이룰 수 있었는지 조화를 이루는 과정에 대해서도 함께 이야기할 수 있다.

인물이 갈등을 느끼는 장면이 나오는 그림책이 버츄 컬렉터 놀이를 하기에 좋다. 다른 그림책으로는 자기를 죽일 수도 있는 동물을 치료해주는 이야기를 다룬 『치과 의사 드소토 선생님』, 자유를 위해 위험을 각오하고 울타리를 탈출하는 이야기를 다룬 『스갱 아저씨의 염소』, 모두가 반대해도 자신의 원래 모습대로 살아가고자 하는 이야기를 다룬 『고슴도치 X』 등이 있다.

놀이 방법

준비물 : 여러 가지 색깔 펜, 가치 표

1. 2~4명이 놀이를 한다.
2. 그림책의 한 장면을 펼쳐 한 인물을 고른다.
3. 가치 표를 나눠주고, 가치 표 속의 가치를 하나 골라 인물이 추구한 가치와 어울리는 이유를 적절하게 말하면, 그 가치 위에 표시를 한다.
4. 표시한 개수만큼 1점씩 얻는다.
5. 상대방의 고른 가치와 그 이유가 적절하지 않다고 생각하는 이유를 논리적으로 설명할 경우, 반박한 사람이 대신 득점한다.
6. 가장 많은 가치를 찾는 사람이 이긴다.

놀이 속으로

교사	그림책을 모두 읽었습니다. 여러분은 표의 가치들을 한번 훑어보세요.
학생 1	선생님, '자신감'과 '긍정적'은 어떤 차이가 있나요?
교사	'자신감'은 자신이 어떤 일을 해낼 수 있을 거라고 굳게 믿는 마음이에요. '긍정적'은 사람이나 의견 등에 대해 옳거나 좋다고 여기는 마음이에요. 뜻을 모르는 가치가 또 있나요?

학생들	없어요.
교사	좋아요. 이 놀이는 두 명이 짝을 이뤄서 할 거예요. 그림책의 한 장면을 보여줄 거예요. 이 장면은 빨간 벽을 넘어 새로운 세상을 발견한 생쥐가 다른 동물들에게 알려주려고 하는 장면이에요. 여기에서 생쥐가 추구한 가치를 찾아보세요. (잠시 후) 이제 짝과 함께 놀이를 시작할 거예요. 짝과 가위바위보를 해서, 먼저 말할 사람을 정하세요. 이긴 사람부터 생쥐가 추구한 가치 한 가지를 말하고, 왜 그렇게 생각하는지를 말해보세요.

가치 표 안의 가치 중에서 인물이 추구한 가치를 하나 고른다. 그리고 그 이유도 함께 말한다.

[가치 표]*

감사	겸손	경청	공감	공부
공평	관심	관용	긍정	나눔
노력	도전	믿음	반성	발전
배려	보람	보살핌	부지런함	사랑
생명 존중	성실	솔선	실천	아름다움
약속	양보	양심	용기	우정
유머	인내	자신감	자연사랑	자유
적극성	절약	절제	정리정돈	정성
존중	질서	착한 마음	책임	친절
평화	함께하기	행복	협동	희망

* 행복한 삶을 위한 가치카드(2017). ㈜한국컨텐츠미디어.

| 학생 1 | 나는 생쥐가 '함께하기'를 추구했다고 생각해. 왜냐하면, 새로운 세상을 다른 동물들과 함께하려고 했기 때문이야. |

상대방이 말한 가치와 그 이유에 대해 인정할 수도 있고, 반박할 수도 있다. 합리적인 이유를 설명하면 득점한다. 그러나 상대방이 정당한 이유를 들어 반박을 하면, 점수는 상대방에게 돌아간다.

학생 1	짝이 동의하면 색깔이 있는 펜으로 표시하세요. 표시된 단어는 여러분이 얻는 단어입니다. 찾은 단어 개수대로 1점씩 얻습니다.
학생 2	나는 생쥐가 '믿음'을 추구했다고 생각해. 왜냐하면, 친구들이 새로운 세상에 대해 준비가 안 되었을지도 모르지만, 그래도 이야기하면 친구들이 들을 거라고 믿었기 때문이야.
교사	짝이 동의했으면, 짝과 다른 색깔 펜으로 표시하세요.
학생 1	나는 생쥐가 '양보'를 추구했다고 생각해. 새로운 세상을 친구들에게 양보했잖아.

다음은 학생 1이 선택한 '양보'라는 가치에 대해, 학생 2가 합리적인 근거를 들어 반박하는 상황이다. 반박이 정당하다면 학생 1 대신에 학생 2가 점수를 얻는다.

| 학생 2 | 그런데 나는 생쥐가 '양보'를 추구했다고 생각하지 않아. 양보를 하려면, 생쥐가 새로운 세상을 포기해야 하잖아. 그런데 생쥐는 포기하기보다 같이하는 것을 선택했다고 생각해. |

학생 1	네 말이 맞는 것 같아.
교사	상대방의 고른 가치와 그 이유가 적절하지 않다고 생각하는 이유를 논리적으로 설명할 경우, 반박한 사람이 대신 득점합니다. 다시 상대방의 차례입니다.
학생 2	나는 생쥐가 '도전'을 선택했다고 생각해. 다른 동물들이 준비가 안 되었을 수도 있는데, 그래도 동물들에게 말을 해보려고 노력했기 때문이야.
학생 1	나는 생쥐가 '용기'를 선택했다고 생각해. 왜냐하면, 다른 동물들도 같이 있으면 좋겠다고 생각만 하지 않았어. 함께 지내기 위해 다른 동물들을 찾아가려고 했기 때문이야.
학생 2	나는 이번에 잘 모르겠어.
교사	고르지 못한 경우, 짝에게 다시 기회가 돌아갑니다.

(중략)

학생 1	네, 시간이 다 되었습니다. '학생 1'은 노란색, '학생 2'는 붉은색으로 표시했네요. 학생 1이 4개, 학생2가 3개를 선택했으나, 학생 2가 반박을 1개를 논리적으로 했습니다. 학생 1이 얻을 점수를 학생2가 1점 대신 얻었으므로 점수는 4 : 4 동점입니다.
학생 1	하나의 행동에도 여러 가지 가치를 추구할 수 있어요. 여러분이 생각하기에 생쥐가 가장 중요하게 여긴 가치는 무엇이라고 생각하나요?
학생 1	'함께하기'요. 동물들과 함께하려는 마음을 가졌기 때문이에요.
학생 2	'믿음'이요. 다른 동물들도 새로운 세상에 올 수 있다고 믿었기 때문이에요.

감사	겸손	경청	공감	공부
공평	관심	관용	긍정	나눔
노력	도전	믿음	반성	발전
배려	보람	보살핌	부지런함	사랑
생명 존중	성실	솔선	실천	아름다움
약속	양보	양심	용기	우정
유머	인내	자신감	자연사랑	자유
적극성	절약	절제	정리정돈	정성
존중	질서	착한 마음	책임	친절
평화	함께하기	행복	협동	희망

학생 1 네, 잘했어요. 우리도 어떤 행동을 할 때, 우리의 행동에서 어떤 가치를 추구했는지 살펴보면 더욱 좋습니다.

도움말과 유의점

학생이 가치의 뜻을 잘 모를 수 있다. 활동 전에 각 가치의 의미를 한 번씩 설명해주는 것이 필요하다. 놀이를 더욱 즐겁게 하려면 카드 형태로 활용하는 것이 좋다. 학급 단위로 하고자 한다면 '가치 표'를 만들어 활용하는 것이 좋다. 가치 표를 활용한다면, 활동의 과정을 한눈에 알 수 있기 때문이다.

학생끼리 반론을 펼치지 못하고, 교사가 보기에 적절하지 않은 가치를 고르는 경우도 있다. 이때 수업의 목적에 따라 교사가 개입할 수 있다. 수업 목적이 적절한 가치를 찾는 것이라면, 다른 관점에서 접근할 수 있도록 교사가 질문을 하는 것도 좋다. 그러나 수업의 목표가 가치를 찾는 '과정 자체'를 중심으로 한 경우의 수업에는 교사가 최소한으로 개입하는 것이 좋다. 학생이 선택한 가치보다 그 가치를 선택한 '이유'에 집중하는 것이 더 중요하기 때문이다.

한 걸음 더

다음 활동으로 '내가 생쥐였다면?'이라는 활동을 한다. 이 활동에서 자신이 생쥐라면 할 선택을 하게 된다. 그림책 속의 생쥐와 다른 선택을 한 경우에는 생쥐가 추구한 가치와 자신이 추구한 가치를 비교해볼 수 있다. '내가 생쥐였다면?'이라는 활동을 통해 자신이 중요하게 여기는 가치를 확인해볼 수 있다. 자신이 추구하는 가치를 잘 이해할수록, 실제 삶 속에서 후회 없는 분명한 선택을 할 수 있다. 같은 상황에서 생쥐가 구한 가치와 자신이 추구한 가치를 비교해보고, 어떻게 다른지에 대한 글을 썼다.

수토리텔링

분석 5

신기한 열매를 수확하는 과정을 스토리텔링 문제로 만들어보고 서로 만든 문제를 맞히는 놀이이다.

『신기한 열매』를 소개합니다

『신기한 열매』의 작가 안노 미쓰마사는 그림책 작가 이전에 10년 이상 초등학교 교사로 지냈다. 수학과 과학에 조예가 깊어 수학과 과학을 접목하여 그림책 내용을 구성했다. 『신기한 열매』는 삶에 관한 철학적인 내용이 담겨 있을 뿐만 아니라 신기한 열매가 점차 늘어나는 과정을 수학적으로 접근해볼 수 있게 한다. 자칫 딱딱하기 쉬운 수학이라는 소재를 따뜻하게 풀어낸 인상적인 그림책이다.

게으른 남자에게 도사가 나타나서 열매 2개를 주고 간다. 이 열매는 1개를 구워 먹으면 1년 동안 배가 고프지 않고, 1개를 심으면 다음 해 가을에는 2개의 열매가 열리는 신기한 열매이다. 남자는 열매 1개를 먹고 나머지 하나를 심는다. 이렇게 몇 해를 반복하고 나서야 열매 개수가 늘지 않음을 알게 되고 열매 2개 모두 심는다. 그리고 다음 해 4개의 열매를 수확한다. 그다음 해는 열매 4개 중 하나만 먹고 나머지 3개를 심는다. 이

노자키 아키히로 글
안노 미쓰마사 그림
비룡소

과정을 반복하자 열매의 수가 점차 늘어난다. 급기야 추수를 거들어주는 아가씨도 생기고 먹고 남은 열매를 창고에 저장하기도 하고 시장에 내다 팔기도 한다. 그사이에 남자는 추수를 돕는 아가씨와 결혼도 하고 아기도 태어난다. 그러던 어느 날 남자의 가족은 폭풍우를 맞는다. 폭풍우로 대부분의 열매를 잃고 10개만 남는다. 그럼에도 남자와 여자는 아기가 무사함에 감사하며 다시 열매를 심고 좋은 열매가 열리길 기도한다.

『신기한 열매』를 선택한 이유는 열매를 수확하는 과정이 글과 그림으로 자세히 표현되어 있기 때문이다. 남자가 어떻게 하는가에 따라서 열매의 수가 다양하게 변한다. 학생들은 『신기한 열매』를 읽고 상황이 변함에 따라서 열매의 개수가 어떻게 변하는지 스토리텔링 문제를 만들 수 있을 것이다.

수토리텔링 놀이에 어울리는 그림책으로는 안노 미쓰마사의 『빨간 모자』가 있다. 모자장수와 민수, 민희의 대화를 통해서 '~~라면 ~~이다' 형태의 명제에 대해 쉽게 이해할 수 있도록 글과 그림으로 설명한 책이다. 재미있는 수수께끼 형식으로 대화를 이어나가고 있어서 그림책의 대화를 바탕으로 학생들도 수수께끼 놀이를 구상할 수 있다. 또 다른 책으로는 안노 미쓰마사의 『항아리 속 이야기』가 있다. 파란색 항아리 속에 펼쳐진 바다와 섬, 섬 속의 나라, 나라 안의 산, 산의 성… 등을 따라가면서 신비로운 곱셈의 원리를 잘 표현한 그림책이다. 학생들도 상상력을 발휘하여 항아리 속 이야기와 같은 구조를 만들어 규칙성과 곱셈 원리를 활용한 스토리텔링 문제를 만들 수 있다.

놀이 방법

준비물 : 주사위, 모둠 활동지, 전지, 유성매직, 필기구

1. 주사위를 던진다. 주사위를 던져서 나온 수가 신기한 열매를 심은 후 일 년 후에 열릴 열매 수이다.

2. 모둠별로 그림책의 내용을 참고하여 신기한 열매를 수확하는 과정을 스토리텔링으로 표현해본다. 단, 과정이 너무 복잡해지지 않도록 먼저 열매 수확 기간, 열매 개수의 범위를 정한다.

3. 스토리텔링 문제를 공유하고 가장 많이 문제를 가장 많이 맞힌 모둠이 이기게 된다.

놀이 속으로

다음의 활동지를 나눠준 후 그림책을 읽는다. 활동지를 통해서 그림책에 나오는 신기한 열매 수확 과정을 식으로 표현해본다.

수토리텔링

그림책 『신기한 열매』

글 · 그림_안노 미쓰마사

1. 그림책 속 열매 수확과정을 식으로 표현해서 해결해보자.

> 이듬해(7년째) 봄에는 싹이 나고 가을에는 열매가 주렁주렁 열렸습니다. 그 해 겨울, 남자와 여자는 행복한 결혼식을 올렸습니다. 결혼식에 온 다섯 사람에게 남자는 맛있는 열매를 2개씩 주었습니다. 그중 1개는 선물로 준 것입니다. 남자와 여자도 다섯 사람과 함께 1개씩 먹었습니다. 그 해에는 곳간을 만들어 열매 16개를 넣어 두었습니다. 그리고 나머지는 땅에 심었습니다. 남자는 이제 게으름을 피울 수 없게 되었습니다. 그런데 열매는 몇 개나 심었을까요?*

과정 및 답 :

---

* 그림책 『신기한 열매』에서 발췌함.

2. 우리가 설정하고 문제를 만들어보자!

1) 신기한 열매 / 1년 후 몇 개 열리도록 해볼까요?

2) 최종 열매 개수 : 100개 이내

3) 열매를 심어서 기르는 시간 : 5년 이내

4) 문제 예시

A는 어느 날 복도를 지나가고 있었어. 지나가던 수학샘이 A에게 열매 하나를 주셨어. 주시면서 이 열매를 꼭 심어보라고 하셨어. 평소 수학샘을 좋아하는 A는 선생님 말대로 열매를 심었어. 싹이 나고 무럭무럭 자라더니 가을에 4개의 열매가 열렸어. 겨울이 되자 A는 부모님께 열매 하나를 드리고 다음해 다시 3개를 심었어. (1) 그다음 해는 어떻게 되었을까?
A는 친한 친구 4명에게 열매를 하나씩 선물하고 나머지를 모두 심었어. 그리고 다음해는 수확한 열매 중 하나만 먹고 나머지는 모두 심었어. (2) 그 다음해, A에겐 모두 몇 개가 있을까?
A는 반 친구 30명에게 졸업선물로 열매를 하나씩 나눠주고 행복한 졸업식을 맞이했대. (3) 그럼 이제 A에게 남은 열매는 몇 개일까?

과정 및 답 : (1) 3×4=12이므로 12개의 열매가 열린다.
(2) 12개 중 4개를 친구에게 주었으므로 8개가 남았고, 8개의 열매를 심었으므로 다음해는 8×4=32개가 열린다. 그다음 해는 하나만 먹고 모두 심었으므로 31×4=124개가 된다.
(3) 124-30=94이므로 94개가 남는다.

5) 문제 만들기 (활동지에 구상한 후 전지에 적어서 벽에 붙여주세요.)

활동지 1번의 문제인 7년째 심은 열매 수를 식을 세워서 계산해보자. 그림책 『신기한 열매』의 내용을 참고하여 1년째부터 차례대로 계산해보면 6년째까지 거둬들인 열매가 64개이므로, 64×2=128, 128-(5×2+2+16)=100, 즉 100개를 심었음을 알 수 있다.

그림책을 다 읽은 후 주사위를 던져서 신기한 열매가 일 년 후 몇 개 열릴지 정한다. 공정한 놀이를 위해서 열매를 심고 기르는 기간, 최종 열매 개수의 범위도 정한다.

주사위 수: 4

최종 열매 개수의 범위: 100개 이내

열매를 심어서 기르는 기간: 5년 이내

신기한 열매: 1개의 열매를 심으면 내년 가을에 4개가 열림

학생들은 모둠원과 협력하여 주어진 조건에 맞는 스토리텔링 문제를 만든다. 문제 만드는 것을 어려워하는 학생들을 위해서 앞의 활동지 2번의 '4) 문제 예시'를 넣었다. 스토리텔링 문제를 만들 때 그림책 속의 상황과 조건을 다양하게 변형하여 모둠만의 창의적인 문제를 만들 수 있도록 독려한다. 다음은 학생들이 만든 스토리텔링 문제이다.

X는 어느 날 연못을 지나가고 있었어. 연못 옆에는 열매 나무가 하나 있었는데 연못에서 신령이 나타나서는 이 열매 하나

를 심으면 열매 6개가 자라니 꼭 길러보자 하셨어. 초봄에 열매를 심으면 4월에 열매가 생긴대. 그리고 초여름에 심으면 8월에 열매가 생긴다고 하더라. X는 초봄에 하나, 초봄에 심어서 열린 열매 중 하나를 초여름에도 심었어.

1) X는 올 해 몇 개의 열매를 수확했을까?

X는 다음해 봄 자신이 시한부라는 걸 알았어. X는 마지막으로 많은 돈을 벌고 싶어졌어. 그래서 열매 하나를 남겨두고 남은 열매를 모두 심었지. X는 병세가 깊어져서 여름에는 열매를 심지 못했어.

2) 이번 해에는 몇 개를 수확했을까?

X가 죽고 X의 친구 Y가 열매 10개를 X의 노잣돈으로 관에 넣어주었어.

3) 그럼 남은 열매의 개수는?

모둠별로 스토리텔링 문제를 전지에 적은 후 벽에 붙인다. 모둠별로 벽에 붙은 문제들을 보면서 모둠 활동지에 문제 풀이 과정과 답을 적는다. 주어진 시간이 끝나면 모둠별로 칠판에 나와서 자신의 모둠 문제의 풀이 과정을 설명한다. 가장 많은 문제를 맞힌 모둠이 이긴다.

문제해결 모둠 활동지

(　)모둠 / 모둠원 (　　,　　,　　,　　)

(　)모둠 문제 풀이과정 :	(　)모둠 문제 풀이과정 :
(　)모둠 문제 풀이과정 :	(　)모둠 문제 풀이과정 :
(　)모둠 문제 풀이과정 :	(　)모둠 문제 풀이과정 :

도움말과 유의점

　모둠별로 문제를 만들 때 교사는 모둠을 순회하며 학생들이 문제를 잘 만들 수 있도록 돕는다. 문제를 만드는 데 어려움을 겪는 모둠이 있다면 지원해준다. 문제에 오류가 없는지 확인하고 학생들이 열린 사고로 다양한 문제를 만들 수 있도록 다양한 상황을 제안한다.

　활동지는 모둠별로 한 장을 제공하여 학생들이 개별적으로 움직이지 않고 모둠별로 협력하여 문제를 해결하도록 한다. 이후 문제 풀이를 공유하는 시간에는 모둠별 활동지를 옆 모둠에게 넘겨서 옆 모둠의 문제를 채점하도록 하면 좀 더 공정하게 할 수 있다. 수토리텔링은 가장 많은 문제를 맞힌 모둠이 이기는 놀이이지만, 놀이가 끝난 후 문제를 만들고 푸는 과정에 참여한 모든 학생을 격려하도록 한다.

한 걸음 더

놀이를 마친 후에 학생들이 자신의 삶을 성찰하는 시간을 가지면 좋다. 각자 다음의 활동지를 작성해보고 모둠 안에서 돌아가면서 나누는 시간을 가진다. 놀이로만 끝나는 것이 아니라 그림책의 내용을 자신의 삶과 연결하여 성찰할 수 있다.

1. 그림책의 남자가 꾸준히 열매를 심고 가꾸니 점차 열매가 늘어난 것을 볼 수 있었어요. 그림책의 남자처럼 지금 내 삶에서 꾸준히 노력하고 싶은 것이 있나요?

2. 폭풍우로 열매를 다 잃은 남자는 그럼에도 불구하고 가족이 무사함에 감사기도를 올렸어요. 어려운 문제를 생겼을 때 나는 어떻게 극복할 수 있을까요?

분석 6

열린 질문 놀이

'예', '아니오'로 대답하는 질문을 하면 안 되는 놀이이다.

『축구 선수 윌리』를 소개합니다

그림책을 볼 때 가장 중요한 것은 그림이다. 그림을 자세히 들여다보고 그림의 의미를 상상하면서 해석해나가면 새로운 의미를 발견할 수 있다. 앤서니 브라운은 특히 그림에 재미있는 상징을 많이 넣은 것으로 유명하다. 앤서니 브라운은 의학 전문 화가로 일한 경험이 있는데 그래서인지 그림이 간결하면서 세밀하다. 『축구 선수 윌리』도 그림에 상징적인 요소가 많다.

이 그림책은 읽는데 시간이 오래 걸리지 않는다. 소심했던 윌리가 축구화가 생겨서 자신감을 얻어 골을 넣는 데 성공한다는 내용을 금세 파악할 수 있다. 스토리는 매우 간단하다. 꼼꼼히 살펴봐야 할 것은 그림이다. 그림을 자세히 관찰하고 의미를 생각할 필요가 있다. 앞, 뒤 표지 바탕을 초록색으로 한 이유는 무엇일까? '윌리는 웃는 표정을 지으며 공을 차고 있는데 축구공 모양이 뭔가 다르다. 신고 있는 신발도 좀 이상하다.

앤서니 브라운 글·그림
웅진주니어

 앞표지 붉은색 프레임이 눈에 띄는데 공이 프레임 밖으로 살짝 나가 있다. 이유가 있을까?' 이와 같은 질문을 자연스럽게 하는 놀이가 열린 질문 놀이다.
 열린 질문 놀이에 좋은 그림책은 상징적이거나 다양하게 해석할 수 있는 그림이 많이 있는 것일수록 좋다. 또는 그림책의 내용이 다양한 상상을 하게 하는 것도 이 놀이를 하기에 적합하다.『괴물이 사는 나라』,『돼지책』,『나와 너』등은 그림과 내용을 다양하게 보고 해석할 수 있다.

놀이 방법
준비물 : 그림책 페이지별 그림 장면, 점수판, 펜
1. 모둠별로 그림책의 페이지마다 그려져 있는 그림 장면과 점수판을 준다.
2. 4명 학생이 플레이 순서를 정한다.
3. 첫 번째 학생이 질문을 한다. 열린 질문을 하면 2점, 아니면 0점을 얻는다.

4. 첫 번째 학생의 열린 질문에 나머지 3명의 학생이 대답을 한다. 답이 적절하면 질문자가 점수를 준다. 한 명의 대답이 적절하면 3점, 2명일 경우 각각 2점, 3명일 경우 각각 1점을 준다.
5. 질문 하나를 하고 답할 때마다 점수판에 기록한다.

놀이 속으로

그림책을 읽고 그림책의 페이지마다 그려져 있는 그림 장면과 점수판을 모둠에 각각 나눠준다. 1모둠이 받은 그림 장면은 앞표지와 뒤표지이다. 1번 학생이 질문을 시작한다.

학생 1   축구공의 문양은 뭘 의미하는 걸까?

학생 2, 3, 4가 질문에 답을 한다.

학생 2   공장에서 아빠 만난 걸 기억하기 위해서야.
학생 3   윌리 자신이 스타가 되는 걸 상상하는 거야.
학생 4   아빠 생각나서 그렇게 표현한 거야.

[그림 1]과 같이 1회 칸에 점수를 기록한다. 학생 1이 '네, 아니오'로 대답하지 않는 열린 질문을 하였기 때문에 2점을 받았다. 그리고 학생 2, 3, 4의 대답이 모두 적절하다고 판단했기 때문에 질문한 학생 1은 3명에게 1점씩 주었다.

질문	학생1	학생2	학생3	학생4
1회	2	1	1	1
2회				
3회				
4회				
5회				
6회				
7회				
8회				
9회				
10회				
총점				

질문할 때 열린 질문 2점, 닫힌 질문 0점,
답할 때 3명이 적절한 답을 할 경우 각 1점,
2명이 적절한 답을 할 경우 각 2점,
1명이 적절한 답을 할 경우 3점

그림 1

2번 학생이 질문을 한다.

학생 2   윌리는 왜 5:5로 가르마를 탔을까?
학생 1   유행이라서.
학생 3   아빠 따라 하려고.
학생 4   깔끔하게 단정히 보이려고.

[그림 2]와 같이 2회 칸에 점수를 기록한다. 학생 2가 '네, 아니오'로 대답하지 않는 열린 질문을 했기 때문에 2점을 받았다. 그리고 학생 1의 대답은 적절하지 않다고 판단해서 0점을 주었는데, 이유는 다른 고릴라 친구들의 헤어스타일을 봤을 때 유행은 아니라고 생각했기 때문이다. 학생 3, 4의 대답은 적절하다고 판단했기 때문에 각각 2점을 주었다.

| 질문할 때 | 열린 질문 2점, 닫힌 질문 0점, |
| 답할 때 | 3명이 적절한 답을 할 경우 각 1점, 2명이 적절한 답을 할 경우 각 2점, 1명이 적절한 답을 할 경우 3점 |

질문	학생1	학생2	학생3	학생4
1회	2	1	1	1
2회	0	2	2	2
3회				
4회				
5회				
6회				
7회				
8회				
9회				
10회				
총점				

그림 2

3번 학생이 질문을 한다.

학생 3   빨간 프레임 밖으로 공이 나간 이유는?
학생 1   잘 모르겠어.
학생 2   나도 잘 모르겠어.
학생 4   갇혔던 틀에서 벗어나려고.

[그림 3]과 같이 3회 칸에 점수를 기록한다. 학생 3이 '네, 아니오'로 대답하지 않는 열린 질문을 했기 때문에 2점을 받았다. 그리고 학생 1, 2의 대답은 적절하지 않다고 판단했기 때문에 0점, 학생 4의 대답만 적절하다고 판단했기 때문에 3점을 주었다.

이와 같은 규칙으로 반복하면서 놀이한다.

질문할 때	열린 질문 2점, 닫힌 질문 0점,
답할 때	3명이 적절한 답을 할 경우 각 1점, 2명이 적절한 답을 할 경우 각 2점, 1명이 적절한 답을 할 경우 3점

질문	학생1	학생2	학생3	학생4
1회	2	1	1	1
2회	0	2	2	2
3회	0	0	2	3
4회				
5회				
6회				
7회				
8회				
9회				
10회				
총점				

그림 3

도움말과 유의점

열린 질문을 하는 것에 학생들이 어려움을 느낀다면 '만약에', '왜' 라는 말을 넣도록 하거나 그림의 점, 색, 선, 면, 프레임(화면 구성) 등의 의미를 물어보도록 교사가 돕는다.

질문에 답한 친구들에게 점수를 줄 때 어려워하는 학생이 있다. 열린 질문에 대한 대답은 다양하게 나올 수 있기 때문에 타당한 이유가 없다면 점수를 인정해주는 것이 좋다. 장난을 치거나 지나치게 성의 없는 대답 등을 제외하고는 다양한 생각을 받아들이도록 도와주어야 한다.

한 걸음 더

열린 질문 놀이 후 '축구 선수 윌리는 행복한가?' 라는 주제로 토론을 하고 행복의 조건에 대해 살펴보았다. 열린 질문 놀이를 통해 주인공 윌리의 성격, 적성, 흥미 등을 자세히 알 수 있었고 그렇기 때문에 그가 추구하는 행복과 조건에 대해 토론하는 것이 가능했다. 그리고 자신이 추구하는 행복과 조건에 대해 생각해보고 비주얼씽킹으로 표현하면 그림책의 주인공을 통해 자신의 삶을 돌아보는 계기가 된다.

　비주얼씽킹을 할 때 세 개의 버블 모양이 있는 멀티플로우형 레이아웃의 비주얼씽킹을 이용한다. 가운데 버블에 행복이라는 단어를 쓰고 왼쪽 버블에는 '축구 선수 윌리는 특히 무엇을 할 때 만족하고 즐거워했지?'라는 질문을 하고 이에 해당하는 답을 그림(축구, 축구화 등)으로 그려 넣는다. 오른쪽 버블에는 '윌리가 행복하기 위해 한 일은?'이라는 질문을 하고 이에 대한 답을 그림(노력, 편견 깨기 등)으로 그려 넣는다. 작성된 비주얼씽킹을 보면 행복의 종류-행복-행복의 조건 순으로 그림이 그려진다. 이것을 자신에게 적용하면 다음과 같이 질문을 바꿀 수 있다. 행복의 종류- '나는 특히 무엇을 할 때 만족하고 즐거운가?', 행복의 조건- '행복한 삶을 위해 내가 노력하고 있는 일은?' 이렇게 비주얼씽킹으로 표현해 보면 창의력 향상과 더불어 자신의 행복에 대해 오랫동안 잊지 않고 기억하게 된다.

숨은 생각 찾기

분석 7

그림책을 읽기 전에 하는 놀이이다. 문제의 해답이 직접 담기지 않은 그림책 내용 정보를 담은 여러 개의 문장을 제시하고 그 제시된 문장으로 추리하여 문제의 해답을 찾아내는 놀이이다.

『거짓말 같은 이야기』를 소개합니다

『거짓말 같은 이야기』는 2011년 볼로냐 국제아동도서전에서 '라가치상'을 수상한 강경수 작가의 유아 대상의 인권 그림책이다. 지구촌 곳곳에서 기본적 인권을 누리지 못하고 고통받는 아이들의 삶을 거친 드로잉과 콜라주로 생생하게 전해준다. 전쟁, 가난, 질병, 자연재해 등으로 고통받는 어린이들의 삶을 전하며 우리에게 어린이 인권에 대해 생각하게 해준다.

『거짓말 같은 이야기』에는 거짓말 같지만, 진짜 이야기가 담겨 있다. 세계 곳곳의 친구들이 매 페이지마다 "안녕?" 하며 등장하면서 자신의 삶, 즉 결코 안녕하지 않은 처참한 현실을 전해준다.

'안녕 내 이름은 솔이야, 대한민국에 살고 있는 솔이는 그림 그리기를 좋아하는 개구쟁이입니다. 솔이의 꿈은 화가입니다.' 이렇게 시작된 그림책은 뒤로 세계 곳곳의 여러 친구의 사는 모습을 보여준다.

강경수 글·그림
시공주니어

　세계 여러 친구의 현실을 듣고 충격을 받은 솔이는 처음과는 다르게 아무 말이 없다. 표정은 슬프고 힘겹게 내려 들은 붓에서 물감을 바닥으로 떨어뜨리며 '거짓말이지?'라고 묻는다. 이 물음에 공허한 눈빛으로 서 있는 세계 곳곳의 어린이들이 대답한다. '아니 거짓말 같은 우리의 진짜 이야기란다.'

　이 그림책의 등장인물 이름과 나라 이름은 생소한 외래어이다. 그러한 이유 때문에 학생들은 그림책을 이해할 때 그림책의 정보를 잘 연결시키지 못한다. 그래서 그림책을 읽기 전 숨은 생각 찾기는 책의 정보를 쉽게 연결시키고 익히는 데 큰 도움이 된다. 숨은 생각 찾기 후 그림책을 읽으면 훨씬 쉽게 읽힌다.

　숨은 생각 찾기에 어울리는 그림책으로는 책의 정보가 나열되듯이 서로 연결되는 특징의 책이 적합하다. 예를 들면, 주인공 여러 명의 이름, 나라, 취미 등이 서로 나열되듯이 연결되는 경우이다. 이런 그림책으로는 모든 것이 술술 생각나게 하는 기억 비법을 다룬『코끼리 아저씨의 신기한 기억법』, 12명의 주인공이 각자 겪는 하루를 그린『12명의 하루』, 여섯 나라의 장례문화를 다룬『별이 되고 싶어』등이 있다.

놀이 방법
준비물 : 문제 활동지
1. 그림책의 내용을 바탕으로 답을 바로 알 수 있을 정도로 직접적인 정보가 담기지 않은 2~3개의 문장이 제시된 문제지를 받는다.
2. 문장의 정보를 바탕으로 문제의 정답을 추리하며 문제지에 있는 표의 칸을 채워나간다.
3. 먼저 정답을 찾는 사람이 승리한다.
4. 학생들이 어려움을 느낄 때 힌트를 제공한다.
5. 1단계가 끝나면 난이도를 올려 2단계, 3단계에 도전한다.
6. 개인전이 끝나면 모둠별로 한다.
7. 놀이가 끝나면 그림책을 함께 읽으며 답을 확인한다.

놀이 속으로
문제지를 나눠준다.

학생들	선생님, 어떻게 하는지 모르겠어요.
교사	3개의 문장에 답이 있단다. 잘 읽어 보렴.
학생들	(집중하며 문장을 반복해서 읽는다) 선생님, 힌트를 좀 주세요.

하산은 인도에 살지 않아.
키잠부는 우리나라 우간다에 가봤냐고 파니어에게 말하고 있어.
파니어는 키잠부와는 멀리 떨어져 있어.
키르기스스탄에 사는 사람은 누구이며 어디 있을까?

이름			
국적			

교사	세 번째 줄 '파니어와 키잠부는 멀리 떨어져 있어'는 지구에서 떨어져 산다는 의미가 아니라 주어진 표에서 떨어져 있다는 뜻이란다. 자! 힌트! 세 번째 문장을 보세요. '키잠부와 파니어는 멀리 떨어져 있어.'
학생 1	선생님, 저 완성했어요!
교사	(학생이 들고나온 표를 살핀다. 6칸을 모두 정확히 채웠는지 확인한다. 오답일 경우 되돌려준다) 다시 한번 생각해보세요.
학생 2	선생님, 저요! 하산은 가운데 있고 키르기스스탄에 살아요!
교사	자! 그럼 정답인지 같이 한번 맞춰볼까요. 하산의 위치를 어떻게 알았나요?
학생 2	세 번째 문장에서 '파니어는 키잠부와 멀리 떨어져 있어'라고 해서 표 양쪽에 키잠부와 파니어를 적어 넣었어요.

교사	그럼 왜 하산이 키르기스스탄에 산다고 생각했죠?
학생 2	하산은 인도에 살지 않아요. 그럼 키잠부와 파니어가 인도에 살겠네요. 그런데 두 번째 문장에서 '키잠부가 우리나라 우간다에 가봤냐고 파니어에게 말하고 있어'를 보니 키잠부가 우간다에 사네요. 그러니 파니어는 인도에 살고 하산이 키르기스스탄에 사는 거죠!
교사	네, 정답이네요. 그럼 이번에 2단계 문제입니다.

1. 엘레나는 루마니아에 살고 있다.
2. 아이티에 사는 아이는 지진으로 가족을 잃었다.
3. 칼라미는 전쟁의 충격으로 마음의 병을 앓고 있다.
4. 지진으로 가족을 잃은 아이 왼쪽 옆에는 맨홀에 살고 아이가 있다.
5. 칼라미는 아이티에 살고 있는 르네와 멀리 위치한다.
6. 콩고민주공화국에 사는 아이는 누구일까?

이름			
나라			
사는 모습			

교사	자, 이제 3단계 문제입니다.

1. 엘레나는 솔이의 오른쪽에 있어.
2. 칼라미는 엘레나와 가장 멀리 떨어져 있어.
3. 처음에 있는 사람은 솔이의 친구 칼라미야.
4. 르네는 대한민국에 살지 않아.
5. 솔이는 콩고민주공화국에 사는 칼라미와 떨어져 있어.
6. 르네는 루마니아에 사는 엘레나와 친해.
7. 아이티에 사는 사람은 누구이며 솔이의 어느 쪽에 있을까?

이름				
사는 곳				

교사   네, 정답이네요. 그럼 이번에 모둠이 함께 하는 문제입니다.

지구촌에는 매일매일 전쟁, 지진, 홍수, 가난, 기아 등 여러 가지 불행한 일들이 끊임없이 일어납니다. 『거짓말 같은 이야기』에는 각각 대한민국, 아이티, 콩고민주공화국, 인도, 키르기스스탄, 루마니아, 우간다에 사는 키잠부, 솔이, 파니어, 하산, 엘레나, 르네, 칼라미가 등장합니다. 각각 누가 어디에 어떻게 살고 있으며, 어떤 모습으로 사는지 알아보세요.

다른 나라에 사는 아이들은 대한민국에 사는 화가가 꿈인 솔이의 삶과는 많이 다르다.

지하갱도에서 50kg의 석탄을 위로 올리는 일을 하는 하산은 엘레나 바로 아래에 있다.

지진으로 엄마 아빠를 잃은 아이티에 사는 르네는 화가가 꿈인 친구 바로 위에 있다.

전쟁의 충격으로 마음의 병을 앓고 있는 칼라미는 대한민국과 루마니아에 살고 있는 아이 사이에 있다.

삼 년째 홀홀에 살고 있는 아이는 하산 바로 위에 있는 엘레나이다.

말라리아를 치료할 비싼 약값과 치료비가 없어서 매년 11만 명의 어린이가 죽는 나라에 사는 키잠부는 인도에 사는 파니어 바로 아래에 있다.

르네와 키잠부는 가장 멀리 떨어져 있다.

카펫 공장에서 하루 14시간씩 일하는 파니어는 우간다와 키르기스스탄에 사는 아이들 사이에 있다.

이름	사는 곳	사는 모습

도움말과 유의점

이 놀이는 책을 읽고 해도 상관은 없지만, 놀이를 한 다음 책을 읽는 것을 권한다. 책을 먼저 읽으면 아이들은 추리를 하려 하지 않고 기억해서 답만 맞추려고 하기 때문이다.

1단계에서 익숙해지면 학생들은 2단계, 3단계를 훨씬 빠르게 잘한다. 익숙해지면 높은 단계의 어려운 문제를 제시한다. 높은 단계의 어려운 문제는 모둠활동으로 제시하면 좋다.

한 걸음 더

놀이 후 『거짓말 같은 이야기』를 읽으면 아이들은 책의 내용을 아주 쉽게 이해한다. 생소한 이름과 나라를 놀이를 통해 반복적으로 익혔기 때문이다. 이후 지구촌 곳곳에서 일어나는 또 다른 문제를 알아보는 활동으로 이어나갈 수 있으며 더 나아가 지구촌의 일원으로 도울 수 있는 일들은 무엇이 있는지 생각해보고 실천으로까지 연계해나갈 수도 있다.

1단계 정답

이름	키잠부	하산	파니어
사는 곳	우간다	키르기스스탄	인도

2단계 정답

이름	칼라미	엘레나	르네
나라	콩고민주공화국	루마니아	아이티
사는 모습	전쟁의 충격	맨홀	지진

3단계 정답

이름	칼라미	르네	솔이	엘레나
사는 곳	콩고민주공화국	아이티	대한민국	루마니아

4단계 정답

이름	사는 곳	사는 모습
르네	아이티	지진으로 엄마 아빠를 잃었다.
솔이	대한민국	화가가 꿈이다.
칼라미	콩고민주공화국	전쟁의 충격으로 마음의 병을 앓고 있다.
엘레나	루마니아	삼년 째 맨홀에 살고 있다.
하산	키르기스스탄	지하갱도에서 50㎏의 석탄을 위로 올리는 일을 한다.
파니어	인도	키펫 공장에서 하루 14시간씩 일을 한다.
키잠부	우간다	말라리아를 치료할 비싼 약값과 치료비가 없어서 매년 11만 명의 어린이가 죽는다.

4장. 분석하며 놀아요

5장

평가하며 놀아요

주사위 폭탄

평가 1

주사위 숫자 하나를 폭탄으로 정하여
그 숫자가 나오면 모든 점수를 잃는 놀이이다.

『밥 안 먹는 색시』를 소개합니다

『밥 안 먹는 색시』는 우리나라 옛이야기이다. 옛날에 한 남자가 입이 함지박만큼 큰 색시를 얻었다. 입이 큰 색시는 밥을 참 잘 먹었다. 큰 가마솥 밥을 혼자 다 먹어 치우고도 모자라 콩을 또 한 솥 볶아서 먹는 색시를 보고, 남자는 화가 나서 손가락으로 색시 배를 찔렀다. 색시는 배가 터져 그만 죽고 만다. 욕심 많은 남자가 다시 색시를 얻었는데, 색시 입이 개미구멍만 했다. 밥알 세 알을 쫄쫄 빨아 먹고는 "아유, 배부르다, 배불러" 하는 색시를 보고 남자는 이제 곳간이 가득 찰 거라 생각하며 좋아한다. 하지만 곳간에 쌀이 가득 차기는커녕 얼마 남지 않은 걸 보고 깜짝 놀란다. 그래서 남자는 색시가 뭘 하는지 지켜보았다. 색시가 곳간에서 쌀가마니를 번쩍 들고나와 밥을 짓더니 주먹밥을 뚤뚤 뭉쳤다. 그런 다음 머리카락을 뒤로 훌렁 넘겼다. 그러자 머리 꼭대기에서 커다란 입이 나타났다. 색시가 머리 위로 주먹밥을 풍덩 풍덩 던져 넣자 커다란 입이 다 먹어 버렸다. 욕심 많은

김효숙 글
권사우 그림
길벗어린이

　남자는 이 모습을 보고 곳간도 색시도 다 버리고 도망을 간다. 결국 쌀을 아끼려다 집과 곳간의 곡식을 모두 잃게 된 것이다.

　이 그림책은 욕심과 절제의 가치를 말하고 있다. 부자가 되고 싶은 욕심, 입이 큰 색시의 끝없는 식욕, 입이 작은 색시의 도를 지나친 절식, 이 모든 게 '절제가 부족하다'라고 말한다. 입이 작은 색시의 지나친 절제도 나쁜 결과를 불러온다. 입이 작은 색시는 먹는 것을 참다가 결국 머릿속에 숨은 입으로 몰래 먹기 때문이다. 결국 학생들은 주인공들을 통해 말과 행동을 적당한 때 스스로 조절하는 것이 절제라는 것을 깨닫게 된다. 그래서 이 그림책과 관련하여, 놀이에서 이기려고만 하는 아이들의 욕심을 스스로 다스려 볼 수 있도록, 생각하며 절제하는 놀이를 구상하게 되었다.

　욕심과 절제를 주제로 주사위 폭탄을 하기에 좋은 그림책으로는 소비와 절제를 다룬『아무것도 사지 않는 날』, 인간의 무한한 욕망을 다룬『최고의 차』, 물질적으로 풍요로운 샘과 정신적으로 풍요로운 제레미를 대비시킨『너도 갖고 싶니?』, 마음에 드는 물건은 모조리 사야 해서 빗자루를 계속 사게 되는 이야기인 『산다라의 빗자루, 빗자루, 빗자루』, 옷과 장신구를 욕심부리다가 엉망이 되어버린 공주님이 나오는 『모두 다 주세요』 등이 있다.

놀이 방법

준비물 : 대형 주사위

1. 모둠에서 한 명씩 주사위를 던져 점수를 누적한다. 단, 숫자 '3'이 나오면 지금까지 얻은 모든 점수를 잃게 된다.
2. 모둠당 10번의 기회를 주고, 던지는 횟수는 모둠에서 의논해서 정할 수 있다.
3. 점수를 보존할지 계속 도전할지 모둠원과 상의하여 '스톱!'을 외치고 놀이를 중단할 수 있다. 그렇지 않은 모둠은 계속 놀이를 진행한다.
4. 놀이가 끝나면 점수로 순위를 정한다.
5. 놀이가 끝나고 소감을 발표한다.

놀이 속으로

교사   모둠별로 나누어서 주사위를 던져서 나온 숫자만큼 점수로 가져가는 놀이입니다. 단, '3'이 나오면 그때까지 받은 점수가 0점이 됩니다. 모둠별로 돌아가면서 10회를 던지는데, 모둠별로 인원수가 다르니 개인 횟수를 적당히 조절하여 골고루 던집니다. 단, 10번까지만 던질 수 있다는 것만 기억하면 됩니다. 던지는 것은 자유에요. 던지다가 그만하고 싶은 경우는 '그만' 또는 '스톱'이라고

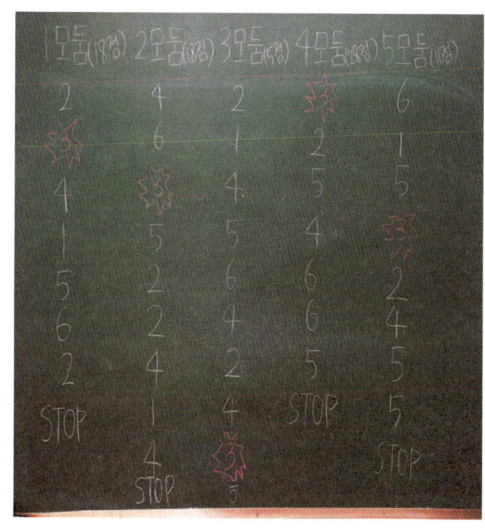

외칩니다. 그리고 그때까지 다 합친 점수가 그 모둠의 점수가 됩니다. 이해했나요?

1모둠   (주사위를 던진다) 선생님, 2 나왔어요.
2모둠   (주사위를 던진다) 앗싸! 4!
3모둠   (주사위를 던진다) 우리도 2잖아.
4모둠   (주사위를 던진다) 아~ 처음부터 3 나왔어.
5모둠   (주사위를 던진다) 우와! 6이야. 처음부터 우리가 1등이다.
1모둠   (주사위를 던진다) 엥! 도로 0점이 됐네.
2모둠   (주사위를 던진다) 고득점 성공! 6! 앗싸!
3모둠   (주사위를 던진다) 1이네. 우리 모둠은 왜 작은 숫자만 나오는 거야! 잘 좀 던져봐!

(중략, 6회까지 주사위를 던지고 난 후)

1모둠	16점이니까 계속할까?
2모둠	우린 9점밖에 안 돼. 그냥 계속하자.
3모둠 학생 1	우리가 22점이고, 4모둠이 23점이야. 계속해서 역전하자.
3모둠 학생 2	그만하자. 3 나오면 꼴등 된단 말이야.
4모둠	한 번만 더 던지고 그만하자.
5모둠	우리는 6점밖에 안 돼. 계속해보자.

결과는 3모둠이 4모둠을 역전하고 따라잡으려는 욕심에 더 던지다가 5점으로 꼴등을 했다. 학생들은 놀이를 하면서 친구들과 계속 대화하며 놀이를 계속해야 할지 그만두어야 할지 의논하고, 3모둠이 실패하는 것을 보고 웃으면서도 안타까워했다. 일상생활에서 매일 절제하지 못하는 욕심을 놀이를 통해서 경험해보고, 일상생활에서도 적용해보기로 다짐하며 놀이를 마쳤다.

도움말과 유의점

친구들이 장난감이나 유행하는 옷을 사면 다 따라 사야하고, 놀이 시간을 절제하지 못해 하루 3~4시간을 낭비하는 아이들을 흔히 접할 수 있다. 그런 아이들은 절제하지 못하는 자신을 돌아볼 수 있다. 놀이를 시작할 때는 단순한 놀이임을 주지시키고, '3'이 나온 학생이 심하게 위축되거나 모둠원들이 그 학생을 비난하지 않도록 미리 주의를 준다. 절제는 무조건 참는 것이 아니라 적당한 때 스스로 멈추는 것임을 알게 하며, 일상생활에서 실천해야 함을 느끼도록 하는 것이 이 놀이의 핵심이다.

한 걸음 더

놀이를 마친 후에, 자신이 절제하지 못하는 것을 발표하고, 친구들이 해결책을 제시해주는 활동도 진행해보길 권한다. 먹을 것을 참지 못해 고민인 친구도 있고, 화를 못 참고 친구에게 욕을 하거나 폭력을 행사하는 것도 고민인 친구도 있다. 너무 살을 빼고 싶어서 먹을 것을 계속 참다가 폭식을 하는 누나가 생각난다는 친구도 있다. 자신도 절제하지 못하는 것이지만, 친구의 고민을 해결해주면서 다 같이 해결책을 토의하는 자리가 될 것이다.

감정 탐정 놀이

평가 2

그림책의 한 장면을 골라 그 장면에서 술래가 느낀 감정을 탐정들이 맞히는 놀이이다.

『알사탕』을 소개합니다

동동이는 항상 혼자 논다. 친구들은 자기끼리만 놀고, 동동이는 혼자 구슬치기를 하며 논다. 새 구슬을 사러 문구점에 들렀다가 구슬 대신 신기하게 생긴 알사탕을 산다.

첫 번째 알사탕을 먹었다. 거실의 소파의 마음이 들리기 시작했다. 알사탕이 녹자 마음의 소리도 사라졌다. 두 번째 알사탕을 먹었다. 매일 함께한 강아지의 마음의 소리가 들리기 시작했다. 세 번째 알사탕을 먹었다. 아빠의 마음의 소리가 들렸다. 수많은 잔소리를 하던 아빠의 마음의 소리는 '사랑해'였다. 이 말을 듣고 아빠를 꼭 안으며 "나도"라고 했다. 네 번째 알사탕을 먹었다. 돌아가신 할머니의 마음의 소리가 들렸다. 다섯 번째 알사탕을 먹고, 밖에서 나는 소리를 따라 나갔더니 새로운 친구가 보였다. 마지막 알사탕을 먹었지만, 친구의 마음의 소리는 들리지 않았다. 그래서 먼저 말해버리기로 했다. "나랑 같이 놀래?"

백희나 글·그림
책읽는곰

『알사탕』을 선택한 이유는 삶의 다양한 관계를 보여주기 때문이다. 반려견과의 관계, 아빠와의 관계 등 다양한 대상과의 관계가 잘 드러난다. 이러한 관계들은 그림책을 읽는 사람들이 충분히 공감할 만한 소재이기도 하다. 또한, 동동이의 표정이 생동감 있게 드러난다. 생활 속 다양한 관계에서 동동이가 느끼는 감정을 표정을 통해서도 잘 알 수 있다.

감정 탐정 놀이를 통해 사람에 따라 같은 상황에서도 다른 감정을 느끼기도 하고, 동시에 다른 장면에서 같은 감정을 느낄 수 있음을 배울 수 있다. 이 활동을 통해 공감 흉내가 아닌, 상대의 감정을 읽고 그 상대의 감정을 이해하는 진정한 공감을 해볼 기회를 줄 수 있다.

감정 탐정 놀이를 하려며 등장인물의 감정이 잘 드러난 책일수록 좋다. 인물의 감정이 잘 드러난 그림책으로는 완벽한 아이로 강요받는 아이의 마음이 잘 드러난『완벽한 아이 팔아요』, 발표 순서를 기다리는 아이의 긴장감을 그려낸『하나도 안 떨려!』, 안 된다고 거절당할 때와 자유로운 상황에서의 감정이 잘 드러난『코끼리는 절대 안 돼!』등이 있다.

놀이 방법

준비물 : 감정표 활동지, 미니 보드(또는 메모지)

1. 3~4명이 짝을 이루고 술래를 정한다. 술래를 제외한 나머지는 탐정이 된다.
2. 술래가 그림책의 장면을 고르고 탐정들에게 보여준다.
3. 술래는 그 장면에서 느낀 감정을 3개를 골라서 적고, 뒤집어 놓는다.
4. 탐정들은 자신이 느낀 감정 3개를 고르고, 펼쳐 놓는다.
5. 술래는 탐정들이 펼친 감정 단어를 보고, 몇 개가 같은지만 이야기한다.
6. 탐정들은 한 번에 하나의 감정만 바꿀 기회가 주어진다.
7. 술래의 감정 3가지 모두 맞출 때까지 반복한다. 놀이가 길어지면 5번의 기회로 제한한다.
8. 맞춘 감정의 개수만큼 득점한다.
9. 맞추고 나면 왜 그런 감정을 느꼈는지 이야기를 나눈다.
10. 술래를 교대하여 반복한다.

놀이 속으로

교사	그림책을 다 읽었습니다. 모둠에서 가위바위보로 술래를 뽑아주세요. 그리고 술래는 동동이가 나오는 장면을 하나 골라서, 친구들에게 보여주세요.
학생 1	골랐어요. 동동이가 문방구에서 사탕을 사는 장면이에요.
교사	자, 그러면 술래는 이 장면을 보고 자신이 느낀 감정을 3가지 적어보세요. 다른 친구들이 보지 못 하도록 적어야 합니다. 그리고 탐정들은 같은 장면을 보고 자신이 느낀 감정 3가지를 적어보세

[공감대화카드]*

기쁨	두려움	불쾌, 혐오	슬픔	분노
감동하다	걱정되다	곤란하다	마음 아프다	분하다
고맙다	긴장되다	괴롭다	막막하다	억울하다
기대되다	놀라다	귀찮다	미안하다	원망스럽다
기쁘다	당황스럽다	답답하다	비참하다	짜증나다
만족스럽다	두근거리다	밉다	서럽다	화나다
뿌듯하다	두렵다	부끄럽다	섭섭하다	
사랑스럽다	망설여지다	부담스럽다	속상하다	
설레다	무섭다	부럽다	슬프다	
신나다	불안하다	불편하다	실망하다	
안심되다	어색하다	싫다	심심하다	
자랑스럽다	조마조마하다	쑥스럽다	쓸쓸하다	
자신만만하다	혼란스럽다	얄밉다	아쉽다	
즐겁다	황당하다	지겹다	안타깝다	
편안하다		피곤하다	외롭다	
행복하다		힘들다	우울하다	
흥분되다			허전하다	
힘나다			후회스럽다	

요. 감정의 종류는 선생님이 나눠준 활동지를 보고 찾아 적습니다. 표에서만 찾아서 적어야, 탐정들이 맞힐 수 있습니다.

학생 2, 3, 4   다 적었어요.

---

* 공감대화카드-감정카드(2013), 초등상담나무연구회. 인사이트.

 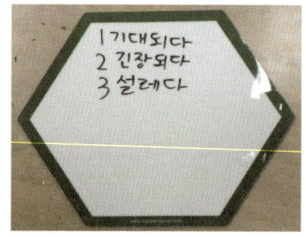

교사	다음은 술래가 탐정들이 적은 것을 보고, 몇 가지가 자신이 적은 것과 같은지 개수만 말해주세요.

학생 1(술래)의 감정	학생 2(탐정)의 감정	학생 3(탐정)의 감정	학생 4(탐정)의 감정
신나다	놀라다	두근거린다	기대되다
놀라다	만족스럽다	설레다	긴장되다
기쁘다	두근거린다	신나다	설레다

학생 1	학생 2는 1개, 학생 3은 1개, 학생 4는 0개입니다.
교사	이제는 감정 바꾸기 시간입니다. 탐정이 고른 3개의 감정 중 1개만 바꿀 수 있습니다. 찾아서 바꾸세요.
학생 2, 3, 4	다 바꾸었어요.

[감정 바꾸기 1회]

학생 1(술래)의 감정	학생 2(탐정)의 감정	학생 3(탐정)의 감정	학생 4(탐정)의 감정
신나다	놀라다	두근거린다	신나다
놀라다	신나다	놀라다	긴장되다
기쁘다	두근거린다	신나다	설레다

교사	이번에도 술래는 몇 개의 감정이 같은지, 개수만 말해주세요.
학생 1	학생 2는 2개, 학생 3은 2개, 학생 4는 1개입니다.
교사	두 번째 감정 바꾸기 시간입니다. 탐정이 고른 3개의 감정 중 1개만 바꿀 수 있습니다. 찾아서 바꾸세요.
학생 2, 3, 4	다 바꾸었어요.

[감정 바꾸기 2회]

학생 1(술래)의 감정	학생 2(탐정)의 감정	학생 3(탐정)의 감정	학생 4(탐정)의 감정
신나다	놀라다	두근거린다	신나다
놀라다	신나다	놀라다	긴장되다
기쁘다	기쁘다	신나다	설레다

학생 1	학생 2가 다 맞췄어요.
교사	네, 다섯 번 바꾸기 전에 3개 모두 찾았으니, 멈춥니다. 학생 2는 3점, 학생 3은 2점, 학생 4는 1점을 얻었습니다.
교사	학생 1은 그 장면을 보고 왜 그 3가지 감정을 골랐는지 설명해주세요.
학생 1	사탕을 사고 재밌는 일이 일어날 것 같아서 '신나다'라고 골랐어요. 또, 동동이가 놀란 표정을 짓고 있어서, 그 장면을 보니까 저도 동동이와 마음이 비슷해져서 '놀라다'라고 골랐어요. 그리고 나중에 동동이에게 좋은 일이 생기니까 '기쁘다'로 골랐어요.
교사	네, 이유를 잘 이야기해주었어요. 이렇게 같은 장면을 보고도, 서로 다른 감정을 느낄 수 있음을 알게 되었어요. 그리고 상대방이

	왜 그런 감정을 느꼈는지도 알게 되었어요.
교사	다음은 학생 2가 술래를 할 차례에요.

(학생 2, 3, 4가 차례대로 술래를 한다.)

도움말과 유의점

학생들이 감정 단어를 잘 모를 수 있다. 각 감정에 대해서 한 번씩 살펴보면서 단어를 익히는 것이 중요하다. 그렇지 않으면 같은 감정을 선택했지만, 선택한 이유가 다를 수 있다. 반대로 다른 감정을 선택했지만, 선택한 이유는 같을 수 있다. 따라서 감정 단어가 어떤 의미인지 공유하는 것이 필요하다.

사람에 따라 같은 장면에서도 서로 다른 감정을 느낄 수 있다. 이 놀이의 특징은 같은 장면을 보고 상대방과 자신이 느낀 감정이 다를 수 있음을 체험하는 것이다. 그리고 그 이유를 공유하며 나와 다른 사람을 이해하는 경험을 쌓는 것이다.

한 걸음 더

놀이를 한 다음에 동동이의 감정 찾기 활동을 할 수 있다. 그림책 속의 '등장인물의 감정'을 찾아보면, '독자의 감정'과 '등장인물의 감정'을 비교해볼 수 있다. 그림책을 읽으면서 이 두 종류의 감정을 동시에 느낄 수 있다면, 마치 등장인물과 직접 소통하는 느낌을 가지고 더욱 그림책에 몰입할 수 있다.

그랬구나 놀이

평가 3

등장인물들의 행동에 담긴 속마음을 파악해서
1:1로 대화를 주고받으며 역할극을 하는 놀이이다.

『혼나지 않게 해 주세요』를 소개합니다

『혼나지 않게 해 주세요』는 작가가 교사로 재직하며 실제 있었던 일을 바탕으로 창작한 그림책으로 아이들의 간절한 마음을 알아차리기를 바라는 작가의 마음이 담겨 있다.

주인공 '나'는 만날 혼나는 초등학교 1학년 남자아이이다. 직장에 간 엄마를 대신해서 동생과 놀아주지만, 오빠의 종이접기가 형편없다며 떼를 쓰고 울어 버린 동생 때문에 엄마한테 또 혼이 난다. 학교에 사마귀를 가져가서, 급식 시간에 너무 많은 양을 배식해서, 축구에 끼워 주지 않는 친구들과 다퉈서 '나'는 선생님들에게 계속 혼이 난다. 착하다는 칭찬을 듣고 싶어 버려진 고양이를 집으로 데려가고, 큰 소리로 노래도 부르지만 결국 또 혼이 난 '나'는 마음이 너무 괴롭다. 칠월칠석날 소원 쪽지에 모두들 장래 희망을 신나게 적을 때 '나'는 골똘히 생각하다가 '혼나지 안케 해주새요.'라고 정성껏 적는다. 과연 '나'의 소원은 이루어졌을까?

구스노키 시게노리 글
이시이 기요타카 그림
베틀북

『혼나지 않게 해 주세요』를 선택한 이유는 주인공 '나'의 마음에 누구나 쉽게 공감할 수 있기 때문이다. 동생이랑 친구들과 잘 지내고 싶어서, 엄마와 선생님에게 칭찬받고 싶어서 노력하는 '나'의 마음을 주변 사람들은 몰라준다. 하지만 학생들은 그림책을 읽는 내내 "엄마가 나빴네", "친구가 나빴네"라고 하며 '나'의 편에서 마음을 읽어준다. 우리 교실에서도 서로의 마음을 읽어주고 이해하는 따뜻한 분위기가 만들어지길 바라는 마음으로 이 그림책을 선택했다.

인물의 심리가 자세하게 드러나서 그랬구나 놀이에 어울리는 그림책으로는 혼자 노는 아이 동동이와 주변 인물들의 마음을 들려주는 『알사탕』, 최고로 재수 없는 하루를 보낸 알렉산더의 마음을 들려주는 『난 지구 반대편 나라로 가버릴테야!』가 있다.

놀이 방법

준비물 : 활동지

1. 각자 특정 장면에서 인물이 그렇게 행동한 이유, 속마음 등을 적는다.
2. 장면별로 '나'와 주변 인물의 역할을 할 학생을 뽑는다.
3. 시작하는 학생이 상대를 배려하며 자신이 맡은 인물의 감정과 그런 감정을 느낀 이유를 말한다.
4. 상대 학생은 "그랬구나" 하고 상대방과 손뼉을 마주치고서 10초 안에 자신의 속마음과 입장을 말한다.
5. 대화를 이어가지 못하면 지게 된다.

놀이 속으로

학생들이 집중할 수 있도록 교사가 직접 그림책을 읽어준다. 학생들은 마음에 드는 장면을 선택한 뒤 등장인물들의 속마음을 추측해 활동지에 적는다. 등장인물의 속마음이나 감정을 이유와 함께 적을 때, 상대방 탓을 하거나 비난해서는 안 된다. 학생들은 이 지점을 가장 어려워한다. 1:1로 나와서 역할극을 하며 자신이 맡은 인물의 속마음을 상대방이 수긍할 수 있도록 설명해야 하는데, 학생들은 마치 랩 배틀처럼 상대의 말문을 막아 이기려 한다. 그래서 활동지를 작성하는 단계에서 교사는 구체적인 예시를 통해 자세히 설명해주어야 한다.

"먼저 인물의 기분이 어떻고 왜 그럴지를 생각해보세요. 그리고 '너 때문이야' 처럼 상대를 탓하지 말고, 인물의 감정을 이유를 들어 말해주세요. 예를 들어, '나'와 엄마가 대화한다고 가정해볼게요. '나는 집에 오자

그랬구나 놀이

⊙ 동생과 놀아 주는 장면

'나'의 감정과 이유	주변 사람들의 감정과 이유

⊙ 학교에 사마귀를 가져간 장면

'나'의 감정과 이유	주변 사람들의 감정과 이유

⊙ 축구 때문에 다툰 장면

'나'의 감정과 이유	주변 사람들의 감정과 이유

⊙ 길고양이 집으로 데려온 장면

'나'의 감정과 이유	주변 사람들의 감정과 이유

마자 숙제도 못 하고 동생이랑 놀아줬는데, 또 혼이 나서 너무 속상했어요' 라고 말할 수 있어요. '속이 상했다' 라는 건 감정이고 '집에 오자마자 숙제도 못 하고 동생이랑 놀아줬는데 또 혼이 나서' 라는 건 인물이 그 감정을 느끼게 된 이유예요. 타당한 이유가 있다면 상대방에게 공감을 얻기 쉬울 거예요."

활동지 작성이 끝나면 장면별로 1:1 그랬구나 놀이를 시작한다. 교사가 장면을 고르고 희망자를 나오게 한다. 두 학생이 나오면 가위바위보를 하거나 논의하여 역할을 나눈다.

<동생과 놀아주는 장면>
엄마가 직장에서 늦게 돌아오는 날이면 '나'는 동생과 놀아 준다. 동생은 '나'의 종이접기가 엉터리라며 떼를 쓰고 '나'는 동생을 윽박지른다. 결국 동생을 울린 '나'는 엄마에게 혼이 난다.

학생 1('나' 역할)	동생아, 나는 종이접기 책도 봐가면서 만들어준 건데, 네가 떼를 쓰니까 속이 많이 상했어.
학생 2('동생' 역할)	(손뼉을 마주치며) 그랬구나. 그런데 오빠가 잘 못 접어서 그런 건데 왜 나한테 화를 내? 그래서 내가 운 거잖아.

이 경우 동생 역할의 학생 2가 상대를 탓하고 비난했기 때문에 학생 1의 승리이다.

<축구 때문에 다툰 장면>

쉬는 시간에 친구들이 축구를 하면서 '나'를 끼워 주지 않는다. 이유를 물었더니 '나'가 규칙도 모르고 멋대로 하기 때문이라고 한다. 약이 오른 '나'는 친구를 발로 차고 주먹을 한 방 먹인다. 달려온 선생님은 '나'만 혼낸다.

학생 3('나' 역할)	같이 축구 하고 싶었는데, 안 끼워주니까 너무 화가 났어.
학생 4('친구' 역할)	(손뼉을 마주치며) 그랬구나. 그런데 넌 규칙도 모르고 멋대로 하니까 그렇지.

학생 4가 상대를 탓하는 말을 했기 때문에 학생 3의 승리이다. 활동지 작성 단계에서 설명을 했지만, 여전히 1:1 말싸움 대결로 생각하는 학생들이 있을 것이다. 놀이의 의도가 상대방의 마음을 이해하고 배려하는 말하기에 있다는 것을 다시 한번 강조한다.

<길고양이를 집으로 데려온 장면>

혼이 나서 잔뜩 풀이 죽은 채 집으로 가던 '나'는 버려진 고양이를 발견한다. '나'는 착하다는 칭찬을 듣고 싶어 고양이를 집으로 데려가지만, 엄마는 또 화난 얼굴이다. 그림에는 '나'가 데려온 것으로 추측되는 달팽이, 메뚜기, 금붕어가 보인다.

학생 5('나' 역할)	엄마, 나는 고양이가 불쌍해서 데려온 건데, 엄마가 화를 내서 속상했어요.

학생 6('엄마' 역할)	(손뼉을 마주치며) 그랬구나. 고양이에 세균이 있으면 어쩌나 하는 걱정 때문에 화를 먼저 냈었어.
학생 5('나' 역할)	(손뼉을 마주치며) 그랬구나. 나는 불쌍한 고양이를 데려와서 칭찬받고 싶었어요.
학생 6('엄마' 역할)	(손뼉을 마주치며) 그랬구나. 그런데 엄마는 그동안 네가 데려온 금붕어, 메뚜기, 달팽이를 기르는 것만으로도 힘이 들었어.
학생 5('나' 역할)	(손뼉을 마주치며) 그랬구나….

학생 5가 대화를 이어가지 못했으니 학생 6의 승리이다. 학생 5가 졌지만 모두 잘했다고 칭찬을 해주고, 모든 상황에는 우리가 알지 못하는 상대방의 입장이 있으나 함부로 누군가를 비난하거나 판단하지 말기를 바란다는 말로 마무리한다.

도움말과 유의점

그림책이 워낙 학생들이 공감하기 좋은 내용이라 자칫 소란해질 수 있다. 처음 읽을 때는 학생들에게 책을 주지 말고 교사가 직접 읽어주기를 권한다.

요즘 학생들에게 타인의 입장과 속마음에 공감하게 하고 더구나 상대의 마음을 다치지 않게 배려하며 말하게 하기가 쉽지 않다. 앞에서두 말한 것처럼 1:1로 나오면 이상하게도 대결하는 분위기가 된다. 활동지를 작성할 때부터 구체적인 예를 들어 자세하게 설명하는 것이 중요하다.

학생들은 주인공 '나'의 감정과 이유는 술술 써 내려가지만, 주변 사람들의 마음은 잘 추측하지 못한다. 책에 나와 있지 않은 맥락을 상상해야 하고, 무엇보다 '나'에게 깊이 공감했기 때문이다. 주변 인물들에 대해서는 교사가 질문을 던지거나 그림을 자세히 살펴보도록 해서 생각을 이끌어주는 것이 필요하다.

한 걸음 더

놀이를 마치고 나서도 학생들은 '나'에게 공감했던 상태에서 쉽게 헤어 나오지 못한다. 추가 활동으로 자신의 억울한 경험을 글로 쓴 뒤, 모둠 안에서 공감과 위로가 담긴 댓글을 달도록 하면 서로 배려하는 교실 분위기를 만드는 데 도움이 된다. 한 명씩 돌아가면서 자신의 경험을 쓴 글을 발표하고 그때의 상황과 감정에 대해 질문을 받거나 추가 설명을 한다. 나머지 학생들은 포스트잇에 공감과 위로의 댓글을 써서 발표한 글 아래에 붙인다. 한 시간에 모든 학생이 다 발표하기보다는 시간적 여유를 둬서 학생의 경험과 감정이 충분히 이해되고 공감받도록 하는 것이 중요하다.

또 다른 것으로 '앉아 발표' 놀이를 할 수 있다. 자신의 억울한 경험을 한 가지씩 쓰고 모두 일어난다. 한 학생이 발표를 하면 비슷한 경험이 있는 학생들이 "나도 그런 적 있어", "나도 그래" 하고 같이 앉는다. 마지막까지 서 있는 학생들의 억울한 경험을 다시 물어보고 "그럴 수 있겠다", "네 마음 이해해"라고 다 같이 말해준다.

공감 인생 놀이

> 평가
> 4

가족에게 있었던 일 중 기뻤던 일, 슬펐던 일들을
친구들에게 말하고 서로 공감해주는 놀이이다.

『나의 엄마』를 소개합니다

태어나면서부터 가장 먼저 찾게 되는 사람 '엄마.' 삶의 다양한 순간에서 엄마를 찾는다. 무서운 꿈을 꿀 때, 밥이 맛있어서 한 그릇 더 먹고 싶을 때, 무서운 일을 당했을 때, 눈에 비눗물이 들어갔을 때, 기쁜 일을 만났을 때 등 감탄사로 '엄마'가 쓰이기도 한다. 그러던 엄마가 나이를 먹고 주인공도 시집을 가면서 엄마를 좀 더 깊이 만나게 된다. 결국에는 사랑하는 엄마가 돌아가시고 나를 엄마라고 부르는 아이가 등장하면서 이야기가 마친다.

『나의 엄마』에서는 자신과 엄마, 혹은 가족과 있었던 일들을 떠올리게 된다. 엄마와의 일들, 가족과의 일들을 기록하고 공유하고 공감하는 경험을 함으로써 자신의 감정과 타인의 감정에도 공감하는 연습을 하게 하고 싶었다.

공감 인생 놀이에 활용할 수 있는 그림책에는 같은 작가가 쓴 『나의 아

강경수 글·그림
그림책공작소

버지』, 삶과 죽음에 대해 생각할 수 있는『100만 번 산 고양이』, 삶을 조망해볼 수 있는『100 인생 그림책』등이 있다.

놀이 방법

준비물 : 놀이판, 놀이말, 주사위, 기쁨의 열쇠 카드, 활동지, 펜, 느낌말 목록표

1. 모둠별로 준비물을 나눠준다.
2. 가족에게 있었던 일 중 좋았던 일 5가지, 힘들었던 일 5가지씩을 활동지에 적는다.(공유할 수 있는 일만 작성한다)
3. 자기가 다른 사람을 기쁘게 할 수 있는 일 5가지를 한 장씩 기쁨의 열쇠 카드에 적는다.
4. 4인 1모둠으로 가족에게 있었던 일들을 놀이판에 나열한다.
5. 놀이판 1줄당 1개씩은 기쁨의 열쇠 카드를 뒤집는 곳으로 지정한다.
6. 각자 말을 정한 다음 주사위를 굴려 놀이를 진행한다. 주사위 숫자대로 말을

움직여 칸에 적혀 있는 당사자의 감정을 첫 번째에 맞히면 3점 두 번째에 맞히면 2점, 세 번째에 맞히면 1점이다.
7. 맞히지 못하면 다른 모둠원에게 기회가 주어진다. 기회는 한 번이고 맞히면 1점이 주어진다.
8. 기쁨의 열쇠 카드에 도착하면 다른 사람을 기쁘게 할 수 있는 일을 적은 학생이 그 일을 해준다. 그 일을 학생이 즐거워하면 열쇠 카드를 작성한 학생과 함께 각각 1점씩 얻는다.
9. 끝났을 때 가장 많은 점수를 얻은 학생이 승리한다.

놀이 속으로

공감 인생 놀이 활동지를 나눠준 뒤 각각 자기 가족에게 기쁨을 준 일, 슬픔을 준 일, 다른 사람을 기쁘게 할 수 있는 일 5가지씩을 기록한다.

기록이 끝나면 가로, 세로 12칸씩 있는 놀이판을 나눠주고 놀이판 가로, 세로 중앙에는 기쁨의 열쇠 카드 자리를 배치하고, 모둠원별 기쁨, 슬픔 1~5까지 자유롭게 배치한다.

4군데 모서리 중 임의로 정한 한 곳에 4명의 말을 하나씩 둔 뒤 주사위를 굴려 말을 움직인다.

학생 1	난 4칸이 나왔으니까 학생 2의 기쁨 5야.
학생 2	나랑 내 동생이 함께 장학금을 받았었어.
학생 1	둘이 같이 장학금을 받아서 신났어?
학생 2	그런 마음도 있었는데, 더 정확하게 공감해줘.

공감 인생 놀이

그림책 『나의 엄마』

글, 그림_ 강경수

1. 우리 가족에게 기쁨을 준 일

   1.
   2.
   3.
   4.
   5.

2. 우리 가족에게 슬픔을 준 일

   1.
   2.
   3.
   4.
   5.

3. 내가 다른 사람을 기쁘게 할 수 있는 일

   1.
   2.
   3.
   4.
   5.

4. 공감 인생 놀이 이후 마음의 변화

학생 1	부모님께서 경제적으로 부담스러워하실 때 자식으로서 도움을 드릴 수 있어서 뿌듯했어?
학생 2	맞아.

학생 1은 두 번째에 맞혔기 때문에 2점을 받는다.

학생 2	난 다섯 칸이 나왔으니까 기쁨의 열쇠 카드네. '웃겨주기' 이거 쓴 사람 누구야?
학생 3	응? 이거 난데. 내가 재밌는 이야기 해줄게.
학생 2	하하! 이거 엄청 웃기네~ 좋아 우리 둘 다 1점씩이야.
학생 3	난 두 칸이 나왔으니까 학생 4의 슬픔 5야.

학생 4	내가 맹장염으로 입원해서 온 가족이 힘들어했어.
학생 3	수술도 처음이고 입원도 처음이라 걱정되고, 가족들이 걱정하는 것들이 신경 쓰이고 염려됐어?
학생 4	맞아. 빨리 낫지 않아서 걱정되고 염려됐어. 고마워. 3점 줄게.

이렇게 주사위를 굴려 놀이를 하면서 서로의 감정에 공감해준다. 공감을 해주며 점수를 획득하고 가장 많은 점수를 얻은 학생이 승리한다. 승리하지 못한 학생들 역시 자신의 가족에게 있었던 일들을 말하고 당시의 느낌을 확인하여 공감받는다.

놀이가 끝난 뒤에는 마음의 변화를 기록한다.

- 나의 인생을 친구들과 나누고 그 당시 나의 감정을 친구들에게 공감받으니 속이 후련했다. 공감은 정말 중요하다. 대화를 할 때도 중요하다.
- 일반적인 보드게임과 달리 승패보다는 친구의 말을 귀담아듣고, 서로 소통하는 것이 중요한 놀이이기 때문에 짧은 시간이었지만 친구의 입장에서 먼저 생각해 보는 능력을 기르는 뜻깊고 교훈 있는 시간이었다.

도움말과 유의점

가족에게 있었던 일을 공유하기 때문에 자신 또는 모둠원들이 감당할 수 있는 정도의 일을 기록하도록 안내한다. 또한, 모둠 내에서 나눈 이야기는 외부로 발설하지 않도록 안내하는 것이 필요하다. 기쁨의 열쇠 카드에 기록할 '내가 다른 사람을 기쁘게 할 수 있는 일'에는 그 자리에서 즉시 할 수 있는 일들을 쓴다.

한 걸음 더

NVC에서 나온 느낌, 욕구 목록표를 활용하면 공감하기에 좀 더 수월하다. 모둠별로 한 개씩 나눠주면 놀이가 원활하게 진행될 수 있다. 놀이를 마친 뒤에는 NVC 욕구말 목록을 활용하여 충족되었던 욕구들과 충족되지 못한 욕구들을 찾는 활동을 하면 느낌말로만 공감했을 때보다 서로에게 더욱 깊이 공감해줄 수 있다.

느낌말 목록*

욕구가 충족되었을 때
감동받은, 뭉클한, 감격스런, 벅찬, 황홀한, 고마운, 환희에 찬, 감사한, 즐거운, 유쾌한, 통쾌한, 흔쾌한, 기쁜, 반가운, 행복한, 따뜻한, 감미로운, 포근한, 푸근한, 사랑하는, 훈훈한, 정겨운, 친근한, 뿌듯한, 산뜻한, 만족스런, 상쾌한, 흡족한, 개운한, 후련한, 든든한, 흐뭇한, 홀가분한, 편안한, 느긋한, 담담한, 친밀한, 친근한, 긴장이 풀리는, 차분한, 가벼운, 안심이 되는, 평화로운, 누그러지는, 고요한, 여유로운, 진정되는, 잠잠해진, 평온한, 끌리는, 흥미로운, 재미있는, 활기찬, 짜릿한, 신나는, 용기 나는, 기력이 넘치는, 당당한, 기운이 나는, 기운이 넘치는, 살아있는, 생기가 도는, 들뜬, 원기가 왕성한, 자신감 있는, 힘이 솟는, 흥분된, 두근거리는, 기대에 부푼, 희망에 찬

---

* 한국NVC센터 느낌말 목록

욕구가 충족되지 않았을 때

걱정되는, 까마득한, 암담한, 염려되는, 섬뜩한, 근심하는, 신경 쓰이는, 뒤숭숭한, 무서운, 오싹한, 겁나는, 두려운, 진땀 나는, 주눅 든, 불안한, 조바심 나는, 긴장한, 떨리는, 조마조마한, 초조한, 불편한, 거북한, 겸연쩍은, 곤혹스러운, 멋쩍은, 쑥스러운, 괴로운, 난처한, 답답한, 갑갑한, 서먹한, 어색한, 찜찜한, 슬픈, 그리운, 목이 메는, 서글픈, 서러운, 쓰라린, 울적한, 참담한, 한스러운, 비참한, 속상한, 안타까운, 서운한, 김빠진, 애석한, 낙담한, 섭섭한, 외로운, 고독한, 공허한, 허전한, 허탈한, 막막한, 쓸쓸한, 허한, 우울한, 무력한, 무기력한, 침울한, 피곤한, 노곤한, 따분한, 맥 빠진, 귀찮은, 지겨운, 절망스러운, 실망스러운, 좌절한, 힘든, 무료한, 지친, 심심한, 질린, 지루한, 멍한, 혼란스러운, 놀란, 민망한, 당혹스런, 부끄러운, 화나는, 약 오르는, 분한, 억울한, 열 받는, 울화가 치미는

질문 땅따먹기

평가 5

공깃돌을 굴려 해당 칸에 적혀 있는 질문에 답을 하면 그 칸을 따먹는 놀이이다.

『수영장에서 영웅이 되는 방법』을 소개합니다

『수영장에서 영웅이 되는 방법』은 수영을 하지 못하는 주인공 학생이 수영장에 가기 위해 준비하는 모습과 수영장에서 일어나는 유쾌한 이야기를 그리고 있다.

'수영장에서 영웅이 되려면?' 내용을 잠깐 살펴보자. 나는 슬이를 좋아하는데 슬이는 나를 좋아하지 않는다. 그건 슬이가 왕자나 영웅을 좋아하기 때문이라고 단언한다. 아무리 생각해도 나는 왕자가 될 수 없다. 아빠가 왕이 아니기 때문이다. 그렇다면 영웅이 되는 방법밖에 없다. 어느 날 유치원에서 수영장에 간다고 하는데, 나는 수영을 할 줄 몰라서 걱정을 한다. 그러자 아빠가 책을 한 권 주었다. 바로 '수영장에서 영웅이 되는 방법'이라는 책이다. 책에는 수영장에서 지켜야 하는 안전 수칙이 적혀 있었다. 나는 아빠와 함께 책을 열심히 읽었다. 이제 아무 걱정이 없어진 주인공은 수영장에서 영웅이 될 수 있을까? 그리고 슬이가 나를 좋

박종진 글
박희경 그림
키즈엠

아하게 될까? 결론이 학생들의 예측을 크게 벗어나서 학생들이 "아~ 이런 게 어딨어!" 하고 안타까워하기도 하고, 큭큭 웃기도 한다.

책을 읽고 아이들이 다양한 질문거리를 뽑아낼 수 있어서 이 책을 선정했다. 질문 땅따먹기 형식을 빌려서 영웅에 대한 다양한 생각과 남녀의 이상형, 이성 친구의 마음을 끄는 방법, 경쟁에 관한 생각 등도 엿들을 수 있었다.

이처럼 다양한 질문거리를 뽑을 수 있는 그림책으로는 스포츠 챔피언 아버지의 기대에 부응하지 못하는 얍틴이 모두가 행복해지는 방법을 고민하는 『진정한 챔피언』, SNS상에서 공감을 받기 위해 우리들이 소비하고 자랑하는 것들의 이면을 보여주는 『멋진 하루』, 허락되지 않은 사랑에 빠진 초코와 젤리의 이야기 『초코곰과 젤리곰』, 악어에 대한 편견을 깨버리는 꽃단장한 악어가 행복을 찾아가는 이야기인 『이글라우로 간 악어』, 인종을 넘어서 한 가족이 되어가는 다문화가족 이야기인 『이모의 결혼식』 등이 있다.

놀이 방법

준비물 : B4 종이, 사인펜, 패브릭 공깃돌

1. 그림책과 관련된 질문을 학생들이 칠판에 적는다.
2. 우리 모둠에서 토론해보고 싶은 질문을 골라 4×4 빙고 판에 적는다.
3. 4명의 학생이 각자 색깔이 다른 패브릭 공깃돌을 정한다.(패브릭 공깃돌을 활용한 이유는 멀리 구르지 않기 때문이다)
4. 빙고 판 꼭짓점에서 공깃돌을 손가락으로 튕긴다.
5. 공깃돌이 굴러간 칸의 질문에 답을 하고, 다른 학생들은 그것에 추가 질문을 하거나 이유를 물어본다.
6. 친구의 답변에 모두 인정한다는 표시로 엄지를 들면 그 땅은 답변한 사람이 자기가 정한 색깔로 칠하여 갖는다.

놀이 속으로

그림책을 읽은 후 학생들이 생각난 질문을 바로 칠판에 판서했다. 학생들의 질문을 모아서 만든 빙고 판은 다음과 같다.

학생 1	1번인 나부터 할게. (공깃돌을 튕긴다)
학생 2	(2×2에 멈춤) '왜 내가 라이벌을 도와줬을까?'가 질문이야.
학생 1	물에 빠진 준호를 안 구해주면, 죽을 수도 있잖아. 당연히 구해줘야지.
교사	학생 1은 여자친구를 얻는 경쟁보다 사람의 생명이 더 중요하다고 판단한 거니? 왜 그렇게 생각했지?

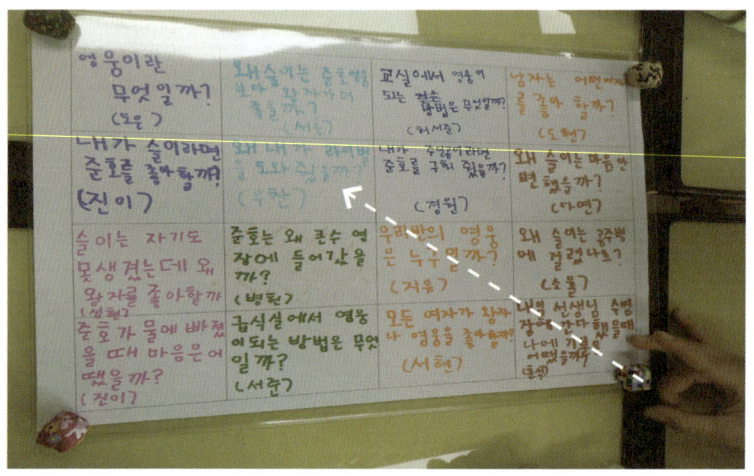

학생 1	네. 생명보다 더 중요한 건 없잖아요. 생명을 구할 수 있는데도 안 도와주고 경쟁에서 이겨봤자, 떳떳하지 않을 것 같아요.
학생 4	아니, 단순히 사람을 구하고 영웅이 되고 싶어서 구했을 수도 있잖아.
교사	그러네. 우리가 주인공 '나'의 마음을 맞출 수는 없고, 추측만 해볼 뿐이구나.
학생 2	그럼 학생 1의 답변에 대해서 인정인지 불인정인지 엄지로 판단해보자.

(모두 엄지를 위로 든다)

학생 3	상상 질문이니까, 인정이요.
학생 2	내 차례! (공깃돌을 튕긴다)
학생 1	'영웅이란 무엇일까?'야.
학생 2	영웅은 멋진 사람이야.

학생 3	뭐가 멋지다는 거야?
학생 2	어려움에 처한 사람을 구해주고, 위기의 순간에 나타나는 사람 말이야.
학생 4	그런데 이 그림책에서 영웅은 '규칙을 잘 지키는 사람'이라고 하잖아. 주인공도 준호를 구한 건 아니고 다른 사람을 도와주라는 규칙을 지켜서 영웅이 됐을 뿐이야.
학생 2	그런가? 그럼 우리가 생각하는 영웅이 아닌 거야?
학생 3	그 말도 맞긴 한데, 이 책에서는 영웅을 더 넓게 생각한 거 같아.
학생 1	그럼 학생 2의 답변에 대해서 인정인지 불인정인지 엄지로 판단해보자.

(모두 엄지를 위로 든다)

학생 3	모두 인정했다!
교사	우리가 흔히 생각하는 영웅은 학생 2의 말이 맞을지도 몰라요. 하지만 평범한 사람이 일상생활에서 영웅이 된다는 건, 그 사람이 평상시에 항상 규칙과 양심에 따라 잘 생활하고 있기 때문이 아닐까요? 어렸을 때부터 배운 평범한 가치와 약속들… 생명은 소중하다, 친구를 사랑해라, 정직해라, 성실해라, 약한 자를 도와라, 약속을 지켜라, 절제해라 등 말이죠. 아마 주인공도 '친구를 도와라'는 규칙에 충실한 평범한 학생이었을 거라고 선생님은 생각해요. 최소한의 규칙과 약속도 지키지 않는다면 영웅이 될 수 없는 건 너무 당연한 거죠.
학생 3	저요! (공깃돌을 튕긴다)
학생 4	'우리 반의 영웅은 누구일까?'네.

학생 3	음~ 규칙을 잘 지키는 사람 찾으면 되는 거네. 음~ 복도에서 안 뛰는 준이, 편식 안 하고 잔반 안 남기는 서은, 인사를 잘하는 소연, 친구를 잘 도와주는 준서요.
학생 2	평가 타임!

(모두 엄지를 위로 든다)

학생 4	내 차례! (공깃돌을 튕긴다)
학생 1	'모든 여자가 왕자나 영웅을 좋아할까?'가 질문이다.
학생 4	네. 맞는 말 같아요. 우리 누나가 BTS를 좋아하는데 왕자처럼 멋있고 잘 생겼대요. 그리고 어려운 곳에 기부도 한다고 좋대요.
학생 2	모든 여자가 왕자나 영웅을 좋아하는 건 아니야. 우리 엄마는 아주 평범한 우리 아빠랑 결혼했는걸.
학생 4	결혼할 당시에는 서로 반해서 왕자처럼 보였을 수도 있잖아.
학생 2	그렇게 보인 거지, 실제로 왕자는 아니잖아.
학생 3	나도 공부 잘하고 똑똑한 남자가 좋아. 모든 여자가 그런 건 아닌 것 같아.
학생 1	자, 엄지로 평가하자.

(모두 엄지를 아래로 든다)

이런 식으로 학생들은 돌아가면서 패브릭 공깃돌을 튕기고 질문에 답하고 추가 질문과 반박을 하면서 놀이를 이어나간다. 이미 친구가 차지한 땅에 공깃돌이 들어갔을 경우에는 질문에 답변만 하고, 땅을 차지할 수는 없다. 놀이가 끝난 후 가장 많은 땅을 차지한 학생이 이긴다.

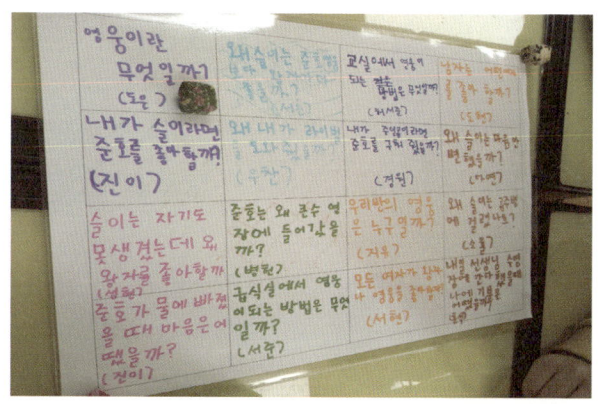

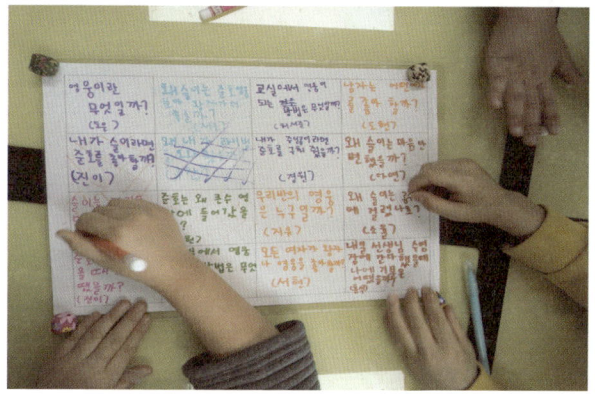

도움말과 유의점

질문 땅따먹기의 관건은 학생들의 질문의 수준을 어느 정도 끌어올리고 해야 한다는 것이다. 사실확인질문, 사고확장질문, 적용 질문 등등, 많은 질문을 만들어보고 접해보아야 다양한 관점에서 질문을 만들어낼 수 있다. 놀이명은 질문 땅따먹기이지만, 실은 주제에 대해 여러 학생의 말문을 여는 기초적인 토론 수업에 가깝다. 학생들의 질문과 답변이 골똘히 고민해야 할 때도 있어서, 사례처럼 교사가 끼어들어 추가 질문이나 다른 예시를 제시하여 생각의 폭을 넓히고, 학생만의 의견을 정립해보도록 도와주는 것이 좋다. 이 놀이는 충분히 시간을 갖고 진행하고, 공깃돌에 걸리지 않아 대답해보지 못한 좋은 질문은 수업이 끝난 후라도 학생들이 논의해보게 한다. 아니면 색칠이 되지 않는 칸의 좋은 질문을 눈여겨보았다가 마지막에 전체 질문으로 제시해도 좋다.

한 걸음 더

놀이 중에 나온 질문 중에서 관심이 가는 주제로 '자신의 생각 글쓰기' 활동을 이어가기를 추천한다. '영웅이란?', '나의 이상형', '이성 친구의 마음을 끄는 방법', '진정한 경쟁' '규칙과 영웅의 상관관계' 등등이 학생들이 써볼 만한 글쓰기 주제이다. 영웅이 등장하는 그림책으로는 『내가 영웅이라고?』, 『영웅을 찾습니다』, 『출동! 슈퍼 무당벌레』, 『진짜 영웅』, 『멋쟁이 슈퍼토끼』, 『도와주세요, 오리 의사 선생님』, 『슈퍼 영웅이 될 거야!』 등이 있다. 이런 그림책들은 영웅은 특별한 사람이 아니라 규칙을 잘 지키는 사람이라고 말하고 있다. 제시된 그림책과 함께 읽고 질문 땅따먹기를 진행해도 좋다. 규칙을 잘 지키지 않는 학생들의 생활교육에도 유용할 뿐 아니라, 학급에 규칙을 잘 지키려는 영웅의 출현도 기대해볼 수 있을 것이다.

논리를 찾아라

평가 6

그림책의 상황을 두고 내린 판단인 결론에 대해 대전제와 소전제를 근거로 삼단논법의 형식을 만드는 놀이이다.
결론을 위한 대전제로 보편적인 원리를 찾아내고 대전제로부터 결론에 도달하기 위한 연결고리를 찾는 놀이이다.

『행복한 우리 가족』을 소개합니다

표지를 보면 강렬한 빨간색에 행복한 3인 가족이 등장한다. '얼마나 행복한 모습을 보여주기에 이렇게 열정적이지?' 하고 생각하는 순간, 자세히 들여다보면 뭔가 다른 두 개의 포인트가 눈에 들어온다. 제목 끝에 터지기 전인 폭탄이 달려 있다. 또 우리가족의 '우' 자의 모음 'ㅇ'이 교통표지판 '금지'의 이미지를 담고 있다. 제목과는 상반된 그림이 호기심을 자극한다.

어느 봄날 아침 소연이네 가족이 봄나들이를 간다. 그런데 아뿔싸! 주인공 소연 엄마는 집을 나서면서부터 핸드폰을 두고 나온다. 소연 엄마는 핸드폰을 챙기러 다시 집 안으로 들어간다. 소연이네 가족은 중간에 마트도 들른다. 아빠의 운전으로 고속도로를 달려 미술관에서, 극장에서, 식당에서…. 행복한 가족의 상큼한 봄나들이는 하루 종일 이어진다.

글만 보면 단란하고 평범한 가족의 행복한 봄나들이다. 하지만 표지가

한성옥 글·그림
문학동네

그렇듯이 그림을 들여다보면 그림은 계속 다른 모습을 보여준다. '어, 이게 뭐지? 이래도 되나? 이 가족만 행복해도 되나? 이거 민폐 아닌가?' 그림을 보면서 이런 생각이 페이지마다 든다.

『행복한 우리 가족』을 선택한 이유는 오직 우리 가족의 행복만이 절대적인 가치인 듯 '남'과 '이웃'에 끼치는 피해나 민폐를 가벼이 생각하는 행태를 꼬집기 위해서이다. 그리고 자신의 무분별하고 비도덕적인 행동에 대해 성찰하지 못하고 '왜요? 왜 안 되는데요?'로 행동수정에 대한 거부를 질문으로 표현하는 아이들과 무엇이 문제이며, 왜 그래서는 안 되는지에 대해 스스로 답을 얻기 위해서이다. 이 가족의 이기적인 행태를 보면서 우리는 주인공들과 다르다고 당당히 이야기할 수 있는지 성찰해 보고 싶었다.

'논리를 찾아라'에 어울리는 그림책으로는 삶을 성찰할 수 있는 내용을 특징으로 담고 있는 그림책이 적합하다. 예를 들면, 삶 속에서 중요하지만 사소하다고 생각하는 이야기를 다룬 『사소한 소원만 들어주는 두

꺼비』, 외부 침입자에 대한 편견을 다룬 『벌집이 너무 좁아!』, 일상을 따라가며 즐기는 상품들의 불편한 이면을 들여다보는 『멋진 하루』, 어른들의 잔소리로 이야기를 엮은 『어른들은 절대로 안 그래?』 등이 있다.

놀이 방법

1. 모둠별로 모든 학생이 그림책의 첫 페이지부터 도덕적 문제 상황을 찾는다.
2. 첫 페이지의 문제 상황을 찾았다면 손을 들어 문제 상황을 발표한다.
3. 이제 결론을 도출하기 위한 근거로 대전제와 소전제를 찾는다.
4. 대전제와 소전제를 찾아냈다면 'O모둠'을 외치고 나서 삼단논법의 구조를 완성한다.
5. 다른 모둠은 두 전제가 결론을 이끌어내는 데 판단한 후 옳다면 점수를 준다.
6. 같은 결론에 다른 전제를 제시하며 결론을 이끌어 낼 수 있으므로 다른 근거를 가지고 있다면 자신의 모둠 이름을 외치면 된다.
7. 첫 페이지 문제 상황에 대한 연결고리 찾기가 끝나면 다음 페이지로 넘어가서 똑같이 한다.

놀이 속으로

교사	그림책을 모두 읽었습니다. 이제 다시 첫 페이지부터 도덕적 문제 상황을 찾아보도록 합시다. (첫 페이지의 문제 상황은 현관을 나와 빠뜨린 핸드폰을 찾으러 간 엄마를 기다리며 소연이가 엘리베이터 버튼을 꾹 누르고 있는 것이다)

학생 1   엘리베이터를 잡고 있는 것은 옳지 않아요.

교사   네, 그러면 첫 번째 도덕 판단은 '공공주택의 엘리베이터를 잡고 있는 것은 옳지 않다'입니다. 이 도덕 판단이 옳다면 아래와 같은 삼단논법의 형태로 그것을 옳다고 증명할 근거로 두 전제(보편적 원리와 사실 판단)를 찾아내 보세요.

[삼단 추론의 형태]

전제	A는 B이다
	C는 A이다

(근거)

주장	그러므로, C는 B이다

[삼단논법]

보편적 원리	A는 B이다
사실 판단	C는 A이다

근거(전제)

주장

도덕 판단	C는 B이다

교사	자, 틀에 맞추어 도덕 판단을 제시해줄게요. 여러분은 모둠별로 의논해서 전제가 될 수 있는 보편적 원리와 사실 판단의 근거를 찾아보세요.
1모둠	'타인에게 피해를 끼치는 것은 옳지 않다. 공공주택의 엘리베이터를 잡고 있는 것은 타인에게 피해를 끼치는 것이다.'
교사	네, 1모둠 아주 훌륭해요. '타인에게 피해를 끼치는 것은 옳지 않다'라는 보편적 원리에 '공공주택의 엘리베이터를 잡고 있는 것은 타인에게 피해를 끼치는 것이다'라는 사실 판단을 근거로 가져왔 군요. 다른 근거를 찾은 모둠은 없나요?
2모둠	저희는 '공중도덕을 지켜야 한다. 공공주택의 엘리베이터를 잡고 있는 것은 공중도덕을 지키지 않는 것이다'라는 근거를 찾았어요.
교사	2모둠 좋아요. 결론을 내리기 위해 하나의 근거만 있는 것은 아니 에요. 그럼 또 다른 근거를 찾은 모둠은 없나요? 없으면 다음 페 이지로 넘어갈게요.

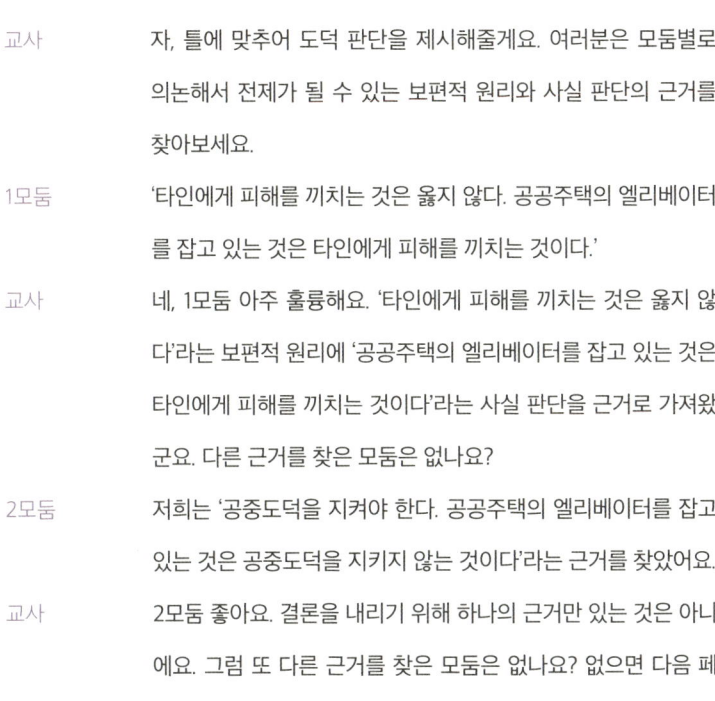

(중략)

학생 2   선생님 소연이가 엄마랑 마트에 갔을 때 줄을 서지 않고 새치기를 하는 장면이 있어요. 저는 새치기를 하는 것은 옳지 않다고 생각해요.

교사   자, 그럼 두 번째 문제입니다. 결론 '새치기를 하는 것은 옳지 않다'입니다. 그런 주장을 하는 근거를 제시해보세요.

[삼단논법]

| 보편적 원리 | |
| 사실 판단 | |

근거(전제)

주장

| 도덕 판단 | 새치기를 하는 것은 옳지 않다. |

3모둠   저희 3모둠이요! '규칙을 지키지 않는 것은 옳지 않다. 새치기를 하는 것은 규칙을 지키지 않는 것이다.' 맞죠?

교사   네, 맞아요. 자, 다음 쪽으로 넘어갑니다.

학생 3   소연이 아빠가 불법유턴을 하는 장면 있잖아요. '저는 불법유턴은 옳지 않다'라고 생각해요.

교사   네, 그러면 세 번째 문제입니다. 모둠별로 결론에 대한 근거를 찾아보세요.

[삼단논법]

보편적 원리

사실 판단

근거(전제)

주장

도덕 판단   불법유턴은 옳지 않다.

4모둠	4모둠이요. '교통법규를 어기는 것은 옳지 않다. 불법유턴은 교통법규를 어기는 것이다. 따라서 불법유턴을 옳지 않다.'
5모둠	선생님! 5모둠이요. 저희는 '법을 어기는 것은 옳지 않다. 불법유턴은 법을 어기는 것이다'라고 했어요.
교사	예. 4모둠, 5모둠 모두 잘했어요.

(중략)

도움말과 유의점

학생들은 삼단논법 용어 자체를 어려워하며 하기도 전에 겁을 낸다. 하지만 'A는 B다. C는 A다. 고로 C는 B다'의 규칙을 익히고, 내려진 결론에 근거가 되는 연결고리를 찾는 연습을 되풀이하면 의외로 쉽게 익힌다. 특히 가장 대표적인 삼단논법인 '사람은 죽는다. 소크라테스는 사람이다. 고로 소크라테스는 죽는다'와 같은 사례를 보여주고 몇 차례의 연습을 하고 나면 학생들은 놀라울 정도로 아주 쉽게 적용한다.

한 걸음 더

잘못된 문제 상황에 대한 판단에서 끝내지 않고 더 나아가 문제 상황을 반전시켜보는 활동을 하는 것도 의미가 있다. 예를 들면, 장면마다 상황을 반전시킨 그림책 만들기, 반전시킨 역할극 만들기 등 상황을 바로잡는 활동으로 발전시키는 것은 의미가 있다. 더 나아가서 학생들은 삶에서 일어날 수 있는 좀 더 구체적인 도덕적 문제 상황에서 자신이 선택한 결론에 대한 근거를 스스로 제시하며 토론이나 논술 활동으로 이어갈 수 있다. 대부분은 가치 논제로 토론이나 논술을 할 때도 바로 이러한 추론을 통해 자신의 주장을 견고히 할 수 있다.

6장

창의적으로 놀아요

창의 1

소리를 찾아라

그림책의 한 장면을 보고 그 장면에서 연상되는 소리를
가장 많이 찾는 사람이 이기는 놀이이다.

『돼지책』을 소개합니다

『돼지책』은 앤서니 브라운의 대표 작품으로, 『우리 엄마』, 『우리 아빠』, 『우리 형』 등 가족을 소재로 한 다른 작품과 마찬가지로 따뜻한 가족애를 그렸다.

피곳 씨는 아내와 두 아들인 사이먼, 패트릭과 멋진 집에 살고 있다. 하지만 이 집에서 피곳 씨와 두 아들은 밤낮으로 피곳 부인에게 밥을 재촉하는 것 외에는 아무 일도 하지 않았고, 모든 집 안 일은 피곳 부인 혼자서 한다. 그러던 어느 날 집에 돌아와 보니 피곳 부인이 사라졌다. '너희들은 돼지야' 라는 쪽지만 남긴 채…. 피곳 씨와 아이들은 손수 저녁밥을 짓고, 아침밥을 지었다. 피곳 씨와 아이들은 굶지는 않았지만 설거지, 빨래, 청소는 하지 않았다. 집은 점점 돼지우리처럼 변해갔고 더 이상 먹을 것도 없었다. 모두가 돼지처럼 먹을 것을 찾아 집안을 뒤질 때 피곳 부인이 돌아왔다. 피곳 씨와 아이들은 용서를 빌었고, 이제 집안일은 가족 모

앤서니 브라운 글·그림
웅진주니어

두가 함께한다. 피곳 부인은 이제야 웃을 수 있다.

　그림책은 눈으로 읽는 것이기도 하지만 가만히 들여다보면 그 안에 많은 소리가 담겨져 있음을 또한 알 수 있다. 『돼지책』으로 '숨은 소리 찾기'를 해보면 학생들은 주로 두 아들에게 초점을 맞추고, 눈 앞에 펼쳐진 그 장면에 나타나는 소리 찾기에만 집중하는 경향을 보인다. 하지만 이 놀이를 학부모님들과 해보면 그림에는 등장하지 않지만, 주방 쪽에 있을 것으로 짐작되는 피곳 부인과 관련되는 소리를 많이 찾는다. 이처럼 숨은 소리를 찾다 보면 같은 그림을 보더라도 각자 다른 관점에서 장면을 이해하고 있음을 알 수 있다.

　'소리를 찾아라'에 어울리는 그림책으로는 가족과 아이들이 하루의 삶 속에서 얻게 되는 평범한 일상에 감사함이 담겨 있는 장면에서 상상해볼 수 있는 소리가 담긴 『온 세상을 노래해』, 도심으로 내려온 멧돼지 가족이 새로운 환경 속에서 쉴 곳을 찾아 헤매며 나누는 대화가 궁금한 『지혜로운 멧돼지가 되기 위한 지침서』, 엄마와 남자아이, 아빠와 여자아

6장. 창의적으로 놀아요　　271

이, 네 사람이 공원에서 나누는 대화를 생각해볼 수 있는 『공원에서 일어난 이야기』 등이 있다.

놀이 방법

1. 모둠원 각자가 그림책의 한 장면을 보고, 연상되는 모든 소리를 찾는다.
2. 순서를 정해 돌아가면서 자신이 찾은 소리를 말한다.
3. 내가 찾은 소리 중에서 다른 모둠원이 말한 것이 나오면 하나씩 지운다.
4. 이때 앞 사람이 이미 말한 소리는 또 말할 수 없다.
5. 최후 한 명이 나올 때까지 한다.

놀이 속으로

모둠을 정한 뒤 학생들에게 『돼지책』 중 '피곳 씨와 두 아들이 피곳 부인에게 밥을 빨리 달라고 하는 장면'을 보고, 연상되는 모든 소리를 찾는다. 개수의 제한은 없고 시간을 정해서 한다.

학생 1

아~~~(아들이 말한 소리)
조르륵(우유 따르는 소리)
달그락달그락(컵 놓는 소리)
타닥타닥(후추 뿌리는 소리)
드르륵(의자 끄는 소리)
끼익끼익(의자 흔드는 소리)
털썩(의자에 앉는 소리)
뽀옥(잼 뚜껑 여는 소리)
어흠(아빠가 신문 보면서 내는 소리)
지이익(우유갑 까는 소리)
쿵쿵(발 구르는 소리)
꼬르륵(배고픈 소리)

학생 2

의자 기울이는 소리
그릇 달그락거리는 소리
옷 부스럭거리는 소리
손으로 장난치는 소리
발 떠는소리

아빠 헛기침 소리
아빠 머리 정리하는 소리
딸기잼 뚜껑 따는 소리
우유 까는 소리
시리얼 먹는 소리

학생 3

신문 펼치는 소리
의자 삐걱거리는 소리
아빠 재채기 소리
엄마를 재촉하며 책상 두드리는 소리
발 구르는 소리
빈 그릇 달그락거리는 소리
밥 달라고 소리치는 소리
시계 째깍대는 소리
엄마가 불평하는 소리
"간다고, 가."(엄마)
"아휴, 정신없어"(엄마)

아빠가 신문을 중얼중얼 읽는 소리
세탁기 소리
전자레인지 돌아가는 소리
밖에서 들리는 차 소리
새소리
TV 소리
택배 아저씨가 문 두드리는 소리
강아지 짖는 소리
엄마가 다가오는 발소리
냉장고 여닫는 소리
엄마가 아침밥을 준비하는 소리

학생 4

신문 넘기는 소리
그릇이랑 수저 부딪히는 소리
후추 터는 소리
잼 뚜껑 여는 소리/ 닫는 소리
물 따르는 소리
우유 따르는 소리
시리얼 박스 여는 소리

"얘들아!" 소리치는 소리
"에헴"(아빠)
"좀만 기다려!"(엄마)
애들이 탁자 두드리는 소리
"쓰읍"(아빠)
애들이 다리 달랑거리는 소리

소리를 다 찾으면 한 명씩 돌아가며 소리를 얘기하고, 다른 사람들은 자신이 쓴 것 중에 같은 소리가 있으면 그 소리를 지운다.

학생 1	내가 먼저 말할게. 난 '조르륵, 우유 따르는 소리'를 찾았어.
학생 4	나도 '우유 따르는 소리'라고 썼어.
학생 2	다음으로는 내가 할게. 난 '그릇 달그락거리는 소리'를 찾았어.
학생 3	나도 '빈 그릇 달그락거리는 소리' 있어.
학생 4	나도 '그릇이랑 수저 부딪히는 소리'라고 썼어.
학생 1	난 '달그락달그락, 컵 놓는 소리'라고 썼는데, 이것도 같은 소리인가?
학생 2	컵이니까 식기로 볼 수 있을 것 같아.
학생 1	그럼 지울게.
학생 3	다음은 내 차례지? 난 '아빠 재채기 소리'라고 했어.
학생 2	난 '아빠 헛기침 소리'~
학생 4	난 '에헴', 아빠 헛기침 소리야.
(중략)	
학생 2	난 이제 더 이상 없어.
(중략)	
학생 1	나도 끝이야.
(중략)	
학생 3	난 아직 많이 남았어. 내가 1등이네.

이런 식으로 순번대로 돌아가며 찾은 소리를 지우다가 가장 늦게까지

남는 학생이 이기는 것이다.

도움말과 유의점

'소리를 찾아라'는 평면적인 그림책에 숨은 소리를 찾는 놀이인 만큼 무한한 상상력을 발휘해야 하며, 그림책 중에서 여러 가지 다양한 소리를 찾을 수 있는 한 장면을 찾아 적용해보면 재미를 느낄 수 있다.

소리를 찾을 때는 그림책 전체가 아니라 해당 장면에서만 소리를 찾도록 한 번 더 일러준다. 또 빠른 시간 내에 많은 소리를 찾는 것이 놀이의 묘미이므로 시간은 5분 정도 주고, 부족하면 1~2분 정도 추가 시간을 준다. 또, 앞의 사례에서 보듯이 소리를 각 인물의 대사로 표현하는 사람도 있고, 의성어로 표현하는 사람, 설명으로 표현하는 사람도 있는 등 각기 다르다. 하지만 이를 굳이 통일하지는 않아도 된다. 각기 다르게 표현하는 것에서도 재미를 느낄 수 있기 때문이다.

또 하나 '피곳 씨와 두 아들이 피곳 부인에게 밥을 빨리 달라고 하는 장면'에 등장하지 않는 엄마(피곳 부인)에 대해서는 먼저 언급하지 않는다. 그림에 나타나지는 않지만 같은 공간에 엄마가 있으리라는 것을 충분히 알 수 있고, 또 그것을 찾아내는 것이 이 놀이의 가장 핵심이기 때문이다. 눈에 보이는 것뿐만 아니라 보이지 않는 곳에서 들리지 않는 소리를 찾는 활동이 학생들에게 흥미와 호기심을 갖게 할 뿐만 아니라, 상상력을 키우는 데도 도움이 된다.

한 걸음 더

'소리를 찾아라'를 하다 보면 학생들은 '엄마의 가출이 너무 일방적이고 충동적이다'라고 주장한다. 반면 일부 학생은 '엄마가 오죽하면 쪽지 한 장 남기고 가출을 할까'라는 의견을 제시한다. 따라서 내가 엄마라면 어떻게 행동했을 지에 관해 생각해본 후 '엄마의 가출은 정당하다'라는 논제로 찬반 토론을 해보면 좋다. 엄마의 가출에 대한 정당성을 토론하는 가운데 학생들은 서로의 입장에 대해 좀 더 이해할 수 있다.

나뭇잎 놀이

나뭇잎을 활용하여 사물을 그리는 놀이이다.

창의
2

『이파리로 그릴까』를 소개합니다

『이파리로 그릴까』는 글이나 그림 하나 없이 나뭇잎, 꽃잎, 나뭇가지 등으로 꾸민 동물만으로 독자의 눈을 즐겁게 하고 힐링을 준다. 봄부터 가을까지 피고 지는 꽃잎과 나뭇잎, 솔방울, 나뭇가지로 아이들에게 친근한 동물들을 표현한다. 노란 꽃잎과 갈색 나뭇잎으로 사자를 귀엽게 표현하고 갈색 긴 나뭇잎으로 개미핥기를 표현한다. 노란 꽃잎으로 병아리를 꾸미고 분홍 꽃잎으로 돼지를 그린다. 각종 초록색 나뭇잎으로 바다거북이를 그리고 색색의 화려한 꽃잎과 나뭇잎으로 물고기를 꾸며낸다. 빨갛게 물든 나뭇잎으로는 고고한 홍학을 표현하고 흩날리는 가는 하얀 꽃잎으로 백곰을 표현한다. 파리, 잠자리, 나비 등 각종 곤충과 뱀, 여우, 악어, 공작 등 동물들을 나뭇잎으로 표현하여 다양한 색감으로 예쁜 동물들을 그린다.

학생들에게도 복잡한 규칙 없이 단순한 나뭇잎을 활용하여 꾸미는 것

이보너 라세트 지음
시금치

만으로 재미와 휴식을 느끼게 한다. 혼자서 그린 후에 둘, 넷, 더 많은 친구와 협력하여 그리면서 경쟁의식을 잠시 내려놓는다. 경쟁에 지친 아이들에게 경쟁에서 자유로운 시간과 함께 친구들과 협력하는 시간을 선물하고 싶었다.

 나뭇잎을 활용하여 사물을 그리는 놀이에는 『숲 속 재봉사』, 『소꿉놀이』, 『들꽃이 핍니다』 등 콜라주 기법을 활용하여 만든 그림책들이 어울린다.

놀이 방법

준비물 : 나뭇잎(도안으로 대체 가능), 가위, 풀, 색연필, 사인펜, A4 종이

1. 학생들에게 나뭇잎 도안을 나눠주고, 색칠한 후에 잘라보게 한다.
2. 4인 1모둠이 되어 각자 나뭇잎 중 한 장을 활용하여 동물을 그리고 모둠원에게 소개한다.

3. 짝과 협력하여 나뭇잎 두 장을 활용하여 동물을 그리고 모둠원과 옆 모둠원들에게 소개한다.
4. 모둠원들이 협력하여 나뭇잎 4장(5장)을 활용하여 동물을 그리고 다른 모둠원에게 소개한다.
5. 원하는 친구들과 협력하여 사람 수 만큼의 나뭇잎을 활용하여 그림을 그린다.
6. 그림을 학급 전체 인원에게 소개한다.

놀이 속으로

그림책에 있는 동물들을 보여주며 어떤 동물인지, 어떤 재료로 그렸는지 함께 이야기한다. 계절별 재료를 활용하여 만들어진 동물들을 보며 아이들의 눈과 마음이 편안해진다.

나뭇잎 도안을 나눠주니 나뭇잎을 색칠해도 되냐고 묻고 갖가지 어울리는 색으로 색칠한다. 평소 수업시간에는 잠만 자던 학생들도 의욕적으로 참여한다. 채색 후 나뭇잎을 자르고는 1개의 나뭇잎을 가지고 동물(사물)을 그리고 모둠원들에게 소개한다.

학생 1	나는 은행잎을 활용해서 인어공주를 그렸어. 꼬리가 살아 움직이는 거 같지?
학생 2	뭐야? 인어공주도 동물인가? 나도 은행잎을 사용했는데 쌍봉낙타를 그렸어.
학생 3	했네. 난 새빨간 단풍잎을 활용해서 수탉을 그렸는데 살아 움직이는 거 같지?

모둠 내에서 각자가 그린 그림을 소개하고 나면 짝과 함께 나뭇잎 한 장씩 총 두 장을 활용하여 동물(사물)을 그리고 모둠원들에게 소개한다.

학생 1   우리는 단풍잎 두 장을 활용하여 불가사리를 그리고 바닷속 세상을 그렸어.

학생 3   우리는 은행잎들을 활용해서 꽃게를 그렸어. 맛있겠지?

　모둠원의 인원수만큼의 나뭇잎을 활용하여 동물(사물)을 그리고 학급 학생들에게 소개한다.

학생 1　　우리는 나뭇잎 다섯 장을 활용하여 꼬리 다섯 달린 여우 5미호 그렸어.

학생 5　　우리는 크리스마스를 맞이해서 루돌프를 그렸어.

도움말과 유의점

계절에 따라 밖에서 나뭇잎이나 꽃잎을 직접 구해오게 하면 놀이가 더욱 즐겁다. 봄에는 벚꽃잎들로, 가을에는 단풍, 은행잎으로 놀이를 진행한다면 놀이가 더욱 풍성해진다. 단, 꺾어오는 것은 안 되고 땅에 떨어져 있는 것만을 가져오도록 한다.

한 걸음 더

동물을 정하고 그림을 그릴 때 상의 없이 릴레이 방식으로 그림을 그리게 하는 것도 재밌다. 처음에 나뭇잎을 붙이거나 그리는 학생은 동물의 종류와 주제만 정하고 완성은 나머지 모둠원들에게 맡기면 처음 본인의 의도와는 다르지만, 전혀 색다른 새로운 작품이 탄생하기도 한다.

학급 전체 인원이 나뭇잎 한 장씩 활용하여 하나의 작품을 만드는 활동도 매력적이다. 학급원들이 함께 주제를 정한 뒤 릴레이 방식으로 만들어간다면 의미 있는 시간을 가질 수 있다.

주먹가위보

창의
3

손으로는 주먹, 가위, 보 중에서 한 가지를 내면서 어떤 대상이나 사물을 표현하는 놀이이다.

『다섯 손가락』을 소개합니다

『다섯 손가락』은 다섯 손가락이 할 수 있는 일을 이야기하면서 시작한다. 엄지손가락으로는 자신의 생각을 표현할 수 있고, 집게손가락으로는 무언가를 가리키기도 하고 코를 파기도 한다. 그다음으로 가운뎃손가락, 넷째 손가락, 새끼손가락이 할 수 있는 일을 알려준다. 이어서 다섯 손가락이 함께 힘을 모아서, 즉 한 손으로 할 수 있는 일을 알려준다. 무언가를 위해 싸울 수도 있고, 쓰다듬어 주고, 포옹할 수도 있다. 다음으로 두 손으로 할 수 있는 일을 알려준다. 하트를 만들 수도 있고, 서로 포옹도 할 수 있다. 두 손으로 할 수 있는 일 마지막 부분에서는 기독교, 불교, 이슬람교, 힌두교, 유대교 복장을 하고 있는 아이들이 서로 손을 잡고 어깨동무하고 있는 그림이 나온다. 이 그림은 이 책에서 말하고자 하는 핵심이 담겨 있다. 서로 다른 문화권 아이들이 함께 어울리는 모습을 통해 작가는 메시지를 전달한다. 간디의 '더 멋진 세상을 보고 싶다면 우리 스스

셀마 운글라우베 글
브루나 바로스 그림
미디어창비

로 변화를 만들어가야 해'라는 명언으로 마무리하면서 다양한 사람들이 더불어 살아가는 것, 더 나은 세상을 만드는 것의 의미에 대해 많은 생각을 하게 한다.

『다섯 손가락』은 손가락, 한 손, 두 손으로 할 수 있는 일이 무엇인지 알려준다. 두 손으로 할 수 있는 일에 대해 그림책을 통해 알아본 후에 두 손으로 대상이나 사물을 표현해보면서 즐거운 시간을 보낼 수 있어서 선택했다.

주먹가위보 놀이에 어울리는 그림책으로는 손으로 말하고, 느끼고, 보고, 만들고, 생각을 나누는 등 손이 갖고 있는 의미에 대해 알려주는 『나의 손』이 있다. 그 외에는 손이 하는 일을 직접적으로 알려주지는 않지만 손가락과 관련된 흥미 있는 이야기를 다루고 있어 학생들이 재미있어하는 『코딱지 마을의 손가락 침입 소동』과 『손가락 문어』가 있다.

놀이 방법

1. 개인별로 오른손과 왼손으로 각각 주먹, 가위, 보 중에서 하나를 제시한다.
2. 제시한 두 손의 주먹, 가위, 보로 어떤 대상이나 사물을 표현한다.
3. 4인 1모둠을 구성한다.
4. 4명이 각자 두 손으로 각각 주먹, 가위, 보 중에서 하나를 제시한다.
5. 손으로 어떤 대상이나 사물을 표현한다.

놀이 속으로

그림책을 함께 읽고 개인별로 주먹가위보를 시작하기 전에 그림책에서 알려주는 활동들을 제외하고 손가락으로 할 수 있는 일들이 무엇이 있는지 알아본다. 엄지손가락부터 새끼손가락이 각각 할 수 있는 일이 무엇이 있는지 돌아가면서 알아본 후 주먹가위보 놀이를 시작한다. 주먹가위보 놀이는 율동과 함께 노래를 부르면서 하면 더욱 재밌다.

"주먹가위보, 주먹가위보, 무얼 만들까? 무얼 만들까? 오른손은 주먹, 왼손은 가위 달팽이"

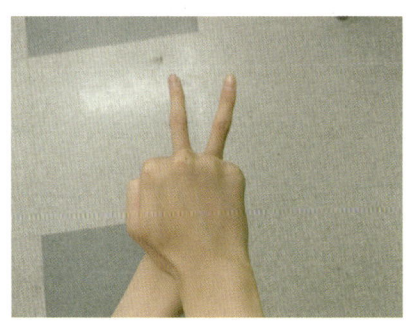

개인 발표는 전체 학생이 한 명씩 돌아가면서 하고 발표를 들은 친구들의 반응을 판정 기준으로 한다. 처음 하는 학생들은 주먹, 가위, 보를 낸 두 손으로 무엇을 표현할 수 있을지 몰라 막막해하지만 한두 명의 발표를 들은 후부터는 다양한 아이디어를 제시한다.

주먹가위보의 핵심은 모둠별 활동이다. 4인 1모둠이라면 8개의 손으

<권투>
오른손은 주먹, 왼손도 주먹

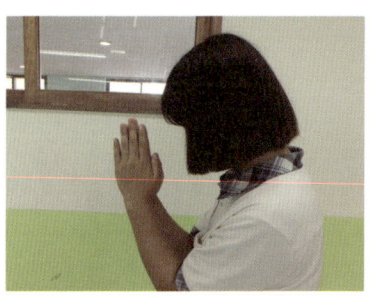

<기도>
오른손은 보자기, 왼손도 보자기

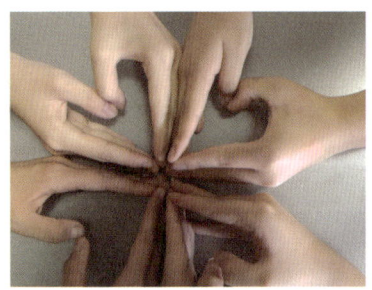

<네잎클로버>
오른손은 가위, 왼손도 가위(1인)
오른손은 가위, 왼손도 가위(1인)
오른손은 가위, 왼손도 가위(1인)
오른손은 가위, 왼손도 가위(1인)

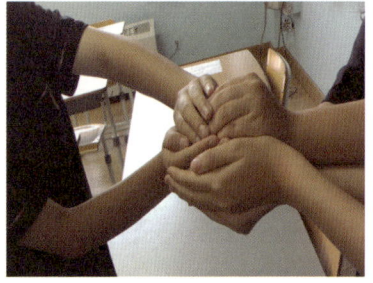

<배구>
오른손은 주먹, 왼손도 주먹(1인)
오른손은 보자기, 왼손도 보자기(1인)
오른손은 보자기, 왼손도 보자기(1인)
오른손은 보자기, 왼손도 보자기(1인)

로 표현해야 한다. 8개의 손으로 무언가를 표현하는 것은 쉽지 않다. 학생들은 이 장면에서 정말 많은 생각을 하며 고민을 한다. 충분히 시간을 줘도 1개를 완성하지 못하는 모둠도 가끔 발생한다.

모둠에서 네잎클로버, 배구 등을 표현했는데 대상이나 사물을 표현하는 것으로 주먹가위보를 마무리하는 것이 아쉬울 수 있다. 이럴 경우에는 단순하게 무언가를 표현하는 것에 그치지 않고 그림책 주제에 맞게 더불어 사는 세상, 더 나은 세상을 표현하면 좋다.

<어벤저스>

오른손은 주먹, 왼손도 주먹(1인), 오른손은 주먹, 왼손도 주먹(1인)
오른손은 보자기, 왼손도 보자기(1인), 오른손은 주먹, 왼손도 주먹(1인)

이유: 어벤저스가 악당을 물리치고 세상을 아름답게 만드는 것과 같이 우리 사회가 더 나은 세상이 되기를 희망하기 때문

도움말과 유의점

주먹가위보 놀이는 재미있다. 무엇보다도 "주먹가위보, 주먹가위보, 무얼 만들까?" 하고 노래 부르면서 유치해 보이는 동작을 함께하는 것이 학생들의 흥미를 유발한다. 초등학교 고학년 이상만 되어도 노래 부르며 동작을 하는 것을 부끄러워하는데, 학생들은 그 모습을 보면서 재미있어한다. 단순히 사물을 표현하는 것도 좋지만, 의미와 메시지가 담겨 있는 대상을 표현하는 것이 좋다.

한 걸음 더

『다섯 손가락』은 다양한 사람들과 더불어 살아가는 삶에 대해 이야기하는 그림책이기에 더불어 살아간다는 의미를 생각해보는 시간을 가지면 좋다.

학급 친구들, 학교 학생들, 마을 주민들과 더불어 살아가는 자세에 대해 생각해보는 시간을 가질 수 있다. 또는 더불어 살아가는 세상 만들기 프로젝트 수업으로 연계하면 더욱 좋다. 사회에서 소외된 약자들을 조사하고 모둠별로 대상을 선정한 후에 이들이 어떤 어려움을 겪고 있으며, 문제를 해결하기 위한 정책 방안을 마련해보고, 시청에 정책 제안을 하는 프로젝트 수업을 진행하면 의미 있는 놀이 후 활동이 될 수 있다.

사물 100가지 활용법

창의
4

주어진 사물의 용도를 최대한 많이 상상하여 제시하는 놀이이다.

『파란 의자』를 소개합니다

토끼 귀를 가진 여우 에스카르빌과 강아지 샤부도가 사막을 걷다가 파란 의자를 발견한다. 사막에서 발견한 파란 의자를 보자마자 샤부도와 에스카르빌은 다양한 아이디어를 제시하면서 무척 신나고 재미있게 논다. 의자 밑에 숨기도 하고, 개썰매, 불자동차, 구급차, 경주용 자동차, 헬리콥터, 비행기 등으로 변할 수 있다며 다양한 상상을 한다. 여기에 책상, 계산대도 만들 수 있다고 보여주면서 '의자는 요술쟁이'라고까지 얘기한다. 이때 낙타가 인상을 쓰고 나타난다. "의자는 앉으라고 있는 거야"라고 소리를 지른다. 재미있게 파란 의자를 가지고 놀던 에스카르빌과 샤부도는 '그걸 누가 모르냐?' 라는 어이없는 표정으로 낙타를 바라본다. 상상력이 없어서 재미없는 낙타 때문에 흥미가 떨어진 둘은 파란 의자와 낙타를 사막에 두고 그 자리를 떠난다.

사물 100가지 활용법을 위해 『파란 의자』를 선택한 이유는 에스카르

클로드 부종 글·그림
비룡소

빌과 샤부도가 '파란 의자'를 가지고 상상력을 표현하는 모습이 재미있게 나타나 있고, 상상력이 없다는 것이 무엇을 말하는지 낙타를 통해서 보여주고 있기 때문이다.

사물 100가지 활용법에는 한 가지 사물이나 질문에 대해서 다양하고 창의적인 답을 생각해볼 수 있는 이야기의 그림책이면 좋다. 아이들의 자유로운 생각과 놀이, 상상력을 재미있는 언어로 표현하는 작가 루스 크라우스와 모리스 샌닥이 그림을 그려서 함께 만든 『구멍은 파는 것』과 "해적 친구와 보물을 찾다가 점심 식사 종이 울렸을 때 어떻게 해야 할까?"라는 상황을 제시하고 다양한 행동을 상상하게 하는 모리스 샌닥의 그림과 세실 조슬린의 독특한 글이 어우러진 『뭐라고 말해야 할까요?』가 좋다.

놀이 방법

준비물 : 모둠별 선택한 물품 1개, 활동지

1. 4명씩 모둠을 정하고, 『파란 의자』를 다시 읽으면서, 모둠별로 그림책에 나오는 파란 의자를 대신할 물품을 1개씩 정한다. 이때 물품은 교실 안에 있는 것으로 그 자리에서 상의하여 정한다.
2. 각 모둠은 활동지에 선택한 물품을 적는다.
3. 각 모둠에 해당하는 칸에 2분 동안 선택한 물품으로 활용할 수 있는 아이디어를 기록한다.
4. 2분이 지나면 각 모둠은 활동지를 오른쪽 모둠에게 전달한다.
5. 받은 활동지에 적혀 있는 물품을 보고, 전 모둠이 이미 적은 것과 중복되지 않는 것으로 아이디어를 2분간 작성한다.
6. 활동지가 자기 모둠으로 다시 올 때까지 반복한다.
7. 자기 모둠의 활동지가 돌아오면 중복되거나 이해가 안 되는 것은 각 모둠에 질문해서 확인한다. 아이디어는 먼저 쓴 모둠에 우선권이 있다.
8. 확인이 끝나면 중복된 것을 뺀 각 모둠의 아이디어 개수를 아래 칸에 기록한다.
9. 6가지 물품에 대한 아이디어 개수를 모둠별로 합하여 총점이 높은 모둠이 이긴다.

놀이 속으로

먼저 각 모둠에서는 많은 아이디어를 떠올릴 수 있는 물품을 선정하게 한다. 다음은 각 모둠에서 선정한 물품들이다.

1모둠: 고무줄

2모둠: 거울

3모둠: 지우개

4모둠: 30센티 플라스틱 자

5모둠: 연필

6모둠: 교과서

    1모둠의 고무줄은 노랑 고무줄이고, 2모둠의 거울은 교실에 있는 약간 큰 것이다. 3모둠은 작은 지우개이다. 설명이 필요한 모둠은 선택한 물품의 특성을 설명한다. 사물 100가지 활용법 놀이의 규칙은 물품을 자르거나 변형할 수 없고, 물품 1개로 할 수 있는 것으로 제한한다. 6개의 모둠이 동시에 2분 동안 각 모둠에서 선택한 물품에 대한 활용 아이디어를 적

물품 \ 모둠	1→	2→	3→	4→	5(마지막)	6(시작)→
교과서						냄비 받침
						부채
						베개
						우산
						장식용 책
						다리미(판)
						방석
						아령
						가림막
합계						

는다. 교과서를 선택한 모둠에서 2분 안에 교과서를 활용한 아이디어를 기록하면서 나눈 대화이다. 6모둠이었기에 6번째 칸에 먼저 2분 안에 작성을 한다. 2분이 지나면 1모둠으로 6모둠이 작성한 활동지를 전달한다.

학생 1	라면 먹을 때 냄비 받침으로 교과서가 딱 좋아.
학생 2	두께가 적당해서 좋지, 더울 땐 부채로도 쓰잖아.
학생 3	부채는 얇은 교과서가 좋은데. 음악책같이.
학생 4	또 뭐가 있지?
학생 2	학교에서 잠잘 때도 필요하지?
학생 1	맞아, 두꺼울수록 좋지. 여러 권을 쌓아도 좋고.
학생 3	비 오면 교과서로 우산 대신 쓰고 집에 간 적 없니? 난 있는데.
학생 4	맞다. 우산.
학생 3	장식용 책으로 사용하는 건 어때?
학생 1	장식용 책의 용도가 뭔데?
학생 3	공부 열심히 하는 것처럼 보이게 하려고 책상 위에 쌓아 놓기도 하고, 책 꽂으면 쓰러지니까, 쓰러지지 말라고 옆에 꽂아두기도 하는 것 말하는 거야
학생 1	설득력 있는데. 너희들 인정할래?
모두	인정.
학생 2	다리미판은 어때? 작은 천은 다리기에 딱 좋아.
학생 1	넌 다리미로 다려봤어?
학생 2	아니, 그런데 가능할 것 같아. 인정할래?
학생 모두	인정.

학생 1	겨울에 엉덩이 시릴 때 방석 대신에 교과서 깔면 좋잖아?
학생 2	방석이라고 쓸게.
학생 4	공부할 때 쓸 수 있는데.
학생 2	그건 본연의 일이잖아.
학생 1	교과서의 본연의 용도는 빼자. 너무 뻔하잖아.
학생 3	더 없을까? 운동할 때 아령 대신에 교과서를 들고 해도 되잖아. 무거우니까.
학생 4	가능해. 더 없어?
학생 1	시험 볼 때 가릴 때도 이용하잖아. 가방으로 가리기 어려우면 책으로 가리고 시험 보기도 하잖아. 그럼 이걸 뭐라고 써야 하지?
학생 3	가림막은 어때?
학생 2	좋아.
학생 4	우리 많이 썼네. 기분 좋은데.

    6모둠에서 작성한 활동지가 1모둠으로 전달된다. 1모둠은 6모둠이 작성한 활동지를 받고, 6모둠이 작성한 것과 중복되지 않게 아이디어를 1모둠 칸에 작성한다. 이렇게 2, 3, 4, 5모둠까지 거친 활동지가 자신의 모둠으로 돌아오게 된다.

    돌아온 활동지를 보면서 다른 모둠에서 중복되게 쓴 것은 없는지 확인한다. 이때 1모둠의 '매'와 2모둠의 '회초리'가 중복이라고 여겨지면 1모둠의 '매'는 인정되고, 2모둠의 '회초리'가 삭제된다. 종이접기와 꽃 만들기, 격파는 교과서를 훼손해야 하기 때문에 삭제되었다. 5모둠에서 작성한 '애니메이션'이 뭔지 궁금해 5모둠에 직접 질문한다. 애니메이

물품 \ 모둠	1→	2→	3→	4→	5(마지막)	6(시작)→
교과서	장작					냄비 받침
	매					부채
	종이접기					베개
						우산
						장식용 책
						다리미(판)
						방석
						아령
						가림막
합계						

물품 \ 모둠	1→	2→	3→	4→	5(마지막)	6(시작)→
교과서	장작	썰매	호신용	뚜껑	격파	냄비 받침
	매	꽃 만들기	분위기 잡을 때		발판	부채
	종이접기	회초리			균형 잡기	베개
					애니메이션	우산
						장식용 책
						다리미(판)
						방석
						아령
						가림막
합계	2	1	2	1	3	9

션이란 교과서에 페이지가 쓰여 있는 모서리에 순차적인 그림을 연속해서 그린 후 교과서를 빠르게 넘기면 움직이는 모습의 그림이 보이는 것이라고 설명했다. 들어서 설득이 되면 아이디어로 인정한다. 이렇게 해서 아이디어 개수를 기록한다. 6장의 각 모둠 아이디어 개수를 합하여 많은 점수가 나온 6모둠이 승리한다.

모둠\물품	고무줄	거울	지우개	30센티 플라스틱 자	연필	교과서	합계
1모둠	5	7	3	4	8	2	29
2모둠	4	5	0	2	4	1	16
3모둠	1	0	2	2	2	2	9
4모둠	6	1	5	8	5	1	26
5모둠	2	1	3	4	6	3	19
6모둠	4	0	7	8	6	9	34

도움말과 유의점

사물 100가지 활용법을 시작하기 전에 헷갈리지 않도록 활동지 작성 순서에 대한 규칙을 분명하게 설명해주어야 한다. 각 모둠에서 선택한 물품부터 시작해야 한다. 예로 6모둠에서 '교과서'를 선택했으면 먼저 '교과서'로 활동지를 작성하고, 그다음 활동지는 1모둠 → 2모둠 → 3모둠 → 4모둠 → 5모둠으로 순서대로 돌게 된다. 여기서는 6모둠이 마지막이어서 1모둠이 다음 번 모둠이 된다. 또 다른 규칙으로는 물품을 변형하거나 자르거나 여러 개를 활용해서 하면 안 됨을 미리 설명해준다.

한 걸음 더

사물 100가지 활용법 놀이 이후 수업시간에 하는 활동으로는 자신이 생각하는 '상상력이란 무엇인지' 개념을 정해보는 활동을 아래의 순서에 맞게 진행한다.*

1. 여러분이 생각하는 상상력의 개념은 무엇인가요?
2. 친구들의 상상력의 개념을 어떻게 생각하나요? 동의하나요?
3. 여러분이 생각하는 상상력의 예를 들어 보세요. 그 이유도 말해보세요.
4. 이번에는 이건 상상력이 아니라고 생각하는 반대의 예를 들어보세요. 그 이유도 말해보세요.
5. 여러분이 예로 든 상상력의 공통점은 무엇인가요?
6. 여러분이 반례로 든 상상력의 공통점은 무엇인가요?
7. 여러분이 발표한 내용을 보고 상상력의 의미를 정의해 볼까요? '상상력이란'이라는 말로 시작하면 좋겠습니다.
8. 여러분이 만든 정의를 다 함께 읽어봅시다.
9. 우리가 만든 상상력의 의미가 적절한지 검토해봅시다.

---

* 김혜숙 외(2017), 『생각을 키우는 토론수업 레시피』, 교육과학사, pp.222~239 참고

창의
5

상상의 꼬물꼬물

앞 사람이 만든 이야기의 선택지 중 하나를 잡아
꼬리를 물고 이야기를 이어가는 놀이이다.

『침대 밑 괴물』을 소개합니다

『침대 밑 괴물』은 작가 션 테일러가 구전 문학인 "아기가 태어나면……."이란 시에서 영감을 얻어 창작했다. 이 그림책은 엉뚱하고 재기발랄한 이야기에 유쾌하고 사랑스러운 그림이 더해져 어른도 아이도 모두 재미있게 읽을 수 있다.

괴물이 태어나면 둘 중 하나이다. 머나먼 숲속에 살거나 바로 당신의 침대 밑에 살거나! 괴물이 머나먼 숲속에 산다면 당신과 아무런 상관이 없어서 이야기는 여기서 끝난다. 이야기가 이어지려면 당신의 침대 밑에 살아야 한다. 괴물이 침대 밑에 산다면? 선택은 둘 중 하나다. 당신을 한 입에 꿀꺽 삼키거나 당신과 친구가 되어서 같이 학교에 가거나. 괴물이 당신을 한입에 꿀꺽 삼키면 이야기는 여기서 끝난다. 하지만 같이 학교에 간다면? 선택은 또 둘 중 하나다. 농구팀에 들어가 얌전히 앉아 있거나 교장 선생님을 잡아먹거나. 이야기는 이렇게 괴물이 태어나면서 벌어

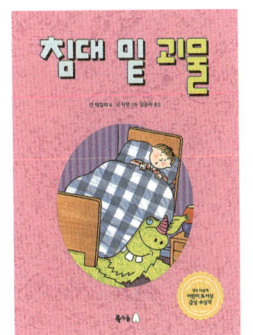

션 테일러 글
닉 샤렛 그림
북극곰

지는 일들이 꼬리의 꼬리를 물고 이어지다가 마지막 선택에서 다시 '머나먼 숲속에 살거나 당신의 침대 밑에 살거나'로 돌아온다.

『침대 밑 괴물』을 처음 읽고서 글쓰기 수업에서 글감을 끌어낼 때 활용하면 좋겠다고 생각했다. 어떤 엉뚱한 상상도 허용하는 스토리와 "하지만 A라면 둘 중 하나야. B이거나 C이거나"의 형태로 반복되면서 꼬리에 꼬리를 물고 이어지는 이야기 구조는 학생들의 창작에 대한 부담감을 줄여준다.

학생들의 상상력을 자극해서 글쓰기 아이디어를 얻을 수 있는 그림책으로는 글과 그림을 다양하게 조합해서 수많은 이야기를 상상하게 하는 『내가 만드는 1000가지 이야기』, 사람과 동물로 북적이는 공원의 연속적으로 그림을 통해 이야기를 창조하는 『공원을 헤엄치는 붉은 물고기』가 있다.

6장. 창의적으로 놀아요

놀이 방법

준비물 : 단어 카드, 활동지, 필기구

1. 모둠원 중 기록자 한 명을 정한다. 기록자는 참가자들이 말한 내용을 적는다.
2. 단어 카드(총 42장)를 6장 정도씩 나눠 갖는다.
3. 자신의 카드는 비밀로 하고, 나머지 카드는 가운데에 뒤집어 놓는다.
4. 시작 문구는 모둠원들이 의논해서 '○○이 태어나면~'으로 시작한다.
5. 첫 번째 학생부터 돌아가면서 꼬리를 물고 이야기를 지어낸다. 손에 든 카드를 활용하면서 내려놓는데 한 번에 2개까지만 가능하다.
6. 자신의 차례에서 이야기를 만들어내지 못하거나, 억지스러울 경우 벌칙으로 뒤집어둔 카드 중 한 장을 가져간다.
7. 손에 든 카드를 가장 먼저 내려놓은 학생이 이기지만, 모든 참가자가 카드를 다 내려놓기까지 계속할 수 있다.
8. 모둠에서 완성된 이야기를 발표하고 가장 재미있는 이야기를 뽑는다.

놀이 속으로

 이야기에 집중할 수 있도록 교사가 그림책을 직접 읽어준다. 예상대로 '교장 선생님을 잡아먹거나' 하는 부분에서 폭소가 터져 나온다. 학생들은 꼬리에 꼬리를 무는 구조를 금방 파악하고, 다음에 이어질 이야기를 예측한다. 다 읽고 나면 이야기의 마지막 부분과 시작 부분이 연결되는 순환 구조를 신기해한다.
 이어서 놀이 방식을 설명하고 각 모둠의 기록자를 정한다. 32명인 반에서 4~5명씩 8모둠을 짰다. 모둠 당 3~4명이 참가하고 1명이 기록한다. 단어 카드는 장소나 물건 같은 구체적인 단어와 꿈, 우정과 같은 추상적인 단어를 적절히 섞어 만든다. 학생들에게 친숙하면서도 어떤 사건의 계기가 될 수 있는 단어를 선택하면 좋다.

우유	학교	사막
낙타	모험	공부
친구	우정	사랑
별	밤하늘	소나기
언덕	선인장	바다
춤	배	무인도
동굴	축구	농구
숲	모자	우산
열기구	자동차	기차
빵	쿠키	커피
엽서	편지	노래
바이올린	피아노	구두
꿈	여행	유학
눈	햇빛	문

시작 문구는 모둠별로 '아기가 태어나면~', '코끼리가 태어나면~' 처럼 의논해서 결정한다. 대부분은 금방 결정하지만, 재미있는 이야기 전개를 위해 독특한 소재를 잡으려고 고심하기도 한다.

시작 문구가 정해지면 카드를 나누고 이야기 만들기를 시작한다. 한 사람씩 돌아가면서 손에 든 단어 카드를 내려놓고 그 단어가 들어가도록 이야기를 이어가면 된다. 이야기가 억지스럽다면 모둠 안에서 토의를 해

[상상의 꼬물꼬물]
우리 모둠의 이야기 START!!

모둠원: _____

(   )이 태어나면 둘 중 하나야.
(   )거나, (   )거나.
(   )면 얘기는 여기서 끝!
하지만 (   )면 둘 중 하나야.
(   )거나 (   )거나.
_____

(   )면 얘기는 여기서 끝!
하지만 (   )면 둘 중 하나야.
(   )거나 (   )거나.
_____

(   )면 얘기는 여기서 끝!
하지만 (   )면 둘 중 하나야.
(   )거나 (   )거나.
_____

(   )면 얘기는 여기서 끝!
하지만 (   )면 둘 중 하나야.
(   )거나 (   )거나.

서 인정할지 말지를 결정한다.

이 모둠에서는 '한 남자가 태어나면' 으로 결정하고 카드를 6장씩 나눠 가졌다.

- 학생 1의 단어 카드: 숲, 무인도, 사랑, 쿠키, 자동차, 유학
- 학생 2의 단어 카드: 눈, 바다, 기차, 여행, 춤, 열기구
- 학생 3의 단어 카드: 배, 사막, 꿈, 커피, 밤하늘, 언덕
- 학생 4의 단어 카드: 선인장, 낙타, 별, 바이올린, 축구, 우산

학생 1	('숲', '무인도' 카드 제시) 한 남자가 태어나면 둘 중 하나야, 숲에 살거나 무인도에 살거나.
학생 2	('눈', '바다' 카드 제시) 무인도에 살면 얘기는 여기서 끝! 하지만 숲에 살면 둘 중 하나야. 눈을 맞아 얼어 죽거나 바다에 빠지거나.
학생 3	('배', '사막' 카드 제시) 눈을 맞아 얼어 죽으면 얘기는 여기서 끝! 하지만 바다에 빠지면 둘 중 하나야. 다른 사람의 배에 구조되거나 파도에 휩쓸려 사막으로 가거나.
학생 1	파도에 휩쓸렸는데 어떻게 사막으로 가?
학생 3	영화 같은 데 보면 그렇던데? 전혀 불가능할까?
학생 2	그래, 가능할 수 있어. 인정, 인정.
학생 4	('선인장', '낙타' 카드 제시) 다른 사람의 배에 구조된다면 얘기는 여기서 끝! 하지만 파도에 휩쓸려 사막으로 가면 둘 중 하나야. 선인장에 찔려 죽거나 낙타를 타고 가거나.
학생 1	선인장에 찔려서 어떻게 죽냐? 말이 돼?

학생 3　　　너무 말이 되는 대로만 하면 재미없잖아. 독이 있는 선인장일 수
　　　　　　도 있지. 난 인정.

이런 식으로 대화가 진행되고 20분 정도면 모든 참가자가 카드를 다 내려놓는다. 완성된 이야기는 다음과 같다.

학생 1　　(한 남자)가 태어나면 둘 중 하나야.
　　　　　(숲에 살)거나 (무인도에 살)거나

학생 2　　(무인도에 살)면 얘기는 여기서 끝!
　　　　　하지만 (숲에 살)면 둘 중 하나야.
　　　　　(눈을 맞아 얼어 죽)거나 (바다에 빠지)거나.

학생 3　　(눈을 맞아 얼어 죽)면 얘기는 여기서 끝!
　　　　　하지만 (바다에 빠지)면 둘 중 하나야.
　　　　　(다른 사람의 배에 구조되)거나 (파도에 휩쓸려 사막으로 가)거나.

학생 4　　(다른 사람의 배에 구조된다)면 얘기는 여기서 끝!
　　　　　하지만 (파도에 휩쓸려 사막으로 가)면 둘 중 하나야.
　　　　　(선인장에 찔려 죽)거나 (낙타를 타고 가)거나.

학생 1　　이야기를 이어가지 못해 카드 한 장 가져 감.

학생 2　　(선인장에 찔려 죽으)면 얘기는 여기서 끝!
　　　　　하지만 (낙타를 타고 가)면 둘 중 하나야.
　　　　　(기차로 갈아타)거나 (여행을 가다 추락해서 죽)거나.

학생 3　　(여행을 가다 추락해서 죽으)면 얘기는 여기서 끝!
　　　　　하지만 (기차로 갈아타)면 둘 중 하나야.
　　　　　(기차에서 꿈을 꾸)거나 (커피를 마셔 밤을 새며 밤하늘을 보)거나.

| 학생 3 | '꿈, 커피, 밤하늘' 3장을 제시했으나 2장까지만 인정돼서 '꿈'은 회수함. |

| 학생 4 | (기차에서 꿈을 꾸)면 얘기는 여기서 끝!
하지만 (커피를 마셔 밤을 새며 밤하늘을 본다)면 둘 중 하나야.
(별을 보)거나 (커피를 많이 마셔서 죽거나)거나. |

| 학생 1 | (커피를 많이 마셔서 죽으면)면 얘기는 여기서 끝!
하지만 (별을 보)면 둘 중 하나야.
(여자와 사랑에 빠지)거나 (별을 보다 불면증이 심하게 와서 죽)거나. |

| 학생 2 | (별을 보다 불면증으로 죽으)면 얘기는 여기서 끝!
하지만 (여자와 사랑에 빠지)면 둘 중 하나야.
(별을 보며 함께 춤을 추)거나 (함께 열기구를 타고 여행을 떠나)거나. |

학생 2가 여섯 장의 카드를 모두 내려놓아 끝이 났다.

이야기 만들기가 끝나면 각 모둠의 기록자가 나와서 완성된 이야기를 발표하고 우수작을 뽑고 마무리한다. 여유가 있다면 이야기를 발표하기 전에 각 모둠의 이야기를 다듬을 수 있는 시간을 줄 수도 있다.

도움말과 유의점

활동지에는 이야기의 기본 구조를 미리 인쇄해주어야 한다. 설명을 들을 때는 쉽게 이해하는 것 같지만, 막상 놀이를 시작하면 이야기 구조에 끼워 맞추느라 헤맬 수 있기 때문이다. 덤으로 기록자의 수고도 덜고 놀이 진행 속도를 높일 수 있다.

놀이를 시작하기 전에 단어 카드를 내려놓을 수 있는 기준을 정해둘 수도 있다. 대상이 고학년이라면 내려놓은 단어를 문장의 핵심어(주어, 목적어, 서술어)로만 사용하도록, 저학년이라면 핵심어뿐만 아니라 꾸미는 말도도 사용하도록 정한다.

한 걸음 더

추가 활동으로 여러 모둠의 이야기에서 나온 소재나 사건을 바탕으로 학생들 각자가 새로운 이야기를 창작하게 할 수 있다. 앞의 놀이에서 카드를 빨리 내려놓으려면 상식과 고정관념을 버리고 유연하고 창의적으로 생각해야 한다. 그 결과로 나온 다양한 소재와 배경, 사건은 학생들의 사고를 자극해서 평소에는 생각지도 않았던 새로운 글을 탄생시킨다.

또 다른 활동으로 다른 그림책을 활용한 이야기 이어가기 놀이가 있다. 맥 바넷 글, 이자벨 아르스노 그림의 『왜냐면 말이지』에는 아이가 질문하면 아빠가 "왜냐면 말이지…"로 대답하는 구조가 반복된다. 그런데 이 대답이 무척 창의적이어서 아이를 상상의 세계로 빠져들게 한다. 이 패턴을 이용해 질문과 대답을 이어가는 활동을 하는 것이다. 존 버닝햄의 『호랑이가 책을 읽어 준다면』에는 "너라면~"으로 시작해서 둘 중 하나를 선택하라는 질문이 계속 반복된다. 둘 중 하나를 선택하고 예상 상황을 계속 이어가며 이야기를 만들어갈 수 있다.

결말 탐정단*
– 이야기 만들기 1

창의
6

그림책의 전개 부분만 읽고, 뒷부분의 이야기를 그림 카드를 활용하여 상대와 번갈아가며 만들어가는 놀이이다.

『고슴도치 X』를 소개합니다

도시 '올'에 사는 고슴도치는 가시를 부드럽게 하기를 거부하고, 원래 모습대로 가시를 뾰족하게 만들었다. 이 때문에 도시 '올'의 경찰들에게 잡혀서, 강제로 가시를 부드럽게 만들게 될 위험에 놓였다. 반대로 원래의 모습대로 살기를 잊고, 도시에서 원하는 대로 살아가는 다른 고슴도치들이 있다. 이들은 왜 가시를 부드럽게 해야 하는지 묻는 것조차 하지 않고 살아간다.

우리는 우리의 모습 그대로 살고 있는가? 아니면 타인이 인정해주는 모습으로 살고 있는가? 우리의 원래의 모습이 다른 사람 눈에 거슬린다면, 그래도 원래의 모습대로 살 수 있을까? 이런 질문에 대한 답은 쉽게

---

* 보드게임인 '딕싯카드'의 방법을 변형하여 만든 놀이이다.
https://www.koreaboardgames.com/boardgame/game_view.php?prd_idx=14143

노인경 글·그림
문학동네

내릴 수 있다. 그러나 그 답처럼 살기는 어렵다. 이 책을 읽으면서 우리는 '원래의 모습'으로 살아가도 그에 따른 어려움이 있다는 것을 안다. 반대로 '다른 사람들이 원하는 모습'으로 살아가도 그에 따른 어려움이 있다는 것을 안다. 무엇을 얻고, 무엇을 포기할 것인가를 『고슴도치 X』를 통해 진지하게 생각해볼 수 있다.

결말 탐정단 놀이에서 이 책을 선정한 이유는 클라이맥스 장면에서 뒷이야기를 자유롭게 상상할 수 있기 때문이다. 결말 탐정단 놀이는 그림책 이야기의 가장 긴장감이 넘치는 부분에서 이야기를 멈춘다. 그리고 그 뒷이야기를 자유롭게 상상하는 놀이이다. 따라서 그림책 속의 클라이맥스 부분이 긴장감이 넘칠수록 뒷이야기를 즐겁게 상상하기에 좋다.

결말 탐정단 놀이를 하기에 어울리는 그림책으로는 늑대에게 잡아먹힐지라도 자유를 찾아 탈출하는 이야기를 다룬 『스갱아저씨의 염소』, 엄마에게 화가 나서 무작정 집을 나선 세 아이의 이야기를 다룬 『엄마가 미운 밤』, 자신만의 공간을 찾아 떠난 할머니의 이야기를 다룬 『날 좀 그냥 내버려 둬!』 등이 있다.

놀이 방법

준비물 : 그림 카드, 주사위

1. 그림책을 함께 읽다가 '클라이맥스' 부분에서 읽기를 멈춘다.
2. 이야기꾼 1명을 정하고 나머지는 탐정이 된다.
3. 그림 카드를 섞고, 각각 6장의 카드와 주사위를 나누어 갖는다.
4. 이야기꾼은 6장의 카드 중 2장의 카드를 골라 뒷이야기를 만들고 탐정에게 설명한다.
5. 탐정들은 자신의 카드 중에서 이야기꾼의 설명과 가장 가까운 카드 2장을 골라 그림이 보이지 않게 이야기꾼에게 준다.
6. 이야기꾼은 자신의 카드와 탐정들의 카드를 잘 섞은 뒤 펼쳐 놓는다.
7. 탐정들은 이야기꾼의 카드를 예상하여 2장을 고르고, 카드 위에 주사위를 올려놓는다.
8. 탐정은 맞춘 카드 수만큼 점수를 얻으며, 모든 탐정이 하나도 맞추지 못하면 이야기꾼의 점수를 탐정 수만큼 감점한다.
9. 다음 라운드에는 이야기꾼은 탐정이 되며, 탐정 중 한 명이 이야기꾼이 된다.

놀이 속으로

교사	고슴도치 X의 앞부분만 읽어보았습니다. 고슴도치가 자신의 가시를 뾰족하게 했어요. 그래서 도시 '올'에 범죄자로 잡혔던

	이야기까지 읽었습니다. 이제 그 뒷이야기 꾸미기 놀이를 해 볼 거예요. 가위바위보를 해서 이야기꾼을 뽑으세요. 이야기꾼이 아닌 다른 학생들은 탐정이 됩니다.
학생 1(이야기꾼)	제가 이야기꾼이 되었어요.
교사	이제 한 사람당 6장의 그림 카드를 줄 거예요. 이야기꾼은 6장 중에서 2장을 뽑아 뒷이야기를 만드세요.
학생 1(이야기꾼)	2장을 뽑았어요.
교사	그러면 2장으로 『고슴도치 X』 뒷이야기를 탐정들에게 설명해 주세요.
학생 1(이야기꾼)	고슴도치는 탈출하기 위해 열심히 힘을 썼어요. 가시가 묶인 줄을 끊었지요. 탈출해 멀리멀리 도망갔어요. 고슴도치는 아무도 찾지 않는 먼 곳으로 가서, 집도 짓고 자유를 느끼며 행복하게 살았어요.
교사	탐정은 자신이 가지고 있는 6장의 카드 중에서, 이야기꾼이 이야기했던 것과 가장 비슷한 카드 2장을 골라주세요. 그리고 보이지 않게 카드를 가운데에 놓아주세요. 잘 섞어서 펼쳐놓겠습니다.
교사	여러분에게 탐정을 구별할 수 있게 탐정마다 주사위를 2개씩 주었습니다. 이야기꾼이 골랐을 만한 카드 2장을 골라 카드 위에 올려놓을 겁니다. 이때 동시에 2개를 놓아야 하며, 주사위 눈을 자신의 번호에 맞춰서 올려놓으세요.
학생 2	나는 괴물에게 쫓겨 도망가는 그림을 골랐어. 멀리멀리 도망갔다는 이야기와 자동차 타고 가는 거랑 비슷한 것 같아.

| 학생 3 | 나도 도망갔다는 이야기에 하얀 차를 타고 괴물에게서 도망치는 그림을 골랐어. |
| 학생 4 | 나는 집에서 음악이 나오는 그림을 골랐어. 집도 짓고 자유를 느꼈다고 했는데, 집에서 음악을 들으면 자유로울 것 같거든. |

(중략)

| 교사 | 이야기꾼은 자신이 고른 카드 2개를 알려주세요. 그리고 그림을 보여주면서 다시 이야기를 탐정들에게 해주세요. 탐정들은 맞춘 카드 수만큼 점수를 얻습니다. 이야기꾼은 모든 탐정이 모두 못 맞추거나 다 맞추면 점수를 얻지 못합니다. 1회 놀이가 끝났습니다. 옆 사람이 이야기꾼이 되고, 2회 놀이를 시작합니다. |

(모두 이야기꾼을 한 번씩 할 때까지 반복한다)

(딕싯 메모리즈, 코리아보드게임즈, 2015)

	학생 1	학생 2	학생 3	학생 4	학생 5
1회	1	2	1	1	2
2회	1	2	2	2	0
3회	2	1	1	1	1
4회	1	1	2	1	2
5회	2	2	2	1	2
6회	2	1	2	1	1
총점	9	9	10	7	8

교사 5번의 이야기 꾸미기가 끝났습니다. 총점은 학생 3이 10점으로 이겼습니다. 우리는 같은 이야기도 상황에 따라 정말 다양하게 이야기를 꾸밀 수 있었습니다. 특히 아무 관련이 없어 보이는 그림을 가지고 뒷이야기를 꾸며봄으로써, 상상력을 더욱 발휘할 수 있었습니다.

도움말과 유의점

뒷이야기 꾸미기는 정답이 없기 때문에, 상상력이 가미된 이야기는 모두 인정해준다. 같은 장면에서 다른 방법으로의 이야기가 진행될 수 있음을 충분히 느낄 수 있도록 수업을 진행해야 한다. 즉, 이야기를 정교하게 꾸미는 것보다 이야기를 자유롭게 상상하는 것에 초점을 맞추어 활동해야 한다.

사례에서는 딕싯카드를 활용했다. 딕싯카드는 원래는 보드게임으로 만들어진 카드이다. 다른 카드에 비해서 그림이 추상적이어서 학생들이 그림에 잘 집중하고 다양한 이야기를 끌어낼 수 있다. 꼭 딕싯카드가 아니더라도 프리즘 카드 등 다른 그림이나 사진이 나와 있는 교구라면 어떤 것이든 좋다.

한 걸음 더

이 활동 후에 스크랩북에 '나만의 이야기책 꾸미기' 활동을 한다. 『고슴도치 X』의 앞부분 이야기와 자신이 꾸민 뒷이야기를 하나의 이야기로 만들어 '나만의 그림책'을 만든다. 스크랩북은 두꺼운 종이 재질로 된, 무지의 책이다. 결말 탐정단 활동 중에 나왔던 마음에 드는 뒷이야기를 고른다. 단순히 활동지에다가 뒷이야기를 꾸미는 것보다 스크랩북에 책을 만든다고 생각하면, 그림책의 뒷이야기를 '작가의 마음'으로 꾸밀 수 있다.

창의 7

이야기 꼬리 물기
– 이야기 만들기 2

그림 카드를 무작위로 뽑아서 각자 이야기를 만들고
그중에서 호응을 많이 받은 학생이 이기는 놀이이다.

『에드와르도 세상에서 가장 못된 아이』를 소개합니다

『에드와르도 세상에서 가장 못된 아이』는 존 버닝햄이 지었다. 간결한 글과 자유로운 그림으로 깊은 주제를 툭 던지는 작가이다. 면지에 '에드와르도 세상에서 가장 못된 아이'라는 글이 한글, 영어, 불어 등으로 번역되어 채워져 있다. 그런데 첫 페이지에는 '에드와르도는 흔히 볼 수 있는 보통 꼬마야'로 시작한다.

에드와르도는 가끔 물건을 발로 찬다. 어른들은 "세상에서 가장 버릇없는 녀석"이라고 소리를 지른다. 에드와르도는 점점 더 버릇없게 군다. 다른 아이들처럼 에드와르도도 시끄럽게 떠든다. "세상에서 가장 시끄러운 녀석 같으니라고"라는 말에 에드와르도는 점점 더 시끄럽게 떠든다. 때로 어린아이들을 못살게 굴고 동물들을 괴롭히고, 방을 정리하는 솜씨가 서툴고, 세수하고 이 닦는 걸 자주 까먹는다. 그럴 때마다 어른들은 "세상에서 제일가는 말썽쟁이"로 받아들였다.

존 버닝햄 지음
비룡소

　그러던 어느 날, 에드와르도가 발로 찬 화분이 흙 위로 떨어진다. 어떤 어른이 "정원을 가꾸기 시작했구나. 정말 예쁘다"라는 말을 한다. 에드와르도는 열심히 식물을 가꾼다. 에드와르도가 지나가는 개에게 냅다 물을 끼얹는다. 개 주인이 "지저분한 우리 개를 씻겨 줘서 고맙다. 너는 동물에게 상냥하구나"라고 한다.

　에드와르도가 실수하는 행동을 어른들이 어떻게 받아들이는지 어떻게 표현하는지에 따라 에드와르도가 달라진다. 사람들이 에드와르도에게 세상에서 가장 못된 말썽쟁이라고 했을 때는 점점 못돼진다. 실수하는 행동을 비난하지 않자 에드와르도는 "세상에서 가장 사랑스러운 아이"로 변한다.

　이야기 꼬리 물기를 위해 『에드와르도 세상에서 가장 못된 아이』를 선택한 이유는 똑같은 상황을 다르게 보는 관점이 들어 있기 때문이다. 그리고 그 다른 시각이 말과 행동으로 표현되고 그것이 어떠한 결과로 나타나는지 따뜻하게 그려져 있기 때문이다.

이야기 꼬리 물기를 하기에 좋은 그림책으로는 대조되는 장면이 들어 있거나 반전이 있는 것을 추천한다. 대비되는 빨강과 파랑, 둥글이와 뾰족이를 한 장면에서 다루는 곽영미 작가의 『두 섬 이야기』, 넓은 바닷가에 큰 섬에는 큰 사람이, 작은 섬에는 작은 사람들이 살아가는 이야기를 담은 요르크 뮐러의 『두 섬 이야기』, 무시무시한 세 강도가 한 아이를 만나면서 어떻게 변하는지 보여주는 『세 강도』 등이 있다.

놀이 방법

준비물 : 그림 카드, A4 종이, 사인펜

1. 3명이 한 모둠이 되어 그림 카드를 뒤집어 늘여 놓고 각자 6장을 무작위로 뽑아 간다.
2. 그림 카드로 자신의 주제에 맞게 자연스럽게 꼬리를 물어가면서도 반전 있는 이야기 만드는 시간을 준다.(10분 제한)
3. 이야기를 발표한다. 이후 이야기에 대한 질문을 주고받는다.
4. 모둠원에게 가장 많은 호응을 받은 학생이 이긴다.

놀이 속으로

놀이를 하는 아동 나이나 취향에 맞추어 다양한 그림 카드를 이용할 수 있다. 그림 카드마다 장점과 단점이 존재한다. 여기서는 이야기톡 그림 카드를 사용했는데 인물, 사건, 배경, 상황 등의 이야기 요소가 그림으로 나타나 있어 이야기를 만드는 접근이 쉬웠기 때문이다. 그러나 이야기의 요소가 제한적으로 제시되어 있어 상상의 나래를 펼치기에는 아쉬움이 있다.

그림 카드를 뒤집어서 늘어놓는다. 그림 카드 더미에서 학생들에게 6장의 카드를 가져가게 한다. 각자가 뽑은 그림 카드를 가지고 자신이 정한 주제에 맞게 배열하면서 이야기를 구상한다.

그림 카드 선택하기

다음은 학생 1이 아래의 그림 카드를 가지고 만든 이야기이다.

오늘은 23일 월요일이에요. 월요일은 세바스찬이 가장 싫어하는 날이죠. 월요일은 주말이 끝나고 학교에 가는 날이니깐요. 세바스찬은 학교에서 왕따를 당하는 친구예요. 친구들은 세바스찬에게 이렇게 말하곤 했어요. "세바스찬, 넌 할 줄 아는 것도 없고, 뭘 해도 안 될 아이야! 넌 쓸모없어. 공부도 못하고 운동도 못 하고, 어떤 것도 못 하잖아." 세바스찬은 학교에 가는 것이 너무 싫었어요. 너무 힘이 들고 괴로운 나머지 떠나기로 마음을 먹었어요. 멀리, 아주 멀리 기차를 타고 떠나기로 했어요. 떠나는 게 너무 슬퍼 울면서 기차를 타러 가고 있었어요. 그런데 어떤 할아버지가 "무슨 일 있니?, 왜 울고 있니?"라며 말을 걸어 줬어요. 세바스찬은 속마음을 털어놨어요. 그 할아버지는 안타까워하며 "잘하는 일이 분명 있을 거야. 마침 기차 수리공이 한 명 부족한데 해보지 않겠니?"라며 세바스찬에게 권유했어요. 세바스찬은 해보기로 마음을 먹었고 수리하는 일을 누구보다 뛰어나게 해냈어요. 그 후에 자신의 능력과 깨달음을 발견해준 기관사 할아버지께 고마움과 은혜의 선물을 드렸어요. 그리고 세바스찬은 깨달았어요. 누구나 하나씩 재능은 있다고. 못하는 게 있다고 다른 사람에게 뒤처진 것이 아니라는 것을.

이야기를 다 듣고 난 후 친구들이 학생 1에게 질문하고 답을 하는 시간을 마련한다.

학생 2	세바스찬이라는 이름은 어떻게 지었어?
학생 1	그림 카드에 있는 할아버지가 이국적으로 생겨서 주인공 이름을 외국 이름으로 지어야겠다고 생각했어.
학생 3	그 짧은 시간에 주인공에게 이름을 붙여주고 우리 주변의 이야기로 잘 만들었네.
학생 2	어떻게 왕따 이야기를 생각했어?
학생 1	카드에 왕따 당한 그림이 있어서. 그냥 떠올라서.
학생 2	못하는 게 있다고 다른 사람에게 뒤처진 것이 아니라는 생각은 언제부터 했어?

학생 1	고등학교에 와서. 난 공부가 제일 중요하다고 생각했는데 공부를 못해도 체력이 남보다 뛰어나서 체대 가는 학생들이 멋있더라고.
학생 2	못하는 것을 잘하는 것으로 바꾸는 것에 에너지를 쏟기보다는 잘하는 것을 더 잘하는 것으로 만드는 것이 더 나은 것 같아.
학생 3	그림 카드를 배열할 때 어떤 것이 제일 힘들고 어려웠어?
학생 1	할아버지. 할아버지를 어떤 역할로 정해야 할지 고민을 많이 했어. 아빠로 할지 도와주는 사람으로 할지 고민하다가, 기차 그림 때문에 제 3자로 하는 것이 이야기를 전개하는 데 나을 것 같다고 생각했어.

다음은 학생 2의 이야기이다. 학생 2는 제목을 지어 발표를 시작했다. 제목은 '말 한마디에 사람이 바뀔 수 있다'이다. 그리고 한 장의 그림 카드마다 번호를 붙여가며 이야기를 만들었다.

1. 여행을 좋아하는 김정호라는 아이가 있다. 하지만 김정호는 시간 관리도 못 하고 주변에서 관심을 두는 사람이 없어서 게임으로 여행 가고 싶은 욕구를 달랬다.

2. 그러다 보니 점점 게임에 빠져 버렸고 현실과 가상 세계를 인지하지 못할 정도가 되어버렸다. 김정호 본인은 심각성을 알았지만, 신경 쓰는 사람이 없어서 굳

이 게임을 그만두고 싶지는 않았다.

3. 하루는 학교 지리 시간에 선생님께서 발표를 시켰다. 김정호는 잘 모르지만, 수업 시간에 들었던 것을 기억해 나가며 발표를 했다.

4. 발표를 들은 선생님은 김정호를 따로 상담실로 불렀다. 김정호는 혼나는 줄 알고 잔뜩 겁이 났다. "넌 정말 천재적인 능력을 가졌어. 발표할 때는 처음 보는 그래프를 그려 몰랐는데 지금 내가 계산해보니 교과서보다 더 정확하고 세밀한 그래프를 그렸더구나! 내가 너의 재능을 키워주고 싶은데 어떠니?"라고 했다. 지도 보는 능력을 선생님이 알아봐 주신 것이다. 김정호는 처음엔 놀랐지만, 처음 들어보는 칭찬과 관심에 기분이 날아갈 것 같았다. "네! 선생님 제자 할래요! 세계 지리 다 꿰뚫을래요!"

5. 학교가 끝난 후에 평소 게임을 하러 집에 갔지만, 오늘은 잡화점에 갔다. "여기서 제일 큰 지도 주세요. 나침반도요!"

6. 김정호는 자신에게 처음 관심을 준 선생님께 더 칭찬을 받고 싶었고 실망시켜드리기 싫어서 게임을 버리고 지도를 펼쳐 독학을 하기 시작했다. 그 후 김정호는 우리나라에서 제일가는 지도를 만드는 사람이 되었다.

이야기를 듣고 난 후 친구들이 학생 2에게 질문했다.

학생 3	왜 김정호야?
학생 2	지도가 나오니까. 대표 인물이 누굴까 하다가 김정호로 했지.
학생 1	이야기를 만들 때 힘든 카드가 뭐였어?
학생 2	다섯 번째 카드. 그래도 시간제한이 있어 이야기를 완성해야 한다는 압박감으로 만들어낼 수 있었어.

학생 3은 한 여성의 결혼, 임신, 출산의 이야기를 시댁과 남편과의 사이에서 벌어지는 갈등 이야기로 엮었다. 남편, 시어머니, 자녀에 의해서 갈등이 해결되는 과정으로 반전을 만들었다. 따뜻한 말투와 주변 사람들의 배려 있는 행동이 한 여성의 삶을 바꿔 놓았다로 끝났다. 이야기기를 다 듣고 학생들의 호응을 많이 받은 학생 1이 승리를 거두었다.

도움말과 유의점

카드 수는 학생들과 의논해서 정해도 된다. 저학년이면 더 적게, 고학년이면 더 많게 할 수도 있다. 그리고 선택한 그림 카드로 이야기를 만들기 힘들다면, 그림 카드 더미에서 몇 장을 더 가지고 와서 할 수도 있다. 반대로 고난도 그림 카드놀이를 할 수도 있다. 모둠원들이 선택한 그림 카드를 공개하고 상대방 친구들이 그림 카드를 살펴본다. 그리고 상대방 학생이 이야기를 만들 때, 쉽게 만들 수 없어 보이는 그림 카드를 1장 선택해 그 친구에게 준다. 그것까지 포함해 이야기를 만든다.

한 걸음 더

더 흥미롭게 진행하기 위해서 친구들이 가진 카드 전체를 모둠원끼리 서로 바꿔서 자신이 새롭게 이야기를 만들거나 주변에서 비슷한 경험을 한 사례를 이야기하는 활동을 할 수도 있다. 모둠 활동으로 제목을 먼저 정하고 그림 카드로 이야기를 만들어 그림책을 구상하는 활동을 해볼 수 있다. 학생들에게 각자 역할을 준다. 예를 들면, 내용을 구상하는 친구, 그림을 그릴 친구, 소재나 기타 필요한 내용을 찾아 주는 친구, 글자를 치거나 그림을 오려 붙이는 친구 등이다. 그리고 그림책이 완성되면 발표회를 하거나 동영상으로 제작해보는 것도 좋다.

자음 이어 뒷이야기 만들기
- 이야기 만들기 3

창의
8

'ㄱ'에서부터 'ㅎ'을 세로로 적어 놓고 빠르게 초성에 맞는 단어를
순서대로 적어 내려가는 놀이를 한 후 등장한 단어들로
반전이 있는 뒷이야기를 만드는 놀이이다.

『무엇이 모두를 위한 것일까?』를 소개합니다

『무엇이 모두를 위한 것일까?』는 입센의 『민중의 적』을 원작으로 재구성한 철학 동화이다. 노르웨이의 극작가 헨리크 입센은 사회의 허위와 부정을 파헤치는 새로운 사상을 희곡에 담아낸 유명한 작가이며, 페미니즘 희극의 시초라 할 수 있는 『인형의 집』과 같은 유명 작품도 있다.
 노르웨이의 평범한 마을에 온천이 들어서자 마을은 하루가 다르게 변해가며 마을 사람들은 부유해졌다. 그런데 온천을 개발하자는 아이디어를 냈던 의사 스토크만은 온천시설에 문제가 있다는 것을 발견하고 시장에게 알리고 신문사에도 알린다. 하지만 마을의 손해를 걱정한 시장은 진실을 덮으려 스토크만이 거짓말을 한다는 헛소문을 퍼뜨리고 마을 사람들은 시장 말을 믿고 오히려 스토크만을 의심한다. 시장이 스토크만을 회유하려 하지만 스토크만은 진실을 밝히겠다는 의지를 다진다. 명쾌하게 결론을 내리지 않는 결말은 뒷이야기를 독자의 몫으로 남겨놓는다.

윤해주 글, 송정화 그림
입센 원작
올파소

'정의'를 주제로 한 이 책은 100년도 더 전에 쓰인 작품이지만, 주인공이 맞닥뜨린 문제는 오늘날 우리의 문제이기도 하다. 옳은 일임을 머리로는 판단하지만 실천하기란 보통 어려운 일이 아니다. 주인공처럼 옳다고 생각하는 일을 했을 때 따돌림을 당하거나 손해를 입을 수도 있기 때문이다. 이런 이유로 많은 학생은 자신의 이익이 더 중요하다고 목소리를 높여 말한다. 교사가 고민스러운 지점이다.

『무엇이 모두를 위한 것일까?』를 선택한 이유는 가족 이기주의, 지역 이기주의로 연일 시끄러운 우리 사회의 모습을 보면서 진정 '무엇이 모두를 위한 것일까?' 를 생각해보는 계기를 주고 싶었기 때문이다. 『무엇이 모두를 위한 것일까?』는 결말을 보여주지 않는다. 따라서 뒷이야기를 쓰기에 아주 적합하다.

자음 이어쓰기 놀이를 통해 단어들을 모으고 그 단어들로 뒷이야기 만들기 활동을 위해서는 결말이 나지 않는 그림책이 좋다. 즉 결말이 내려지지 않고 독자가 고민하는 지점이 있는 특성을 가진 책이다. 예를 들면,

세련되고 멋진 최고의 차를 사고 싶어 부업에 얽매이는 주인공을 다룬 『최고의 차』, 늑대 가부와 염소 메이의 이야기를 다룬 『폭풍우 치는 밤에』, 『나들이』, 『살랑살랑 고개의 약속』 등이 있다.

놀이 방법

준비물 : 전지, 포스트잇, 유성매직

1. 4~5명 정도로 모둠을 구성하고, 칠판에는 ㄱ~ㅎ까지 자음을 세로로 적어 놓는다.
2. 책에 등장하는 단어를 자음 순서대로 포스트잇에 적어서 칠판에 붙여 나간다.
3. 이때 단어를 적은 포스트잇을 붙이고 모둠원이 자신의 모둠 자리로 돌아오면 다음 모둠원이 나가서 붙인다.
4. 'ㅎ'까지 가장 먼저 붙인 모둠이 승리한다.
5. 칠판에 있는 14개의 단어 중 7개를 떼어 온 후 단어를 활용하여 반전 있는 뒷이야기를 만든다.
6. 뒷이야기를 쓰고 나서 모둠별로 발표하고 가장 재미난 이야기에 스티커를 붙여서 가장 많은 스티커를 얻은 모둠이 승리한다.

놀이 속으로

교사	그림책에 등장하는 단어를 자음 초성 순서에 맞게 릴레이로 붙여 가는 놀이예요. 'ㄱ'부터 시작할게요.
학생 1	선생님, 어떤 단어라도 상관없나요?

| 교사 | 네, 그림책에 등장하는 단어라면 무엇이든 상관없어요. 'ㄱ'으로 시작하는 단어를 모둠원 1명이 붙이고 돌아가서 다음 모둠원과 하이파이브를 하고 나서 'ㄴ'으로 시작하는 단어를 이어 붙이는 거예요. 여러 모둠원이 한꺼번에 나오거나 한 사람이 여러 개의 포스트잇을 들고 나와서 붙이면 안 되고 한 명씩 릴레이로 하나씩만 이어 붙여가야 해요. 물론 반드시 자음 순서대로 붙여가야 해요. |

(순서대로 역동적으로 붙인다)

대부분의 책이 'ㄹ'로 시작하는 단어가 없는 경우가 많다. 처음부터 'ㄹ'로 시작하는 단어가 없다고 말해주는 것보다 나중에 말해주는 것이 책을 반복적으로 읽는 데 더욱 도움이 된다. 놀이 시작 전 교사가 먼저 자음별 단어를 찾아보는 것은 중요하다. 그래야 놀이 활동 중 대응할 수 있기 때문이다. 그런 사실을 인지하고 있다가 교사는 다음과 같이 대응하면 된다.

학생 2	선생님 'ㄹ'로 시작하는 단어가 없는 것 같아요.
교사	정말 없나요? 다른 모둠들도 그런가요?
학생들	네. 없어요.
교사	그럼 'ㄹ'로 시작하는 단어는 건너뛰고 다음 'ㅁ'으로 시작하는 단어로 넘어갈게요. (잠시 후) 네, 1모둠이 가장 먼저 붙였군요.
3모둠	선생님, 저희 모둠도 끝났어요.
4모둠	저희 모둠도요.

1모둠	자음	2모둠	자음	3모둠	자음	4모둠
개별	ㄱ	관심	ㄱ	관	ㄱ	고민
놀라서	ㄴ	노르웨이	ㄴ	노르웨이	ㄴ	나
돌	ㄷ	도시	ㄷ	도시	ㄷ	더러운
	ㄹ		ㄹ		ㄹ	
마을	ㅁ	마을	ㅁ	마을	ㅁ	마을
변화	ㅂ	병	ㅂ	변화	ㅂ	발전
시장	ㅅ	스토크만	ㅅ	시장	ㅅ	시장
온천물	ㅇ	위험	ㅇ	의심	ㅇ	온천
진실	ㅈ	지역	ㅈ	진실	ㅈ	장사
창문	ㅊ	창문	ㅊ	창문	ㅊ	창문
크게 실망	ㅋ	클	ㅋ	클	ㅋ	클
특별	ㅌ		ㅌ	특별한한	ㅌ	특별히
평범	ㅍ		ㅍ	푸스터	ㅍ	피해
함성	ㅎ		ㅎ	헛소문	ㅎ	헛소문

교사	이제 다른 모둠도 모두 끝났군요.
교사	이제부터는 13개의 단어 중 7개만 떼어서 뒷이야기 쓰기를 할 거예요. 13개 중 어떤 단어를 떼어올 것인지 모둠 안에서 논의하세요. (잠시 후) 이제 논의가 끝났으면 7개의 포스트잇만 떼어가서 전지에 제목을 정하여 쓰고 반전이 있는 뒷이야기를 써주세요. 살아가면서 우리 삶에서 일어날 수 있는 이야기를 정의롭게 이어가도록 하세요. 물론 재미있는 반전은 필수조건이에요.
학생 3	선생님, 다른 모둠의 단어를 떼어가도 되나요?
교사	일단 자기 모둠이 작성한 것 중에서 7개를 떼어가고 나서 한 번의 기회를 줄게요.

제목 : 백수가 된 스토크만

어느 날, 깊은 밤, 온천욕을 즐기던 시장의 아내가 갑자기 죽고, 아이가 시름시름 앓기 시작했습니다. 다급해진 시장은 스토크만의 응급처치를 받았습니다. 간담이 써늘해진 시장은 딜레마에 빠졌습니다. '진실을 밝힐 것인가?', '마을의 이익을 추구할 것인가?' 고민 끝에 마음이 바뀐 시장은 변화를 위한 특별한 계획을 세웠습니다. 시장이 직접 포스터를 붙였습니다.

<포스터 제목 : 온천이 병들어 있다>
부제 - 관의 세균 침투

시장의 고발로 인해 깨끗한 온천물이 되어 많은 마을 사람들이 건강해진 덕분에 의사 스토크만은 백수가 되었습니다.

교사	완성된 모둠은 칠판에 붙여주세요. 다른 모둠의 뒷이야기들을 들어볼게요.
(발표 중)	
교사	발표가 끝났으면 가장 재미있는 이야기에 스티커를 붙여주세요.

도움말과 유의점

　모둠별로 다른 색의 포스트잇으로 하는 것이 좋다. 'ㅎ'까지 가장 빨리 적은 모둠에게 우승의 기쁨을 누릴 수 있도록 격려하거나 강화를 해 주면 놀이가 훨씬 역동적으로 된다. 초성으로 자음 이어쓰기를 할 때 빨리 쓰는 데 열중해서 맥락 없는 단어들을 마구 적어놓으면 뒷말 이어쓰기에 어려움을 겪을 수 있다. 또한, 다른 모둠이 먼저 끝내면 다른 모둠이 활동을 멈춰버리는 경우가 있다. 이럴 경우도 뒷말 이어쓰기에 불리하다고 안내하여 활동을 끝낼 수 있도록 지도한다. 그리고 이야기는 꼭 반전이 있어야 한다는 조건을 주면 더욱 재미있는 이야기가 전개된다.

한 걸음 더

　뒷이야기 만들기는 그림책을 읽고 바로 할 수도 있지만, 그림책을 읽고 논제를 찾아 토론 활동을 하고 나서 하는 것도 의미가 있다. 학생들은 대부분 주인공의 선택에 대한 판단을 논제로 가져오는 경향이 있다. 예를 들면, '진실을 숨기라는 상사의 명령을 따라야 할까?'라는 논제를 만들어낸다. 토론 활동 후 논술 활동으로 이어갈 수도 있다.

이 책에 소개된 그림책들

100만 번 산 고양이, 사노 요코 글·그림, 비룡소, 2002

100 인생 그림책, 하이케 팔러 글, 발레리오 비달리 그림, 사계절, 2019

12명의 하루, 스기타 히로미 글·그림, 밝은미래, 2017

거짓말 같은 이야기, 강경수 글·그림, 시공주니어, 2011

고 녀석 맛있겠다, 미야니시 타츠야 글·그림, 달리, 2004

고래가 보고 싶거든, 줄리 폴리아노 글, 에린 E. 스테드 그림, 문학동네, 2014

고슴도치 X, 노인경 글·그림, 문학동네, 2014

고슴도치와 토끼, 류일윤 글, 임정호 그림, 글뿌리, 2013

나의 엄마, 강경수 글·그림, 그림책공작소, 2016

낱말 공장 나라, 아네스 드 레스트라드 글, 발레리아 도캄포 그림, 세용출판, 2009

내가 커진다면, 마리아 덱 글·그림, 미디어창비, 2018

눈을 감아 보렴!, 빅토리아 페레스 에스크리바 글, 클라우디아 라누치 그림, 한울림스페셜, 2016

다섯 손가락, 셀마 운글라우베 글, 브루나 바로스 그림, 미디어창비, 2016

돼지책, 앤서니 브라운 글·그림, 웅진주니어, 2001

로봇 소스, 아담 루빈 글, 다니엘 살미에리 그림, 이마주, 2018

루스 베이더 긴즈버그, 조너 윈터 글, 스테이시 이너스트 그림, 두레아이들, 2018

무엇이 모두를 위한 것일까?, 윤해주 글, 송정화 그림, 입센 원작, 을파소, 2011

미술관에 간 윌리, 앤서니 브라운 글·그림, 웅진주니어, 2000

밥 안 먹는 색시, 김효숙 글, 권사우 그림, 길벗어린이, 2006

밴드 브레멘, 유설화 글·그림, 책읽는곰, 2018

빨간 벽, 브리타 테켄트럽 글·그림, 봄봄출판사, 2018

수영장에서 영웅이 되는 방법, 박종진 글, 박희경 그림, 키즈엠, 2015

신기한 열매, 노자키 아키히로 글, 안노 미쓰마사 그림, 비룡소, 2001

알사탕, 백희나 글·그림, 책읽는곰, 2017

엄마의 의자, 베라 B. 윌리엄스 글·그림, 시공주니어, 1999

에드와르도 세상에서 가장 못된 아이, 존 버닝햄 지음, 비룡소, 2006

여기보다 어딘가, 거스 고든 지음, 그림책공작소, 2017

여자와 남자는 같아요, 플란텔 팀 글, 루시 구티에레스 그림, 풀빛, 2017

우리 집에는, 이자벨 미뇨스 마르틴스 글, 마달레나 마토주 그림, 걸음동무, 2013

위를 봐요!, 정진호 지음, 은나팔, 2014

이파리로 그릴까, 이보너 라세트 지음, 시금치, 2018

일과 도구, 권윤덕 글·그림, 길벗어린이, 2008

적, 다비드 칼리 글, 세르주 블로크 그림, 문학동네, 2008

줄무늬가 생겼어요, 데이빗 섀논 글·그림, 비룡소, 2006

지각대장 존, 존 버닝햄 글·그림, 비룡소, 1995

축구 선수 윌리, 앤서니 브라운 글·그림, 웅진주니어, 2003

침대 밑 괴물, 션 테일러 글, 닉 샤렛 그림, 북극곰, 2018

쿠키, 한 입의 인생 수업, 에이미 크루즈 로젠탈 글, 제인 다이어 그림, 책읽는곰, 2008

파란 의자, 클로드 부종 글·그림, 비룡소, 2004

행복을 파는 남자, 구사바 가즈히사 글, 헤이안자 모토나오 그림, 책과콩나무, 2013

행복한 가방, 김정민 글·그림, 북극곰, 2018

행복한 우리 가족, 한성옥 글·그림, 문학동네, 2006

혼나지 않게 해 주세요, 구스노키 시게노리 글, 이시이 기요타카 그림, 베틀북, 2009